PHILOSOPHIE SENSUALISTE

AU DIX-HUITIÈME SIÈCLE

PAR

M. VICTOR COUSIN

TROISIÈME ÉDITION

REVUE ET CORRIGÉE

PARIS

LIBRAIRIE NOUVELLE

BOULEVARD DES ITALIENS, 15, EN FACE DE LA MAISON DORÉE.

1856

Traduction et reproduction réservées.

AVERTISSEMENT

DE CETTE TROISIÈME ÉDITION.

En 1816 et 1817, nous nous étions bien plus occupé de l'étude des problèmes philosophiques que de l'histoire même des systèmes [1]. En 1818, notre effort avait été de recueillir et de coordonner les résultats de nos précédents travaux, et de constituer dans toutes ses parties la doctrine qui nous paraissait digne d'être offerte à la jeunesse du dix-neuvième siècle [2]. Une fois en possession de cette doctrine, il nous restait à l'éprouver, à la développer et à l'affermir par l'histoire entière de la philosophie, surtout par l'histoire de la philosophie moderne, se-

---

[1] Premiers Essais de Philosophie, etc.
[2] Du Vrai, du Beau et du Bien, etc.

lon le titre et l'objet de la chaire qui nous était confiée. Voilà comment nous entreprîmes une histoire de la philosophie morale au dix-huitième siècle chez les nations les plus avancées de l'Europe. Le champ était vaste et pourtant circonscrit. Nous avions à faire paraître et à mettre en lumière des systèmes et des personnages célèbres, mais encore fort mal connus, par exemple Reid en Écosse, Kant en Allemagne; et nous pouvions instituer contre les disciples français de Hobbes et de Locke de sérieuses et régulières polémiques, qui ne pouvaient manquer de porter leurs fruits dans notre jeune et cher auditoire. Nous avions choisi la philosophie morale, parce qu'à nos yeux la morale représente et juge toutes les autres parties de la philosophie, et qu'elle est la grande fin où celle-ci doit tendre pour répondre à son nom et servir l'humanité. Nous avions enfin choisi le dix-huitième siècle, parce que, tout en reconnaissant ce qu'il y a de vrai, de noble même dans les vœux et les tendances générales du siècle d'où nous sortons, nous nous proposions fermement de combattre et d'interrompre la tradition de matérialisme et d'athéisme, de haine aveugle du christianisme, de violence révolutionnaire à la fois et de servilité, qu'il nous a transmise, et qui, au début de la Restauration, pesait encore d'un poids fatal sur les esprits et sur les âmes, et faisait obstacle à l'établissement de la liberté aussi bien qu'à celui de la vraie philosophie.

L'*Histoire de la philosophie morale au dix-huitième siècle* a rempli deux années. Elle comprenait naturellement deux parties, deux grandes écoles; l'une qui, en morale comme en métaphysique, ramène tout à la sensation, l'autre qui aspire à un principe plus élevé. Le premier semestre de 1819 fut consacré à l'école sensualiste; le second semestre de la même année, à la philosophie écossaise; et toute l'année 1820, à l'exposition et à la critique de la philosophie de Kant. Le présent volume contient le résumé de nos leçons sur la *Philosophie sensualiste au dix-huitième siècle.*

Dans ce résumé, la vivacité, la chaleur, la variété de l'improvisation ont péri sans doute, mais le fond même et le corps de l'enseignement subsistent. On s'y peut donner le spectacle instructif du mouvement et du progrès naturel de la philosophie sensualiste depuis les premiers éléments de sa métaphysique jusqu'à ses dernières applications morales et politiques. Les idées et leurs représentants, tout marche, tout avance, tout se déduit dans un ordre nécessaire. Dès qu'en métaphysique on n'admet pas d'autre principe de connaissance que la sensation, on est condamné à n'admettre aussi d'autre principe en morale que la fuite de la peine et la recherche du plaisir; il n'y a plus ni bien ni mal en soi; point d'obligation; point de devoir, partant point de droit, excepté celui de l'habileté ou de la force; et les nations, sans droits et sans dignité, comme les individus, s'agitent en vain à la poursuite de prétentions insensées, roulant sans cesse de l'anarchie au despotisme et du despotisme à l'anarchie. Nous croyons l'avoir démontré : on ne peut rompre un seul anneau de cette chaîne; et quiconque ne se résigne pas aux désordres de la démagogie ou à la paix du despotisme doit remonter plus haut, et chercher ailleurs la sainte notion du devoir et du droit, la liberté et sa loi immortelle, la vertu, écrite de la main de Dieu dans l'âme humaine, mais que la conscience, et non pas la sensation, nous découvre. Ici les meilleures intentions du monde ne prévalent point contre la logique. Le sage, l'honnête mais trop sceptique Locke amène à sa suite le systématique et téméraire Condillac; celui-ci, à son tour, fraye la route au fougueux et licencieux Helvétius, à l'élégant et froid Saint-Lambert, auxquels succèdent les théoriciens de l'anarchie et ceux du pouvoir absolu que, pour éviter toute apparence de polémique contemporaine, nous avons personnifiés tous ensemble et pris à tâche de réfuter et de détruire dans leur précurseur et leur modèle du dix-septième siècle, le puissant et conséquent auteur du traité *De la nature humaine* et du traité *Du citoyen*.

Nous l'avouons : nous aimons à nous rappeler le sérieux succès des leçons de cette époque, parce que ce succès venait bien moins du mérite du professeur que des favorables dispositions du temps et de l'auditoire. La France alors se relevait noblement des désastres de l'Empire, et elle avait presque retrouvé l'enthousiasme de 1789 pour la nouvelle et vraie liberté, apportée par la Charte. Il y avait dans l'air un souffle généreux qui du gouvernement et de la tribune nationale se communiquait aux écoles. M. Royer-Collard, à la Chambre des députés, guidait encore de sa parole magistrale et soutenait son jeune suppléant. Oui, pourquoi ne le dirions-nous pas nous-même, puisqu'ici nous n'avons guère été qu'un disciple zélé et persévérant? c'est l'enseignement sévère et animé de ces deux années qui acheva de briser parmi nous le joug de la philosophie sensualiste, sans tomber dans les folies rétrogrades de M. de Bonald, de M. de Maistre et de l'abbé de Lamennais. L'école sensualiste le sait bien : c'est pourquoi ses rares adeptes nous poursuivent encore d'une haine fidèle, ne se doutant pas que leurs injures viennent à propos couronner notre carrière, comme aussi nous ne nous étonnons point d'autres calomnies, parties d'un côté différent. Voilà en effet quarante années que nous marchons à travers deux sortes d'adversaires, qui s'imaginent nous nuire, et qui nous servent, en nous maintenant par leurs accusations opposées dans la ligne droite et la juste mesure, entre les excès d'une liberté extravagante et d'une soumission pusillanime. Nous suivrons donc en paix notre route, les yeux toujours fixés sur le grand but que nous nous sommes proposé de bonne heure [1]; nous demeurerons ce que nous fûmes, en tâchant de nous perfectionner sans cesse, jusqu'à ce que la force et non la volonté nous abandonne. Les obscures attaques du scepticisme et du matérialisme aux abois ne nous dégoûteront pas de notre vieil attachement à la cause de la liberté de l'esprit humain et des sociétés humaines; et nous continuerons, n'en déplaise à M. l'évêque de

---

[1] Du Vrai, du Beau et du Bien, Avant-Propos de l'édition de 1853.

Poitiers, en dépit de ses mandements d'aujourd'hui et de ses mandements d'autrefois, à prêcher l'accord si naturel, si désirable, et qui, grâce à Dieu, se répand chaque jour davantage, du christianisme et de la philosophie.

V. COUSIN.

1er décembre 1855.

PHILOSOPHIE SENSUALISTE

AU DIX-HUITIÈME SIÈCLE

ANNÉE 1819. — PREMIER SEMESTRE.

PREMIÈRE LEÇON. — LOCKE

LE 6 DÉCEMBRE 1818.

Locke est le père de la philosophie française du dix-huitième siècle. — Méthode de Locke. — Mérite de cette méthode. Locke la fausse dans l'application en recherchant l'origine des connaissances avant d'avoir étudié leurs caractères actuels. — Système de Locke sur l'origine des idées. — De la table rase. — Sensation et réflexion. — Que ces deux facultés ne rendent pas compte des principes universels et nécessaires, ni d'un grand nombre d'idées, telles que l'idée d'espace, de durée, d'infini. — Théorie des signes. — Théorie des idées images. — Opinion de Locke sur l'existence de Dieu. — Sur l'âme. — Sur la liberté. — Sur le bien et le mal.

La philosophie sensualiste, avec le scepticisme plus ou moins profond qu'elle mène ordinairement à sa suite, se montra en France au début du dix-septième siècle, et s'y soutint même quelque temps, mais elle n'y fit jamais grande figure, et elle disparut assez vite dans les instincts de grandeur de ce siècle incomparable, dans la politique de Richelieu, dans la poésie de Corneille, surtout dans le spiritualisme hardi et sensé de Descartes. L'épicuréisme de Gassendi ne sortit pas d'un très-petit cercle, et le cartésianisme entraîna tous les esprits d'élite, depuis les solitaires de Port-Royal jusqu'à madame de Sévigné. Et, comme la France succédait alors à l'Espagne dans la suprématie de l'Europe, par cette raison et par bien d'autres plus intimes et plus profondes, Descartes ne fut pas seulement le précepteur de la France, il le fut de l'Europe entière. La philosophie cartésienne suivit partout l'influence française, et se répandit en Angleterre, en Italie, en Allemagne. Mais, quand les fautes et les revers de Louis XIV eurent renversé l'ouvrage de Richelieu et de Mazarin et transporté l'ascendant moral à Guillaume III et à l'Angleterre, on vit peu à peu, à la suite de nos désastres et dans la décadence de nos mœurs et de notre génie, une philosophie étrangère pénétrer parmi nous et remplacer la grande philosophie nationale de l'âge précédent. Il faut bien le reconnaître : Locke a été le philosophe du dix-huitième siècle comme Descartes avait été celui du dix-septième. La nouvelle doctrine convenait trop bien à la société nouvelle pour ne pas s'y naturaliser aisément. Elle y prit racine, et s'y développa avec une force toujours croissante, imprimant son caractère à toutes choses, à la morale, aux arts, à la littérature, trop souvent même à la politique. Grâce à une longue domination, elle est si bien entrée dans nos habitudes, qu'elle semble un fruit de l'esprit français, tandis qu'en réalité elle est étrangère. La philosophie spiritualiste de Descartes est née spontanément des entrailles de la France. La philosophie sensualiste du dix-huitième siècle est une plante anglaise acclimatée sous le ciel de la régence et de la cour de Louis XV. Avant donc de suivre cette philosophie dans les développements qu'elle a pris chez nous, il la faut étudier dans son berceau, dans sa patrie véritable, dans cette Angleterre, le pays de l'expérience et du sens réel, qui devait produire, et qui a produit en effet, l'école empirique et sensualiste, et donné Locke à la France et à l'Europe. Cette première leçon sera consacrée tout entière à l'examen du livre célèbre appelé à devenir l'Évangile de la philosophie en France dans tout le cours et jusqu'à la fin du dix-huitième siècle.

Hâtons-nous de le dire à l'honneur de la France et de Descartes : Locke est, jusqu'à un certain point, un élève de notre grand compatriote. Ni Bacon ni Hobbes ne paraissent avoir exercé sur lui aucune influence; c'est Descartes, Locke lui-même nous l'apprend, qui l'a attiré vers la philosophie; c'est l'impulsion cartésienne qu'il a suivie, tout en lui donnant une autre direction. Le *Discours de la méthode* et les *Méditations* ont produit à la fois, en des sens contraires, Locke et Malebranche, qui sont les deux véritables antagonistes. Le principe cartésien, *Je pense, donc je suis*, proposé comme l'unique et nécessaire point de départ de toute philosophie, commence ou renouvelle l'ère de la psychologie. Le doute méthodique est déjà une critique de nos facultés. La gloire de Descartes est d'avoir substitué aux principes abstraits de l'école un principe vivant puisé à la source de l'observation la plus intime : pensée profonde qui établit la certitude de l'existence de l'âme et de l'existence de Dieu sur l'irréfragable autorité de la conscience. Les premiers pas de Descartes dans cette voie nouvelle sont admirables, mais il ne s'y soutient pas toujours, et la vieille logique reprend souvent le dessus. Malebranche abonde en observations ingénieuses sur la nature humaine, sur les sens, sur l'imagination, sur les passions, sur l'entendement; mais toute cette psychologie est disséminée çà et là dans les ouvrages de l'illustre oratorien; elle n'est point le fondement de son entreprise; au contraire, la conscience ne lui est qu'une lumière obscure et infidèle. Toute vraie clarté est pour lui dans les idées. De là les brillantes et chimériques hypothèses des causes occasionnelles et de la vision en Dieu. Ces hypothèses, transportées en Angleterre, en choquant le bon sens de Locke, ne contribuèrent pas peu à le jeter dans l'extrémité opposée. Aux exagérations de l'idéalisme il opposa le contre-poids de l'empirisme; il combattit la vision en Dieu renouvelée par Norris, et sa polémique contre les idées innées a du moins le mérite de rappeler la philosophie à l'expérience.

L'*Essai sur l'entendement humain* est, à nos yeux, le premier traité régulier de psychologie. Il n'y a pas de livre qui laisse dans l'âme de ses lecteurs de plus salutaires impressions, de plus aimables souvenirs. Où trouver plus de bonne foi dans la recherche de la vérité, plus de sagesse dans les jugements généraux, plus de sagacité et de finesse dans les observations de détail, plus de clarté, de simplicité, de vrai atticisme dans le style, un esprit plus libre au milieu des gênes d'un système, plus de bienveillance et d'aménité jusque dans les plaisanteries qui lui échappent parfois contre ses adversaires? Et pourtant, comment se fait-il qu'à mesure qu'on réfléchit sur les problèmes psychologiques ce livre si sincère, si lumineux, si bien fait pour gagner les esprits, se couvre d'ombres d'autant plus épaisses qu'on le médite davantage, et qu'il s'obscurcisse au point de devenir le texte des interprétations les plus contradictoires?

Il y a de cela plusieurs raisons. La première, la plus forte, est que, dans Locke, le philosophe et l'homme sont aux prises. L'homme se montre partout plein de modestie, n'abondant pas dans son sens, et se renfermant volontiers dans les limites de l'observation. Le philosophe est, dès le début de ses recherches, sous le joug d'une théorie étroite et fausse qui lui impose les défauts les plus contraires à sa nature. En outre, ainsi que Locke le reconnaît lui-même, il n'était en état de bien composer son ouvrage que quand il l'eut fini ; mais il n'eut pas le courage de refaire sa première ébauche [1].

On s'aperçoit aisément que l'*Essai sur l'entendement humain*, écrit dans les langueurs d'une vie maladive et parmi les orages d'une carrière agitée, ne porte pas le sceau d'une force égale. Il y a tel passage où l'on sent

---

[1] *Préface :* « Je ne veux pas nier qu'on ne pût le réduire peut-être à un plus petit volume, et en abréger quelque partie, parce que la manière dont il a été écrit, par parcelles, à diverses reprises et en différents intervalles de temps, a pu m'entraîner dans quelques répétitions ; mais, à vous parler franchement, je n'ai présentement ni le courage ni le loisir de le faire plus court. » Nous nous servons de la traduction de Coste, qui a été revue et approuvée par Locke lui-même.

défaillir la main de l'auteur. Il ne faut donc pas s'étonner que, tout en conservant la couleur et l'empreinte habituelle d'un esprit original, très-juste et très-fin, le livre de Locke manque d'unité et soit rempli d'inconséquences.

Nous n'entreprenons pas d'analyser en détail l'*Essai sur l'entendement humain;* notre tâche se bornera à faire connaître sa méthode, ses principes, et les idées morales qui s'en déduisent nécessairement.

Locke trace en peu de mots la méthode qu'il veut suivre. L'analyse des facultés de l'entendement, dans le dessein d'appliquer plus tard ces facultés à la recherche de la vérité, voilà l'objet qu'il se propose : ce n'est pas moins, on le voit, que la psychologie érigée en méthode, et prescrite comme point de départ et comme règle de toute philosophie. Locke, ainsi qu'il le raconte, s'était souvent aperçu que, faute d'avoir reconnu la puissance naturelle des facultés dont on se sert pour atteindre la vérité, on s'engage et on se perd dans des recherches sans issue. *Préface* : « S'il était à propos de faire ici l'histoire de cet essai, je vous dirais que cinq ou six de mes amis, s'étant assemblés chez moi et venant à discourir sur un sujet fort différent de celui-ci, se trouvèrent bientôt arrêtés par les difficultés qui s'élevèrent de différents côtés. Après nous être fatigués quelque temps, sans nous trouver plus en état de résoudre les doutes qui nous embarrassaient, il me vint dans l'esprit que nous prenions un mauvais chemin, et qu'avant de nous engager dans ces sortes de recherches il était nécessaire d'examiner notre propre capacité et de voir quels objets sont à notre portée ou au-dessus de notre compréhension. » — Et ailleurs : « Si nous en usions de la sorte (c'est-à-dire si nous examinions la nature de l'entendement), nous ne serions peut-être pas si empressés, par un vain désir de connaître toutes choses, à exciter incessamment de nouvelles questions, à nous embarrasser nous-mêmes et à engager les autres dans des disputes sur des sujets qui sont tout à fait disproportionnés à notre entendement, et dont nous ne saurions nous former des idées claires et distinctes, ou même, ce qui n'est peut-être arrivé que trop souvent, dont nous n'avons absolument aucune idée. Si donc nous pouvons découvrir jusqu'où notre entendement peut porter sa vue... nous apprendrons à nous contenter des connaissances auxquelles notre esprit est capable de parvenir, dans l'état où nous nous trouvons dans ce monde. »

Nous ne saurions trop applaudir à une pareille méthode : elle est la vraie méthode philosophique. Mais Locke y est-il resté fidèle? Après un tel début il se jette dans la question de l'origine des idées, il se demande d'abord comment l'esprit vient à acquérir des idées.

Essai sur l'entendement humain, liv. II, ch. 1er. « Chaque homme étant convaincu en lui-même qu'il pense, et ce qui est dans son esprit, lorsqu'il pense, étant des idées qui l'occupent actuellement, il est hors de doute que les hommes ont plusieurs idées dans l'esprit, comme celles qui sont exprimées par ces mots : blancheur, dureté, douceur, pensée, mouvement, hommes, éléphant, armée, meurtre, et plusieurs autres. Cela posé, la première chose qui se présente à examiner. c'est commènt l'homme vient à avoir toutes ces idées. »

Mais chercher d'où viennent nos idées, avant de reconnaître quelles elles sont, n'est-ce pas fausser la méthode d'observation? On pourrait dire à Locke : une théorie quelconque sur l'origine des idées a toujours besoin d'être confirmée par l'analyse même des idées. Puisqu'il faut toujours recourir à l'analyse, n'est-il pas plus simple et plus sûr de commencer par elle? L'origine que vous assignez aux connaissances humaines doit en rendre compte : pourquoi donc ne les pas étudier telles qu'elles sont aujourd'hui, avant de rechercher ce qu'elles furent au début de l'intelligence[1]? N'oubliez pas la règle de Descartes qui recommande les dénombrements exacts et complets de faits authentiques avant de songer à aucune théorie; et, outre cette règle précise, rappelez-vous la maxime générale de Bacon : C'est du plomb et non des ailes qu'il faut donner à l'intelligence.

Une saine psychologie ne descend pas hypothétiquement de l'origine des idées aux idées elles-mêmes; mais elle remonte des idées à leur origine; elle ne va pas des facultés de l'esprit aux actes qu'elles produisent, mais des actes réels aux facultés qu'ils supposent invinciblement. La vraie méthode veut qu'on observe l'effet pour en induire la cause, et non pas qu'on suppose la cause pour en déduire l'effet. Ainsi on procède dans les scien-

---

[1] Ce principe essentiel d'une sage méthode a été établi dans les deux volumes précédents, PREMIERS ESSAIS, p. 222; DU VRAI, DU BEAU ET DU BIEN, II° leç., p. 37, etc.

ces physiques. On ne débute pas par imaginer les lois qui régissent les phénomènes naturels, sauf à vérifier ensuite ces phénomènes; on observe les phénomènes et on les étudie sous toutes leurs faces, en variant par l'expérimentation les circonstances où ils se produisent; puis on conclut à l'existence d'une loi ou d'une propriété générale. De même, en histoire naturelle, on n'établit pas d'avance une classification, mais on étudie d'abord les individus; puis, quand on a bien constaté et décrit leurs caractères extérieurs et intérieurs, on essaye de les classer.

La méthode expérimentale n'est pas seulement la plus simple et la plus naturelle, elle est aussi la plus certaine. Si on pose d'abord une théorie et qu'on s'adresse ensuite aux faits pour la vérifier, il est bien difficile qu'on les considère avec sincérité et impartialité. Tout système préconçu est cher à son auteur; on interroge les faits avec une certaine disposition à les accommoder au système, à les modifier, à les mutiler s'ils le gênent, à les nier s'ils le détruisent. L'histoire de la philosophie est riche en exemples de ce genre. Locke, malgré toute sa bonne foi, n'a pu échapper aux tentations de l'esprit de système, et s'arrêter sur la pente où le plaçait une méthode vicieuse.

Il commence par rejeter absolument la doctrine des idées innées.

« Il y a des gens, dit-il, qui supposent comme une vérité incontestable qu'il y a *certains principes, certaines notions primitives, autrement appelées notions communes, empreintes et gravées pour ainsi dire dans notre âme,* qui les reçoit dès le premier moment de son existence et les apporte au monde avec elle. Si j'avais affaire à des lecteurs dégagés de tout préjugé, je n'aurais, pour les convaincre de la fausseté de cette supposition, qu'à leur montrer que les hommes peuvent acquérir toutes les connaissances qu'ils ont par le simple usage de leurs facultés naturelles, sans le secours d'aucune impression innée, et qu'ils peuvent arriver à une entière certitude de certaines choses sans avoir besoin d'aucune de ces notions naturelles ou de ces principes innés; car tout le monde, à mon avis, doit convenir sans peine qu'il serait ridicule de supposer, par exemple, que les idées des couleurs ont été imprimées dans l'âme d'une créature à qui Dieu a donné la vue et la puissance de recevoir les idées par l'impression que les objets extérieurs feraient sur ses yeux. Il ne serait pas moins absurde d'attribuer à des impressions naturelles et à des caractères innés la connaissance que nous avons de plusieurs vérités, si nous pouvons remarquer en nous-mêmes des facultés propres à nous faire connaître ces vérités avec autant de facilité et de certitude que si elles étaient originairement gravées dans notre âme. » Liv. Ier, chap. Ier.

Jusque-là Locke est dans le vrai. Mais il va beaucoup plus loin : de ce qu'il n'y a point d'idées innées, il en conclut qu'il n'y a rien d'inné, et que l'esprit est une table rase. « Supposons donc qu'au commencement l'âme est ce qu'on appelle une table rase, c'est-à-dire vide de caractères. » *Ibid.*

Ainsi l'esprit est primitivement vide d'idées; il s'enrichit de toutes les idées qu'il possède aujourd'hui par l'expérience. L'expérience est extérieure et intérieure, à savoir la sensation proprement dite et la réflexion. La réflexion nous suggère les idées des opérations de l'âme; la sensation est la source de toutes les autres idées.

Le sensualisme n'est-il pas déjà dans cette proposition : « L'esprit est une table rase; l'esprit est vide; et c'est la sensation qui le remplit? » Locke ajoute : « La réflexion ne rend que ce qu'elle a reçu de la sensation. »

Il est bien vrai que l'esprit est primitivement une table rase en ce sens qu'aucun caractère n'y est inscrit avant l'expérience; mais ce n'est point une table rase en cet autre sens qu'il soit une simple capacité passive, recevant tout du dehors sans rien y mettre du sien, ou même un principe actif dont l'unique fonction soit de réfléchir ce qu'il a pu recevoir de la sensation. L'esprit n'est pas si nu et si pauvre; antérieurement à toute sensation, il est riche de facultés, d'instincts, de lois, de principes de toute sorte. Tout cela constitue déjà une machine intelligente et puissante. La sensation ne crée pas cette machine; elle la met en mouvement. Ou il faut aller plus loin que Locke dans la voie qu'il a ouverte, et soutenir que la sensation n'est pas seulement le principe de nos idées, mais celui de nos facultés et par conséquent de l'esprit lui-même; ou il faut admettre avec Leibnitz l'innéité de l'esprit, celle des facultés et des lois inhérentes à ces facultés, c'est-à-dire une source intérieure d'idées qui jaillit aussitôt que la sensation la sollicite. Leibnitz a dit avec profondeur et avec vérité :

« L'esprit n'est point une table rase; il est tout plein de caractères que la sensation ne peut que découvrir et mettre en lumière au lieu de les y imprimer. Je me suis servi de la comparaison d'une pierre de marbre qui a des veines, plutôt que d'une pierre de marbre tout unie ou de tablettes vides; car, si l'âme ressemblait à ces tablettes vides, les vérités seraient en nous comme la figure d'Hercule est dans un bloc de marbre, quand il est tout à fait indifférent à recevoir ou cette figure ou quelque autre. Mais, s'il y avait dans la pierre des veines qui marquassent la figure d'Hercule préférablement à d'autres figures, cette pierre y serait plus déterminée, et Hercule y serait comme inné en quelque façon, quoiqu'il fallût du travail pour découvrir ces veines et pour les nettoyer en retranchant ce qui les empêche de paraître. C'est ainsi que les vérités nous sont innées comme des inclinations, des dispositions, des habitudes ou des virtualités naturelles, et non pas comme des actions, quoique ces virtualités soient toujours accompagnées de quelques actions, souvent insensibles, qui y répondent. » *Nouveaux essais sur l'entendement.*

Locke, en faisant à l'esprit une part trop petite dans l'origine et la formation des idées, est par là forcé ou de nier des idées très-réelles, tout à fait incontestables, ou d'en altérer le caractère.

Il est un certain nombre de vérités universelles et nécessaires qui, portant avec elles le caractère de l'évidence, ne se démontrent pas et deviennent au contraire les principes de toute démonstration ; par exemple : tout phénomène suppose une cause, tout moyen suppose une fin, l'homme doit faire ce qu'il croit juste. Eh bien, ces principes dont l'esprit fait un si fréquent usage, Locke les passe sous silence, ou il n'en parle que très-vaguement (liv. Ier et liv. IV); il finit par les confondre avec les axiomes de la logique, qu'il ne signale que pour les nier; et, à vrai dire, il ne pouvait faire autrement. En effet, il était impossible d'accepter les axiomes comme universels et nécessaires et de les attribuer à l'expérience. Tout ce qu'il y avait à faire était de les convertir en de pures abstractions verbales, ce qui équivaut à les nier. Ainsi a fait notre auteur; il trouve que ces axiomes dont on fait tant de bruit sont des formules absolument stériles. « Ces maximes générales, dit-il, sont d'un grand usage dans les disputes pour fermer la bouche aux chicaneurs; mais elles ne contribuent pas beaucoup à la découverte de la vérité inconnue, ou à fournir à l'esprit le moyen de faire de nouveaux progrès dans la recherche de la vérité. Car quel homme a jamais commencé par prendre pour base de ses connaissances cette proposition générale : Ce qui est, est; ou : Il est impossible qu'une chose soit et ne soit pas en même temps? » Et plus loin : « Je voudrais bien savoir quelles vérités ces propositions peuvent nous faire connaître par leur influence, que nous ne connussions pas auparavant ou que nous ne pussions connaître sans leur secours. Tirons-en toutes les conséquences que nous pourrons; ces conséquences se réduiront toujours à des propositions identiques; et toute l'influence de ces maximes, si elles en ont aucune, ne tombera que sur ces sortes de propositions. » Liv. IV, chap. vii, § 11.

A cela il faut répondre qu'il ne s'agit pas seulement de l'axiome : Ce qui est, est ; ou de cet autre dont Locke parle ailleurs : Le tout est plus grand que la partie. Ces axiomes ne sont point aussi méprisables que Locke veut bien le dire [1]. Mais il s'agit, avant tout, de ces principes que nous avons mille fois rappelés [2], par exemple, le principe de causalité ou celui des causes finales. Comment Locke pourrait-il soutenir que ces deux principes sont de peu d'usage? Sans le principe de causalité, la vie humaine serait bouleversée ; il n'y aurait plus de science, car il n'y aurait plus de recherche ; on s'en tiendrait aux faits sans demander leurs causes. Distinguons bien le principe en lui-même de la forme qu'il revêt dans l'école. Personne, excepté le logicien, ne recherche les causes au nom du principe abstrait de causalité ; mais tous les hommes possèdent ce principe sans s'en rendre compte, encore bien moins sans connaître sa forme logique ; c'est une loi de l'esprit qui le gouverne et qu'il applique naturellement et irrésistiblement. Nulle part Locke ne cite ni le principe de causalité, ni nul autre principe nécessaire, pas même pour les combattre. Ce n'était pas ignorance ; c'était donc cette triste habileté à laquelle est condamné tout faiseur de système à l'égard des faits qui l'embarrassent : il les nie ou les néglige.

Locke écarte les principes universels et nécessaires

---

[1] Du Vrai, du Beau et du Bien. 1re leç., p. 21, 24. etc.
[2] Ibid.

qui le gênent le plus. Pour d'autres idées qu'il ne peut écarter de même, il les dénature afin de les ramener à l'expérience, par exemple, les idées d'espace, de temps, d'infini.

Voici, selon Locke, l'origine de l'idée d'espace :

« Nous acquérons l'idée d'espace par la vue et l'attouchement ; ce qui est, ce me semble, d'une telle évidence, que... ». Liv. II, chap. XIII, § 2.

« Il est certain que nous avons l'idée du lieu par les mêmes moyens que nous acquérons celle de l'espace, dont le lieu n'est qu'une considération particulière, bornée à certaines parties, je veux dire par la vue et l'attouchement. » *Ibid.*, § 10.

Rien n'est plus clair : les sens, et les sens seuls, nous donnent l'idée d'espace et celle de lieu qui sont entre elles dans le rapport du plus au moins. Pour cela il faut confondre l'idée de l'espace et celle de corps.

« Que si l'on dit que l'univers est quelque part, cela n'emporte dans le fond autre chose, si ce n'est que l'univers existe. »

Ainsi, dire que l'univers est quelque part, et dire qu'il est, c'est la même chose. Donc le lieu qui contient l'univers n'est pas distinct de l'univers lui-même, et l'idée d'espace se réduit à celle de corps.

Mais une telle confusion est inadmissible.

Quand je perçois un corps, je le conçois et ne puis pas ne pas le concevoir dans un lieu : je le distingue donc de ce lieu. Je puis supprimer ce corps par la pensée ; mais, quelque effort que je fasse, je ne puis venir à bout de supprimer l'espace qui le contient. Je conçois un espace vide de corps; je ne conçois pas un corps qui ne serait nulle part. La notion de corps est une notion relative et contingente ; car, quelque corps que vous me donniez, je puis toujours supposer qu'il n'est pas. La notion d'espace est une notion nécessaire ; car il m'est impossible de la chasser de mon esprit. De plus, je me représente le corps : je le comprends sous une forme déterminée ; il affecte mes sens, il résiste à ma main, il charme ou il blesse ma vue, il résonne à mon oreille. L'espace au contraire est quelque chose d'impalpable et d'invisible ; nulle forme ne me le représente ; quand j'essaye de l'embrasser, il m'échappe sans cesse, et mon imagination ne trouve à sa place qu'un simulacre de corps. Enfin, je conçois le corps comme quelque chose de fini et de divisible, l'espace comme quelque chose d'infini et d'indivisible[1].

Locke lui-même, par une de ces contradictions si fréquentes dans son ouvrage, distingue ailleurs à merveille le corps et l'espace.

Liv. II, chap. xiv, § 5 : « Il y a bien des gens, au nombre desquels je me range, qui croient avoir des idées claires et distinctes du pur espace et de la solidité, et qui s'imaginent pouvoir penser à l'espace sans y concevoir quoi que ce soit qui résiste ou qui soit capable d'être poussé par aucun corps. C'est là, dis-je, l'idée de l'espace pur, qu'ils croient avoir aussi nettement dans l'esprit que l'idée qu'on peut se former de l'étendue du corps; car l'idée de la distance qui est entre

---

[1] Premiers Essais, cours de 1817, *Analyse de la connaissance sensible*, p. 228-242 ; du Vrai, du Beau et du Bien, 1ʳᵉ leç., p. 27, etc.

les parties opposées d'une surface concave est tout aussi claire, selon eux, sans l'idée d'aucune partie solide qui soit entre elles, qu'avec cette idée. D'un autre côté, ils se persuadent qu'outre l'idée de l'espace pur, ils en ont une autre tout à fait différente de quelque chose qui remplit cet espace, et qui peut en être chassé par l'impulsion de quelque autre corps ou résister à ce mouvement. Que s'il se trouve d'autres gens qui n'aient pas ces deux idées distinctes, mais qui les confondent et des deux n'en fassent qu'une, je ne vois pas que des personnes qui ont la même idée sous différents noms, ou qui donnent les mêmes noms à des idées différentes, puissent s'entretenir ensemble; pas plus qu'un homme qui n'est ni aveugle ni sourd, et qui a des idées distinctes de la couleur nommée écarlate et du son de la trompette, ne pourrait discourir de l'écarlate avec l'aveugle dont je parle ailleurs, qui s'était figuré que l'idée de l'écarlate ressemblait au son de la trompette. »

Locke reconnaît donc la différence de l'idée de corps et de l'idée d'espace; il la reconnaît avec son bon sens dès qu'il ne songe plus à son système; mais, dès que le système revient, il force Locke de nier cette différence, afin de ramener l'idée d'espace à la même origine que celle de corps, à l'expérience sensible.

Une semblable cause condamne Locke à confondre l'idée de temps et l'idée de succession : « Que la notion que nous avons de la succession et de la durée vienne de cette source, je veux dire de la réflexion que nous faisons sur cette suite d'idées que nous voyons paraître l'une après l'autre dans notre esprit, c'est ce qui me semble suivre évidemment de ce que nous n'avons aucune perception de la durée qu'en considérant cette suite d'idées qui se succèdent les unes aux autres dans notre entendement. En effet, dès que cette succession d'idées vient à cesser, la perception que nous avons de la durée cesse aussi, comme chacun l'éprouve clairement par lui-même lorsqu'il vient à dormir profondément; car, qu'il dorme une heure, un jour ou même une année, il n'a aucune perception de la durée des choses tandis qu'il dort ou qu'il ne songe à rien. Cette durée est alors tout à fait nulle à son égard, et il lui semble qu'il n'y a aucune différence entre le moment où il a cessé de penser en s'endormant et celui où il commence à penser de nouveau. Et je ne doute pas qu'un homme éveillé n'éprouvât la même chose s'il lui était alors possible de n'avoir qu'une idée dans l'esprit, sans qu'il lui arrivât aucun changement à cette idée et qu'aucune autre vînt à lui succéder. »

Nous pouvons opposer à cette nouvelle confusion les mêmes difficultés qu'à celle de l'espace et du corps.

La succession suppose la durée; elle n'est point la durée elle-même. Pouvez vous concevoir la succession de deux idées qui n'aurait pas lieu dans un certain temps? De même que les corps sont dans l'espace, de même les événements se succèdent dans le temps; nous pouvons faire abstraction des événements comme des corps; mais nous ne pouvons pas plus supprimer la durée dans laquelle ces événements se succèdent, que l'espace dans lequel ces corps sont contenus.

La succession est quelque chose de contingent et de

fini; car les choses qui se succèdent passent et cessent d'être. La durée ne passe pas; elle est toujours la même, et elle n'a pas de bornes.

Si la succession et le temps sont la même chose, la mesure du temps devient le temps lui-même. La succession de nos pensées est plus ou moins rapide, selon l'état de notre esprit; elle n'est pas la même chez moi que chez vous. Il faudrait en conclure que la durée n'est pas la même pour tous les hommes; que d'un point déterminé du temps à un autre il ne s'écoule pas pour tous les hommes un même temps, que dans le sommeil nous ne durons pas, que le temps s'arrête et renaît avec l'activité de notre esprit. Telles seraient les conséquences absurdes de la confusion de la succession et de la durée[1].

Une autre idée que Locke ne dénature pas moins pour la faire entrer forcément dans son système, c'est l'idée de l'infini.

De même qu'il a réduit l'espace au corps, la durée à la succession, Locke réduit l'infini à l'indéfini.

Il accuse d'abord la notion d'infini d'être une notion obscure et vague. Mais peu importe que cette notion soit obscure ou ne le soit pas; ce qui importe, c'est de savoir si elle est ou si elle n'est pas dans l'esprit de l'homme, sauf à la philosophie à l'éclaircir.

Ensuite il prétend que l'idée de l'infini est une idée négative. Liv. II, c. XVII, § 13 : « Nous n'avons point d'idée positive de l'infini. » § 16 : « Nous n'avons point

---

[1] Premiers essais, cours de 1816, p. 182-198.

d'idée positive d'une durée infinie. » § 18 : « Nous n'avons point d'idée positive d'un espace infini. »

Ainsi voilà l'infini réduit à n'être qu'une négation, et une négation du fini. C'est être, en vérité, bien esclave de la forme matérielle du mot. Fénelon relève avec raison cette illusion d'une métaphysique vulgaire. *De l'existence de Dieu* : « La négation redoublée vaut une affirmation, d'où il s'ensuit que la négation absolue de toute négation est l'expression la plus positive qu'on puisse concevoir et la suprême affirmation; donc le terme d'infini est infiniment affirmatif par sa signification, quoiqu'il paraisse négatif par le tour grammatical[1]. »

Selon Locke, l'idée d'infini n'est qu'une négation; et, quand on veut s'en former une idée positive, il faut la résoudre dans l'idée de nombre : « Le nombre nous donne la plus nette idée de l'infini... De toutes les idées qui nous fournissent l'idée de l'infinité telle que nous sommes capables de l'avoir, il n'y en a aucune qui nous en donne une idée plus nette et plus distincte que celle du nombre, comme nous l'avons déjà remarqué; car, lors même que l'esprit applique l'idée d'infinité à l'espace et à la durée, il se sert d'idées de nombre répété, comme de millions de lieues ou d'années, qui sont autant d'idées distinctes que le nombre empêche de tomber dans un confus entassement où l'esprit ne saurait éviter de se perdre »

Mais le nombre n'est pas plus l'infini que la succession n'est le temps ni le corps l'espace. Le nombre est quel-

---

[1] ŒUVRES DE FÉNELON, édition de Versailles, t. I", p. 177.

que chose de toujours inachevé et en même temps de toujours fini. Car le nombre en soi n'est pas : ce qui est, c'est tel ou tel nombre. A quelque nombre que vous arrêtiez la série des nombres, vous n'avez jamais qu'un nombre déterminé qui supposera toujours, avant ou après, quelque nombre que vous pouvez y ajouter ou en retrancher. Le fini, en tant qu'on peut toujours le diviser ou multiplier, c'est l'indéfini. L'indéfini se résout donc dans le fini. Mais il n'en est point ainsi de l'infini, qui n'augmente ni ne diminue. L'indéfini est divers et multiple, l'infini est un. L'indéfini est une abstraction ; car rien de ce qui existe véritablement n'est indéterminé. Le fini est déterminé et réel : l'infini l'est aussi ; il l'est même en quelque sorte davantage, puisqu'il est la condition du fini. Otez l'espace et le temps infini, il n'y a point de corps ni de succession finie possible. Le fini est l'objet des sens ou de la conscience, l'indéfini est celui de l'imagination ; l'infini ne peut être ni senti ni imaginé : il est conçu, il est l'objet de la raison seule.

Il est donc absurde de ramener à une seule et même origine deux notions si différentes.

Nous ne pousserons pas plus loin l'examen de la théorie de Locke sur l'origine de nos idées. Arrêtons-nous maintenant sur quelques points accessoires, mais qui ont pris une grande importance entre les mains des successeurs du philosophe anglais : je veux parler de ses deux théories du langage et des idées représentatives.

Locke, comme toute l'école sensualiste, s'occupe beaucoup du langage, et la partie de son livre qu'il y a consacrée est sans contredit une des meilleures, avec celle où, d'une manière aussi sûre qu'originale, il trace la ligne de démarcation qui sépare les qualités premières et les qualités secondes, et prouve que le tact seul fait connaître l'étendue. Il faut lui savoir gré d'une foule d'observations justes et ingénieuses sur la signification des mots, sur leurs rapports avec la pensée, sur l'utilité des termes généraux, et aussi sur leurs abus. Le langage a deux effets : il communique la pensée, et par là il est le lien de la société et l'instrument de ses progrès; de plus, il analyse naturellement la pensée; il lui donne à la fois de la succession et de la fixité; il la rend plus présente, plus précise et plus claire. A l'aide des signes, nous arrivons à nous rendre compte des éléments derniers de nos idées et de nos sentiments; nous pouvons séparer et mieux connaître ce que la réalité offre ensemble et confusément, ou nous orienter dans cette infinité d'individus qui nous environnent, en les réunissant, suivant leur ressemblance, sous des noms généraux. L'importance du langage se prouve autant par ses abus que par ses heureux effets. Si le mot soutient la pensée, quelquefois aussi il la masque et trompe celui qui s'en sert et croit posséder une idée quand souvent il joue avec un mot. Le mot ne correspond pas toujours dans tous les hommes à la même idée; de là ces consentements apparents de tous à une même idée, qui ne sont autre chose que des consentements à un terme reçu et que nul ne définit; de là ces préjugés qui viennent de mots appris dès l'enfance ou puisés dans les écoles; enfin, toutes ces querelles qui se termineraient d'un coup, si chacun, fidèle à la règle de Pascal, commençait par bien expliquer le sens des mots qu'il emploie.

Au milieu des conseils les plus sages, relevons deux exagérations, deux erreurs longtemps célébrées comme de grandes découvertes.

Locke, comme son devancier Hobbes et son disciple Condillac, est positivement nominaliste : « Ce qu'on appelle général ou universel, dit-il, n'appartient pas à l'existence réelle des choses; mais c'est un ouvrage de l'entendement qu'il fait pour son propre usage, et qui se rapporte uniquement aux signes. » Si Locke ne veut parler que de ces idées générales que nous appelons collectives, et qui ne sont que des abstractions, il a raison, après mille autres, de ne pas vouloir accepter cette foule d'entités verbales dont certains réalistes du moyen âge encombraient la nature[1]. Il n'y a point de couleur en soi, d'arbre en soi; il y a des couleurs diverses, des arbres divers. Ces arbres, ces couleurs, ont des qualités communes sans contredit; autrement il serait absurde de les ranger dans une même classe; mais ces qualités sont individuelles : elles ont tel ou tel caractère dans chaque être particulier; elles ne constituent pas un type, une essence distincte, un être réel. Mais, quand Locke prétend qu'il n'y a point d'autres idées générales que celles-là, il se trompe profondément; il y a des idées universelles et nécessaires qui ne sont pas l'ouvrage arbitraire de l'esprit, et qui ne se rapportent pas seulement à des signes, mais à des choses. L'espace et la durée,

---

[1] Voyez, 1r° série, *Fragments philosophiques*, t. II, PHILOSOPHIE SCHOLASTIQUE, toute la discussion sur le réalisme, le conceptualisme et le nominalisme du douzième siècle.

par exemple, ne sont pas de pures abstractions, de purs noms. Il n'y a pas seulement sous ces noms tels espaces particuliers, telles durées particulières; l'espace et le temps ne sont pas la simple réunion par l'esprit de tout ce qu'il y a de commun dans les différents espaces ou les différentes durées. Non, le temps et l'espace contiennent tous les espaces particuliers et toutes les durées particulières. Parlons mieux : l'espace et le temps sont les vraies réalités, et les espaces et les temps particuliers n'en sont que des divisions qui leur empruntent ce qu'elles ont de réel, et répondent, non pas à la vérité des choses, mais aux besoins de nos sens et de notre esprit. Le vrai est ici précisément l'opposé des préjugés du nominalisme.

La seconde exagération de Locke est d'avoir presque réduit toutes les erreurs à des erreurs de mots. Pour que cela fût vrai, il faudrait que nulle pensée ne pût avoir lieu sans le secours du langage, ce qui n'est point. Je ne prendrai qu'un exemple entre mille. Est-ce à l'aide du mot *moi* ou du mot *existence* que je sens que j'existe? Ai-je été ici du mot à la chose? La supposition seule est absurde. La conscience perçoit directement ses phénomènes par la vertu qui est en elle, et non par celle des mots; les mots la servent puissamment, ils ne la constituent point; ils ne constituent ni les sentiments simples et primitifs, ni les jugements primitifs, ni la plupart de nos opérations primitives[1]. Il y a entre la pensée et le langage une influence réciproque. Un ensemble de signes bien précis, bien déterminés, est d'un grand se-

---

[1] Premiers Essais, *du Langage*, p. 258.

cours pour penser avec netteté et précision; mais ces signes eux-mêmes supposent déjà une pensée nette et précise qui les a faits, sans quoi ils ne seraient pas. Il y a des erreurs qui viennent des mots; mais il y en a d'autres qui viennent de l'esprit même, de la précipitation, de la témérité, de la passion, de l'imagination. L'esprit humain, malheureusement, n'a pas besoin du langage pour se pouvoir tromper : il porte en lui des sources d'erreur plus profondes, plus difficiles à tarir.

Après avoir considéré les idées dans la sensation et la réflexion qui les produisent et dans les signes qui les manifestent, Locke les étudie dans leur rapport avec les objets.

Ici intervient une théorie devenue célèbre par les conséquences qu'en ont tirées Berkeley et Hume, et par la polémique de l'école écossaise, à savoir la théorie des idées images. Suivant Locke, la vérité est la conformité de l'idée avec son objet. « L'esprit, dit-il, ne connait pas les choses immédiatement, mais par les idées qu'il en a ; et, par conséquent, notre connaissance n'est vraie qu'autant qu'il y a de la conformité entre nos idées et leurs objets. » Liv. IV, chap. IV, § 3. Nous ne citons que ce texte; il y en a beaucoup d'autres qui prouvent que la mesure de la vérité pour Locke est la ressemblance des idées à leurs objets. Or là est le principe du scepticisme idéaliste de Berkeley. Il n'est pas malaisé de se convaincre que nos idées de la matière ne ressemblent en aucune façon à la matière même. En quoi les idées ou les sensations d'odeur, de chaleur, sont-elles conformes aux qualités qui produisent en nous ces sensations et ces idées? L'idée de la solidité est-elle solide? l'idée de l'étendue est-elle étendue? D'autre part, il n'est pas plus difficile de démontrer, avec Hume, qu'une idée ne peut pas davantage être semblable à un être spirituel, à l'âme ou à Dieu. Supposons d'ailleurs cette conformité possible entre les choses et nos idées, comment s'assurer qu'elle existe? Nous ne possédons que nos idées, et nous ne connaissons pas les choses en elles-mêmes; mais alors, d'où pouvons-nous savoir si nos idées sont des images fidèles, puisque, ne connaissant les originaux que par ces images, nous ne pouvons confronter les images aux originaux? Il y a là un obstacle invincible, et par conséquent une raison invincible de douter. Locke n'aperçut pas tout cela. Son bon sens l'arrêta, ici comme partout, sur la pente de sa propre théorie. Mais Hume et Berkeley la suivirent dans toutes ses conséquences, et Reid a fait voir que, tout absurdes qu'elles soient, elles sont légitimes et rigoureusement renfermées dans les principes du maître[1].

Ne quittons pas Locke sans l'interroger encore sur quelques problèmes dont la solution caractérise toute philosophie, les problèmes de l'existence de Dieu, de la spiritualité de l'âme, de la liberté, du bien et du mal, ce qui nous rapprochera du sujet de ces leçons, la philosophie morale.

L'opinion de Locke sur l'existence de Dieu est tout entière dans le morceau suivant :

Liv. VI, ch. x. « Je crois être en droit de dire que ce

---

[1] Premiers Essais, cours de 1816; Berkeley, p. 41-52; Hume, p. 55-66; Reid, p. 67, etc.

n'est pas un fort bon moyen d'établir l'existence de Dieu et de fermer la bouche aux athées, que de faire porter tout le fort d'un article aussi important que celui-là sur ce seul pivot, et de prendre pour seule preuve de l'existence de Dieu l'idée que quelques personnes ont de ce souverain être. Je dis quelques personnes : car il est évident qu'il y a des gens qui n'ont aucune idée de Dieu, qu'il y en a d'autres qui en ont une telle idée qu'il vaudrait mieux qu'ils n'en eussent pas du tout, et qui, la grande partie, en ont une idée telle quelle, si j'ose me servir de cette expression. C'est, dis-je, une méchante méthode que de s'attacher trop fortement à cette découverte favorite, jusqu'à rejeter les autres démonstrations de l'existence de Dieu, ou du moins de tâcher de les affaiblir et d'empêcher qu'on ne les emploie, commes si elles étaient faibles ou fausses, quoique dans le fond ce soient des preuves qui nous font voir si clairement et d'une manière si convaincante l'existence de ce souverain être par la considération de notre propre existence et des parties sensibles de l'univers, que je ne pense pas qu'un homme sage puisse y résister; car il n'y a point, à ce que je crois, de vérité plus certaine et plus évidente que celle-ci, que *les perfections invisibles de Dieu, sa puissance éternelle et sa divinité sont devenues visibles depuis la création du monde, par la connaissance que nous en donnent ses ouvrages.* »

Il suit de là deux choses : que Locke croit fermement à l'existence de Dieu sur la foi de la nature et du monde, et qu'il n'approuve pas la preuve cartésienne, qui se fonde uniquement sur l'idée de Dieu, c'est-à-dire sur l'idée du parfait et de l'infini.

En revendiquant l'autorité des preuves tirées de la nature contre les cartésiens qui les négligeaient trop, Locke a été fidèle à son rôle d'homme de bon sens. Il y a là, en effet, un éclatant exemple du secours que l'expérience et même l'expérience sensible prête à la raison et aux vérités les plus hautes. Il importe que l'on tienne grand compte de la démonstration de l'existence de Dieu que fournit le spectacle de la nature; car cette démonstration est à la fois frappante et solide. Pour être populaire, elle n'en est pas moins, ou plutôt elle en est d'autant plus philosophique. Dieu se manifeste partout dans le monde, dans l'aile d'un papillon comme dans le système planétaire, dans le génie d'Homère ou de Platon, dans la vertu de Socrate. Rien de plus vrai, assurément; et cette preuve de l'existence de Dieu est d'une force inébranlable à ces deux conditions : 1° qu'on l'assoie sur son vrai principe; 2° qu'on l'achève en la liant à une autre preuve, également nécessaire et également insuffisante.

La preuve de l'existence de Dieu par l'existence du monde suppose qu'on admet, comme un principe incontestable et nécessaire, le principe de causalité; sans quoi le monde nous suffit, il ne nous élève point à sa cause, et il peut n'en point avoir. Or nulle part Locke ne parle du principe de causalité. Il ne le nie pas, il le néglige; mais par là il ôte lui-même le fondement de sa preuve, et il en détruit le caractère. Cette preuve n'est universelle que parce que son principe est universel; elle n'emporte forcément la conviction que parce que son principe est nécessaire. Mais il n'y a point pour Locke de principes universels et nécessaires, car que devient alors son système sur l'origine de toute connaissance par la réflexion et la sensation? De plus, la preuve de l'existence de Dieu par la nature, prise absolument seule, est incomplète. Locke reproche aux cartésiens leur démonstration de l'existence de Dieu par l'idée de l'infini, et il ne voit pas que sans l'idée de l'infini on ne peut avoir une vraie et achevée connaissance de Dieu. Si vous ne partez que de l'observation de la nature, bien entendu en vous appuyant sur le principe de causalité, vous aboutirez à une cause différente de la nature, car la nature n'est pas sa cause à elle-même ; mais quelle sera cette cause? Elle sera puissante, sans contredit; car la production du monde suppose une cause très-puissante; elle sera intelligente, car il y a de l'intelligence dans le monde et dans l'homme; elle aura toutes les qualités que nous reconnaissons dans la nature, car il ne peut pas y avoir plus dans l'effet que dans la cause, et même il doit y avoir plus dans la cause que dans l'effet; mais cette puissance, mais cette intelligence, à quel degré la cause du monde les possédera-t-elle? C'est ce qu'il est impossible de déterminer. La cause du monde est supérieure au monde, voilà tout ce que l'on peut affirmer. Mais est-elle parfaite? L'observation seule du monde ne nous le dit pas, et même elle semble dire quelquefois le contraire. Je le demande : si vous n'aviez pas déjà en vous l'idée d'un être parfait et infini, cette idée pourra-t-elle vous être suggérée par la vue du monde, où le mal est souvent mêlé au bien, et le désordre à l'ordre? La seule induction légitime que permette l'observation du monde, est celle d'une cause qui n'est ni parfaitement puissante ni parfaitement sage, puisqu'il y a dans le monde et dans l'homme qui en fait partie tant d'imperfections. Le doute au moins semble permis ou même commandé.

Dans le système de Locke, l'infini n'est qu'une négation sans caractère déterminé : Dieu n'est donc qu'une puissance vague et mystérieuse, dont nous n'apercevons pas les limites et qui n'en a pas plus que n'en a le nombre qui se perd dans l'indéfini. Mais telle n'est point la vraie idée de Dieu. Dieu est pour nous un être réel dont l'essence est d'être parfait. Ce n'est pas quelque chose où l'imagination se perd en voulant l'étendre indéfiniment. En Dieu l'imagination n'a rien à voir : la raison seule le conçoit, mais elle le conçoit clairement. Dieu c'est l'être complet, à qui rien ne manque de ce qui est une perfection : c'est l'être, la puissance, l'intelligence, comme aussi la justice et la bonté, dans leur plénitude[1]. Une telle idée ne peut être donnée par l'expérience : car l'expérience ne nous atteste hors de nous et en nous que le fini et l'imparfait ; mais à l'occasion de l'expérience, à l'occasion de l'imparfait et du fini, nous ne pouvons pas ne pas concevoir l'idée de l'infini et du parfait. Locke, en rejetant cette idée, parce qu'il ne la trouve pas dans l'expérience, ôte le fondement de la preuve directe de Dieu, en tant qu'être parfait ; il croit sans doute à l'existence de Dieu, mais il n'y croit pas sur des principes rigoureux et d'une manière philosophique.

---

[1] Du Vrai, du Beau et du Bien, leç. iv*, *Dieu, principe des principes*.

Si Locke chancelle sur Dieu, il s'égare entièrement sur l'âme.

Liv. IV. ch. III, § 6 : « Peut-être ne serons-nous jamais capables de connaître si un être purement matériel pense ou non, par la raison qu'il nous est impossible de découvrir par la contemplation de nos propres idées, sans révélation, si Dieu n'a point donné à quelques systèmes de parties matérielles, disposées convenablement, la faculté d'apercevoir et de penser, ou s'il a joint et uni à la matière ainsi disposée une substance immatérielle qui pense... Car comment peut on être sûrs que quelques perceptions, comme le plaisir et la douleur, ne sauraient se rencontrer dans certains corps modifiés et mus d'une certaine manière, aussi bien que dans une substance immatérielle, en conséquence du mouvement des parties du corps ? »

Ce doute de Locke est devenu le lieu commun de toute l'école sensualiste au dix-huitième siècle. De ce doute au matérialisme lui-même il n'y a qu'un pas. Car, si nulle raison solide n'empêche de croire que la matière peut penser, il n'est pas raisonnable de recourir à une hypothèse, à l'intervention d'un principe inconnu, quand le corps que nous connaissons et dont l'existence est incontestable peut résoudre le problème. Mais le doute de Locke est absolument inadmissible. Locke prétend que nous ne pouvons nous assurer *par la contemplation de nos propres idées* que la matière ne peut pas penser; au contraire, c'est dans la contemplation même de nos idées que nous apercevons clairement que la pensée et la matière sont incompatibles. Qu'est-ce que penser ?

N'est-ce pas réunir un certain nombre d'idées sous une certaine unité? La plus simple pensée, le plus simple jugement suppose plusieurs termes réunis indivisiblement en un sujet un et identique qui est moi. Ce moi identique est impliqué dans tout acte réel de connaissance [1]. On a démontré à satiété que la comparaison exige un centre indivisible qui comprenne les différents termes de la comparaison. Prenez-vous la mémoire? Il n'y a point de mémoire possible sans la persistance d'un même sujet qui rapporte à soi-même les différentes modifications dont il a été successivement affecté. Enfin la conscience, cette condition indispensable de l'intelligence, n'est-elle pas le sentiment d'un être unique? C'est pourquoi chaque homme ne peut penser sans dire *moi*, sans s'affirmer comme le sujet identique et un de ses pensées. Je suis moi, et toujours moi, comme vous êtes toujours vous-mêmes, dans les actes les plus divers de notre vie. Vous n'êtes pas plus vous aujourd'hui qu'hier, et vous ne l'êtes pas moins. Cette identité et cette unité indivisible du moi, inséparable de la moindre pensée, c'est là ce qu'on appelle sa spiritualité, en opposition avec les caractères évidents et nécessaires de la matière. Par quoi en effet connaissez-vous la matière? C'est surtout par la forme, par l'étendue, par quelque chose de solide qui vous arrête, qui vous résiste sur divers points de l'espace. Mais un solide n'est-il pas essentiellement divisible? Prenez les fluides les plus subtils. Pouvez-vous ne pas les concevoir susceptibles de division, de plus et de moins? Toute pensée a des éléments

---

[1] Premiers Essais, cours de 1816, *passim*.

divers comme la matière, mais elle a de plus une indivisible unité dans le sujet pensant, et, ce sujet ôté, qui est un, le phénomène total n'est plus. Loin de là, le sujet inconnu auquel vous rattachez les phénomènes matériels est divisible, et divisible à l'infini : il ne peut cesser d'être divisible sans cesser d'être. Voilà quelles idées nous avons, d'un côté de la pensée, de l'autre, de la matière. La pensée suppose un sujet essentiellement un : la matière est divisible à l'infini. Qu'est-il besoin d'aller plus loin ? Si une conclusion est légitime, c'est celle qui distingue l'être pensant et la matière. Dieu peut très-bien les faire coexister ensemble, et leur coexistence est un fait certain ; mais il ne peut les confondre. Dieu peut réunir la pensée et la matière, il ne peut pas faire que la matière pense [1].

Locke n'est pas plus ferme sur la liberté que sur la spiritualité de l'âme. Quelquefois il a une idée juste et vraie de la liberté, le plus souvent il la dénature.

« Notre idée de la liberté s'étend aussi loin que la puissance d'agir ou de s'empêcher d'agir, mais elle ne va point au delà ; car, toutes les fois que quelque obstacle arrête cette puissance d'agir ou de ne pas agir, ou que quelque force vient à détruire l'indifférence de cette puissance, il n'y a plus de liberté, et la notion que nous en avons disparaît tout à fait. » — « La volition est visiblement un acte de l'esprit exerçant avec connaissance l'empire qu'il suppose avoir sur quel-

---

[1] Sur la spiritualité de l'âme, voyez PREMIERS ESSAIS, cours de 1816, Reid, p. 70; DU VRAI, DU BEAU, DU BIEN, leç. XVI, p. 417, etc., et plus bas dans ce volume la leç. IIIe sur Condillac.

que partie de l'homme, pour l'appliquer à quelque action particulière, ou pour l'en détourner. »

Dans ce passage et dans beaucoup d'autres, Locke réduit la liberté au pouvoir d'agir, c'est-à-dire à la puissance d'exécution. C'est anéantir la liberté. L'homme peut-il quelque chose contre les lois de la nature qui le pressent et le dominent? Et ce qu'il croit pouvoir, selon le cours ordinaire de la nature, ne peut-il être à chaque pas surmonté ou entravé par des obstacles nouveaux, inattendus? Je veux mouvoir mon bras; mais à l'instant il se paralyse. Je voulais faire un voyage; mais la maladie me retient subitement à la chambre. Qui serait libre, si la liberté n'était que le pouvoir de faire et d'agir? Ce n'est donc pas dans l'activité extérieure, c'est dans l'activité intérieure de l'âme que réside la liberté. La liberté, c'est le pouvoir de se résoudre, de vouloir, de choisir entre différentes volitions possibles, de se décider pour l'une plutôt que pour l'autre, avec la conscience d'avoir pu choisir le contraire de ce qu'on a choisi, et de pouvoir continuer ou suspendre sa résolution. Telle est la liberté. Maintenant, que dans le monde extérieur la résolution puisse ou non s'exécuter, c'est ce qui ne dépend pas de l'homme. Aussi n'a-t-il pas été prescrit à l'homme de vaincre les obstacles, de réussir : il lui a été demandé seulement de vouloir, de tenter, de faire effort. L'effort est comme l'intermédiaire entre la volonté et l'acte. L'effort touche d'une part à l'âme et de l'autre au corps. L'effort n'est pas encore l'action, et c'est déjà plus que la résolution et la volonté pure. L'effort est le phénomène où la liberté est le plus sensible, où éclate le mieux la différence de ce qui dépend de nous et de ce qui n'en dépend pas toujours, de la puissance propre et absolue de la volonté et de sa puissance relative et bornée. On ne saurait trop le redire : c'est la puissance propre de la volonté qui est la liberté, à parler rigoureusement. L'homme propose et Dieu dispose, l'homme s'agite et Dieu le mène : vieilles maximes de la sagesse commune qui prouvent à la fois et la puissance et l'impuissance de l'homme. Si c'est en effet une grande impuissance de ne pouvoir rien faire que ce que Dieu veut bien qui soit, c'est une grande puissance encore de pouvoir tout vouloir, même le mal, même l'absurde, même l'impossible [1].

Locke, à mesure qu'il avance, s'enfonce de plus en plus dans l'erreur. Sur l'existence de Dieu, il est très-incomplet ; sur la nature de l'âme, il doute sans nécessité ; sur la liberté, il mêle le faux et le vrai : sur le bien et le mal, il se trompe entièrement.

Incapable d'expliquer les idées supérieures à l'expérience sensible, comment la philosophie de Locke pourrait-elle rendre compte de ces principes moraux qui nous servent à juger les faits et les actions, et qui par conséquent n'en peuvent dériver? L'expérience nous apprend que telle action a des résultats agréables ou désagréables, dangereux ou utiles, conformes ou contraires à notre intérêt. L'agréable, l'utile, l'intérêt, voilà tout ce qu'elle enseigne et peut enseigner. Aussi Locke,

---

[1] Sur la vraie notion de la liberté, voyez Premiers Essais, cours de 1816, p. 180; du vrai, du beau, du bien, leç. xiv, p. 352; plus bas, la iiie leçon sur Condillac, etc.

pour être fidèle à son système, dans les chapitres où il traite des idées morales, est-il condamné à faire consister le bien et le mal dans le plaisir et la peine qui accompagnent certaines actions.

Liv. II, ch. xx, § 2. « Les choses ne sont bonnes ou mauvaises que par rapport au plaisir ou à la douleur. Nous nommons *bien* tout ce qui est propre à produire et à augmenter le plaisir en nous, ou à diminuer et à abréger la douleur... Au contraire, nous appelons *mal* ce qui est propre à produire ou à augmenter en nous quelque douleur, ou à diminuer quelque plaisir que ce soit, ou à nous causer du mal, ou à nous priver de quelque bien que ce soit. » Et encore : « Nous appelons *bien* tout ce qui est propre à produire en nous du plaisir; et au contraire nous appelons *mal* tout ce qui est propre à produire en nous de la douleur. »

De cette définition du bien en général, Locke déduit celle du bien moral en particulier. Liv. II, chap. xxviii, § 5. « ... Le bien et le mal considéré moralement n'est autre chose que la conformité ou l'opposition qui se trouve entre nos actions et une certaine loi, conformité et opposition qui nous attire au bien et nous détourne du mal par la volonté et la puissance du législateur : et ce bien et ce mal n'est autre chose que le plaisir et la douleur qui par la détermination du législateur accompagnent l'observation ou la violation de la loi; c'est ce que nous appelons récompense et punition. »

Ainsi le bien, c'est l'obéissance à la loi, et la seule raison de cette obéissance à la loi, c'est qu'à l'accomplissement de la loi est attaché le plaisir comme récompense et à sa violation la douleur comme punition. La raison dernière de tous nos actes, le motif unique de notre conduite c'est donc la recherche du plaisir et la fuite de la douleur.

Ici les objections se présentent en foule.

De quelle loi Locke veut-il parler? De la loi humaine? Oui, de la loi humaine aussi, puisque cette loi punit et récompense, qu'elle est armée du plaisir et de la peine. On doit donc obéir à cette loi. Mais, si on lui doit obéir, par cela seul qu'elle punit et récompense, il s'ensuit qu'on devrait lui obéir encore quand elle serait injuste, pourvu qu'elle conservât toujours le pouvoir de récompenser et de punir l'obéissance et la désobéissance. Il faut accorder cela, ou dans la moindre restriction périt tout entière la définition du bien et du mal comme la pure obéissance ou désobéissance à la loi.

Locke ne manque pas d'en appeler à la loi de Dieu. Mais l'obéissance est-elle due à cette loi, en tant qu'infailliblement juste, ou en tant qu'armée d'un pouvoir plus grand et plus certain de récompenser et de punir? Si c'est en tant que juste, et même indépendamment de la récompense et de la peine, du plaisir et de la douleur, voilà un principe nouveau, une autre morale, une autre philosophie. Si c'est en tant que plus puissante, et seulement à ce titre, Locke est conséquent; mais une telle loi n'impose pas une vraie obligation, une obligation inviolable et absolue. En effet, si la loi n'a d'autre autorité que celle qu'elle tire de la récompense ou de la peine, du plaisir ou de la douleur, c'est-à-dire de notre intérêt, n'est-il pas évident que, quand la loi sera en opposition, réelle ou apparente, à ce même intérêt, nous n'aurons aucune raison pour ne pas la violer. Il n'y a que deux raisons d'obéir à une loi : parce qu'elle est juste en soi, ou parce qu'elle nous est avantageuse. Or, quand le bien se mesure sur l'avantage, comme dans la doctrine de Locke, l'avantage disparaissant, la loi n'est plus rien.

Allons plus loin : supposons que l'accomplissement de la loi soit toujours ce qu'il y a de plus avantageux, je demande où est la moralité dans une pareille doctrine. Une loi qui ne commande que par la promesse ou la menace, un être qui n'obéit qu'à l'espérance ou à la crainte, une action qui ne regarde qu'au plaisir ou à l'intérêt, que l'on me montre dans tout cela le bien, le devoir, l'honnêteté, la justice, la vertu, la moralité.

Ainsi les premières et inévitables conséquences morales de la métaphysique sensualiste paraissent déjà dans l'*Essai sur l'entendement humain*. A ces conséquences la logique et l'histoire en ajouteront bien d'autres. Mais, sans devancer l'ordre des temps, contentons-nous d'avoir signalé dans Locke même le principe de cette doctrine où le bien n'est que l'intérêt, doctrine qui achève de rattacher la philosophie de Locke à celle de Hobbes, et qui, développée en tout sens par mille interprètes, célèbres et obscurs, est devenue la philosophie morale du dix-huitième siècle en Angleterre et en France [1].

---

[1] Cette leçon sur Locke contient rassemblées toutes les critiques dispersées dans les PREMIERS ESSAIS ; et plus tard nous l'avons développée, en suivant presque le même plan et le même ordre, dans notre cours de 1829, dont un volume entier est consacré à l'examen détaillé et approfondi de l'*Essai sur l'entendement humain*.

DEUXIÈME LEÇON. — CONDILLAC

PREMIÈRE ÉPOQUE

École de Locke en Angleterre : Collins, Dodwell. — En France : Voltaire. — Condillac : deux époques dans la carrière de Condillac. Première époque : il reproduit Locke en l'exagérant déjà. — *Traité de l'origine des connaissances humaines.* Vice de méthode : commencer par l'origine. — De cette idée de Condillac, qu'il faut ramener l'entendement humain à un seul principe. — Il tend à confondre la sensation et la réflexion. — De la génération des facultés. — Du langage. — *Traité des systèmes.*

L'*Essai sur l'entendement humain*, nous l'avons démontré, est plein de vérités, et aussi d'erreurs et de semences d'erreurs. Par sa théorie de l'origine des idées, Locke, ne pouvant expliquer les principes universels et nécessaires, est condamné à les nier, c'est-à-dire à rejeter la partie la plus élevée de la connaissance. L'idée d'infini écartée ne lui permet qu'une démonstration insuffisante de l'existence de Dieu. La théorie des idées représentatives met en péril la réalité du monde extérieur, de l'âme, de Dieu, de toutes choses. La confusion de la volonté et de la puissance compromet la liberté. Par le doute qu'il laisse échapper sur l'incapacité de la matière de produire la pensée, il incline et pousse au matérialisme. Enfin, en donnant le bien et le mal pour ce qui est commandé ou défendu par la loi, c'est-à-dire pour ce qui est récompensé et puni, il confond le bien et le mal avec le plaisir et la douleur.

Tous ces principes sont déjà dans l'ouvrage de Locke, mais tempérés et en quelque sorte amortis par sa raison et sa modération naturelle. Quand Locke ne fut plus là pour les contenir, ils éclatèrent avec toutes leurs conséquences. La sagesse qui venait de l'auteur disparut, le vice du système demeura et se développa. Les chefs d'école sont toujours plus près du sens commun que leurs disciples : ceux-ci sont trop souvent condamnés à l'exagération, parce qu'elle est leur seule ressource pour simuler l'originalité.

Un ami intime de Locke, Antoine Collins, répandit les principes de l'*Essai* sur la liberté et sur la nature de l'âme. Dodwell avait publié, en 1706, un écrit intitulé *Discours épistolaire où l'on prouve par l'Écriture et par les premiers Pères que l'âme est un principe naturellement mortel*, etc. Cet écrit, purement théologique en apparence, donna lieu à une dispute philosophique, où un illustre disciple de Newton, Clarke, pour défendre l'immortalité naturelle de l'âme, se fonda sur son immatérialité, qu'il prouvait par la conscience de l'individualité. Collins, venant au secours de Dodwell, répondit à Clarke en invoquant l'argument de Locke, à savoir, que nous ne connaissons pas assez les substances pour affirmer que Dieu n'a pas pu donner à un assemblage de matière, dont toutes les parties sont étroitement unies, un sentiment intérieur individuel. Dans cette longue et vive polémique, Collins fut amené par son adversaire à confesser qu'il ne reconnaissait pas plus la liberté de l'âme que sa spiritualité; et plus tard il consacra un écrit spécial à démontrer que la liberté n'est pas et même qu'elle n'est pas possible[1]. Ainsi, à peine quelques années après la mort de Locke, l'*Essai sur l'entendement humain* avait déjà produit directement en Angleterre le matérialisme et le fatalisme.

Bientôt deux philosophes plus célèbres, en s'attachant à un autre côté de la doctrine de Locke, la firent aboutir à d'autres excès. Berkeley et Hume, partant des idées représentatives comme fondement de toute connaissance réelle, détruisirent successivement et le monde extérieur et l'esprit lui même[2].

Mais la philosophie de Locke était de bonne heure sortie de son pays natal, et elle avait passé en France, grâce aux traductions de Leclerc et de Coste, grâce surtout à la plume et à l'influence de Voltaire.

Voltaire est le dictateur, le vrai roi du dix-huitième siècle, bien plus que Frédéric lui-même; mais Voltaire, à son tour, est un écolier de l'Angleterre.

Avant que Voltaire ait connu l'Angleterre, soit par ses voyages, soit par ses amitiés, il n'était pas Voltaire, et le dix-huitième siècle se cherchait encore. Le siècle précédent avait tristement fini. La révocation de l'édit de Nantes avait marqué le terme de sa vraie grandeur, et inauguré sous les plus sombres auspices la décadence du siècle et du monarque. Dès lors on avait vu la majesté remplacée par l'étiquette, le génie par la médiocrité complai-

---

[1] Ces diverses dissertations ont été traduites en français sous ce titre : *Essai sur la nature et la destination de l'âme humaine*, par M. A. Collins. Londres, 1769, in-12.
[2] Plus haut, p. 26.

sante, et la grande piété par une dévotion mesquine et souvent par l'hypocrisie. Cette déplorable fin d'un si admirable règne avait semé dans tous les esprits indépendants les germes d'une réaction qui devait avoir aussi ses excès, et de degré en degré amener la ruine de l'ancienne société. Voltaire ne fut d'abord qu'un bel esprit frondeur, sans dessein arrêté et presque sans connaissances philosophiques. Pour convertir son humeur malicieuse en une opposition systématique, et lui inspirer la passion infatigable, l'unité, le sérieux même sous le voile de la plaisanterie qui fit de Voltaire un chef d'école et lui donna l'empire de son temps, il fallut qu'il trouvât dans un pays voisin ce qui n'était pas alors en France, un grand parti, en possession de toute une doctrine, la proclamant comme le dernier mot de la sagesse humaine, et s'y appuyant pour revendiquer cette tolérance universelle et cette liberté illimitée de penser et d'écrire dont Voltaire avait besoin. Déjà, avant son voyage en Angleterre, il avait vu de près et dans l'intimité l'un des hommes les plus spirituels de ce pays, lord Bolingbrocke, courtisan en disgrâce, opposant sans principes, mais libre penseur décidé, qui lui avait donné un avant-goût des idées et des mœurs anglaises. En arrivant en Angleterre, Voltaire n'était qu'un poëte mécontent. L'Angleterre nous le rendit philosophe, ami de l'humanité, soldat déclaré d'une grande cause; elle lui donna une direction déterminée et un fonds d'idées sérieuses en tout genre, capables de défrayer une longue vie d'écrits solides et aussi d'épigrammes.

Dans l'ordre scientifique, Voltaire trouva à Londres,

régnant sans partage, l'admirable physique de Newton. Il l'étudia, et ce fut là sa première conquête anglaise. Mais, dans la philosophie, Newton ne régnait point. Ce n'était plus le temps où le plus grand des physiciens, par l'organe d'un interprète habile, discutait, avec le plus grand des métaphysiciens, la question de l'espace et du temps, de la création, des attributs de Dieu. A la place d'une métaphysique profondément spiritualiste, s'était répandue peu à peu, en Angleterre, une métaphysique nouvelle, d'un caractère équivoque, et où Newton voyait avec douleur reparaître les principes de Hobbes[1]. En ramenant toutes nos idées à l'expérience, et surtout à l'expérience des sens, elle flattait à la fois les préjugés de beaucoup de savants, et ceux de la plupart des hommes, qui ne croient guère qu'à ce qu'ils voient par leurs yeux ou se représentent par des images sensibles. Aussi avait-elle trouvé de nombreux disciples, qui, comme nous l'avons dit, en avaient bien vite exprimé et même exagéré toutes les conséquences. C'est au milieu de cette société libre et sceptique, que tomba Voltaire en arrivant en Angleterre. Il en adopta les principes et les rapporta en France.

Cette influence de l'Angleterre est partout en France au dix-huitième siècle. Le plus grand esprit du temps, Montesquieu lui-même, n'y a point échappé. Comment, en effet, n'aurait-il pas été frappé de la beauté du seul gouvernement libre qu'il y eût alors dans l'Europe et dans le monde, de ce gouvernement sorti de deux gran-

---

[1] Voyez la lettre de Newton à Locke, IIe série, t. III, *Examen du système de Locke*, leç. xve.

des révolutions, empreint du vieil esprit démocratique de 1640 et du caractère sagement aristocratique de 1688? Montesquieu, et je le dis à son honneur, ne put voir de près ce grand système d'institutions libres et tempérées sans l'admirer et sans le souhaiter à son pays. On voit percer dans l'*Esprit des lois* cette préférence si légitime pour la monarchie constitutionnelle. Rome dans l'antiquité, l'Angleterre dans les temps modernes, voilà les deux grandes admirations de Montesquieu. Mais, si l'Angleterre l'inspira, elle ne l'enchaîna pas : elle lui laissa toute son originalité, et les principes si nouveaux et si durables que l'*Esprit des lois* a mis dans le monde sont la gloire de l'esprit humain et de la France [1].

Il n'en est pas de même de Voltaire. Voltaire en philosophie a répandu, popularisé les principes de la philosophie de Locke : il n'a par lui-même trouvé aucun principe, ni même aucun argument nouveau, général ou particulier. Ce serait prendre trop au sérieux ce charmant esprit, ce prince des gens de lettres, que d'en faire un métaphysicien, encore bien moins un métaphysicien original.

Voltaire, c'est le bon sens superficiel. Il n'avait aucune sérieuse étude des matières philosophiques. Incapable de longues réflexions, un instinct heureux le portait d'abord du côté du vrai. Toutes les extrémités répugnaient à sa raison. Il avait un sentiment trop vif de la réalité pour se payer d'hypothèses, et trop de goût pour s'accommoder d'une philosophie qui eût

---

[1] Sur Montesquieu, voyez II° série, t. I**, leç. VIII.

le moins du monde l'apparence pédantesque. Il ne lui fallait pas même de trop hautes conceptions, des spéculations trop profondes. La théorie des idées de Platon, les démonstrations de l'existence de Dieu de Descartes, l'eussent effrayé. Tout ce qui dépasse un certain point que peut atteindre d'une première vue un esprit prompt et juste le surpasse. Son bon sens incline au doute. Le doute devient-il à son tour dogmatique, il l'abandonne ; il ne s'engage pas ; il craint le chimérique, et par-dessus tout le ridicule. Ajoutez à ces dispositions une âme naturellement amie du bien, quoique la passion et cette malheureuse vanité d'homme de lettres l'égarent souvent, vous vous expliquerez aisément l'admiration de Voltaire pour Locke, l'effet que produisit sur lui sa philosophie dès qu'il la connut, la chaleur qu'il mit à la propager, et le respect avec lequel il parle dans tous ses ouvrages de l'auteur de l'*Essai sur l'entendement humain* et de la *Lettre sur la tolérance*. A son retour de Londres, Voltaire introduisit en France la physique de Newton et la métaphysique de Locke. Il n'ajouta rien à Locke pas plus qu'à Newton, n'en ôta rien, lui laissa ses qualités et ses défauts, ses vérités et ses erreurs. Il avait trouvé ce qu'il cherchait, une philosophie un peu mondaine, un peu terre à terre, ennemie des abstractions, des hypothèses, des chimères de toute sorte, pleine de faits, d'observations intéressantes et judicieuses, et sceptique sans excès. Il y avait assez de hardiesses pour plaire à cet esprit hardi, pas assez pour effrayer son bon sens. Voltaire fut donc un disciple fidèle et zélé de Locke, au moins dans ses premiers ouvrages. Il était alors animé de l'esprit qui avait inspiré Locke lui-même, celui d'une opposition modérée contre la philosophie du siècle qui venait de finir. Heureux s'il avait toujours gardé cette juste mesure, et s'il ne s'était pas laissé entraîner par le fanatisme de son école au delà de ses propres convictions !

Rendons-lui du moins cette justice que dans ses plus mauvais jours il n'a jamais douté de Dieu. Il a même admis la liberté [1]. Mais le doute fatal de Locke sur la spiritualité de l'âme le séduisit par un faux air de sens commun. Il sent vivement, il célèbre les vertus utiles à l'humanité ; mais, dans son antipathie pour tout ce qui ressemble au mysticisme, il oublie ce qu'il y a de grandeur dans la vertu désintéressée. Il ne sait pas bien ce que c'est que la vertu en elle-même. A quels excès ne l'a pas conduit la déplorable habitude de tourner tout en moquerie ! Les deux ouvrages les plus originaux de Voltaire sont deux crimes envers la France et envers l'humanité. L'un peut à peine être nommé ; l'autre est un pamphlet de génie dicté peut-être par le seul désir de se moquer de l'optimisme de Kœnig, mais qui tombe directement sur l'homme et sur son auteur. Quelle réponse honteuse à la théodicée de Leibnitz ! C'est peut-être le livre le plus coupable qui soit sorti d'une plume humaine. La gaieté de Candide est mille fois plus amère que la tristesse de Pascal. Pascal enseigne le mépris de la vie, mais il montre le ciel. Voltaire nous laisse sur la terre, et il y flétrit tous les sentiments honnêtes : il livre

---

[1] Voyez plus bas la leçon sur Helvétius.

au ridicule la vertu comme le vice, les heureux et les infortunés, les tyrans et les victimes. Le fruit le plus certain de cette triste lecture est le dégoût de la vie, un désolant scepticisme, et un égoïsme sans bornes. Locke eût repoussé ce livre avec horreur. Et pourtant, j'en demande pardon à sa mémoire, c'est le dernier mot de la philosophie que lui-même a mise dans le monde. La suite de ces leçons le fera voir.

Voltaire, après tout, n'est qu'un homme de lettres un peu philosophe, goûtant et cultivant les matières métaphysiques dans la mesure qui convient à un esprit curieux et pénétrant, mais impatient et mobile. D'Alembert possédait en un degré remarquable l'ordre, la suite, la rigueur, et il eût été loin peut-être, s'il eût persévéré dans ces études; mais les mathématiques et la littérature l'entraînèrent. Turgot était né métaphysicien [1]. Sa vocation était l'étude solitaire. Il avait reçu de la nature tout ce qui fait le grand philosophe, une âme droite, ferme, élevée, un esprit d'une perspicacité rare et d'une vaste étendue. L'article *Existence*, les lettres sur le système de Berkeley, les deux discours prononcés en Sorbonne dans sa première jeunesse, sont du premier ordre. Mais Turgot transporta et consuma dans une autre carrière sa vertu et son génie. En sorte que le seul, le vrai métaphysicien français du dix-huitième siècle est l'abbé de Condillac [2].

Les qualités les plus saillantes de Condillac sont la

---

[1] Sur Turgot, voyez PREMIERS ESSAIS, p. 140-319 ; voyez aussi plus bas la leçon sur Helvétius.
[2] Sur Condillac, voyez PREMIERS ESSAIS, p. 128-140 ; et DU VRAI, DU BEAU ET DU BIEN, p. 440.

netteté et la précision, une certaine force d'enchaînement, et avec cela de la finesse et de l'esprit. A côté de ces qualités précieuses sont des défauts considérables. Le sens de la réalité lui manque entièrement. Il ne connaît ni l'homme ni les hommes, ni la vie ni la société. Le sens commun ne le retient jamais. Son esprit est pénétrant, mais étroit. Entêté d'un amour excessif de la simplicité, il sacrifie tout au frivole avantage de tout ramener à un principe unique. Dépourvu de l'esprit d'observation, il se sent plus à l'aise dans des combinaisons de mots ou de chiffres que dans des descriptions fidèles et détaillées des faits. De là ce style sec et précis, d'une bonne qualité, mais sans nulle grandeur, qui peu à peu s'est accrédité parmi nous comme le vrai style de la philosophie. Non, ce n'est que le style d'une école particulière. C'est celui de la scholastique péripatéticienne, de saint Thomas, d'Okkam et de Hobbes; ce n'est pas même celui de Locke, encore bien moins de Descartes, de Malebranche et de Bossuet. D'autres principes appellent une autre expression, un autre langage.

Il y a deux époques dans la vie et les écrits de Condillac : l'une où il ne fait guère que reproduire Locke, quoiqu'on sente déjà l'esprit de système et l'ambition d'un novateur : l'autre, où il parvient à une certaine originalité en donnant plus de rigueur à la doctrine de Locke, et en la ramenant à un principe unique.

L'ouvrage qui représente la première de ces deux périodes est l'*Essai sur l'origine des connaissances humaines*, qui parut en 1746, et le plus important de la seconde est le *Traité des sensations*, qui est de 1754. C'est à ces deux ouvrages que nous nous attacherons principalement.

L'*Essai sur l'origine des connaissances humaines* est une analyse systématique de l'*Essai sur l'entendement humain*. Condillac n'y est pas encore tout entier, mais déjà Locke est dépassé ou plutôt dénaturé. La diffusion, la contradiction, l'indécision, ont disparu, il est vrai ; mais le bon sens, mais l'esprit d'observation, mais le goût de la vérité, mais cette foule de remarques ingénieuses et profondes, meilleures que le système lui-même, surtout l'aménité et la grâce, tout ce qui fait du livre de Locke un ouvrage aimable et populaire, ont fait place à la roideur, à la sécheresse, à l'affectation de la rigueur logique.

Le premier défaut que nous avions reproché à Locke est la disposition à rechercher l'origine des idées avant d'en avoir reconnu les caractères actuels. Condillac a rendu dominante cette méthode empruntée à Locke ; il en a fait la première loi de toute philosophie. Locke avait composé un *Essai sur l'entendement humain;* Condillac fit un *Essai sur l'origine des connaissances humaines*. Le progrès de l'école est sensible dans la différence de ces deux titres.

Condillac explique en ces termes l'objet de son ouvrage :

Introduction. — « Notre premier objet, celui que nous ne devons jamais perdre de vue, c'est l'étude de l'esprit humain, non pour en découvrir la nature, mais pour en connaître les opérations, observer avec quel art elles se combinent, et comment nous devons les conduire, afin d'acquérir toute l'intelligence dont nous sommes capables... »

Voilà le bon côté de la méthode de Locke ; en voici le côté défectueux :

Ibid. « Il faut remonter à l'origine des idées, en développer la génération, les suivre jusqu'aux limites que la nature leur a prescrites, par là fixer l'étendue et les bornes de nos connaissances, et renouveler tout l'entendement humain. »

Le vice de la méthode va paraître de plus en plus :

Ibid. « J'ai pris les choses aussi haut qu'il m'a été possible. D'un côté, je suis remonté à la perception (la sensation de Locke et plus tard de Condillac lui-même), parce que c'est la première opération qu'on peut remarquer dans l'âme ; et j'ai fait voir comment et dans quel ordre elle produit toutes celles dont nous pouvons acquérir l'exercice. D'un autre côté, j'ai commencé au langage d'action. On verra comment il a produit tous les arts qui sont propres à exprimer nos pensées : l'art des gestes, la danse, la parole, la déclamation ; l'art de noter, celui des pantomimes, la musique, la poésie, l'éloquence, l'écriture et les différents caractères des langues. Cette histoire du langage montrera les circonstances où les signes sont imaginés ; elle en fera connaître le vrai sens, apprendra à en prévenir les abus, et ne laissera, je pense, aucun doute sur l'origine de nos idées. »

Ainsi, l'histoire substituée à l'observation, telle est la méthode avouée de Condillac ; et cette méthode, de remonter toujours à l'origine des choses pour en expliquer la nature, est pour lui d'une telle importance, qu'il explique par l'oubli de ce procédé les erreurs de la plupart des philosophes modernes, de Descartes, de Malebranche, de Leibnitz et même de Locke. Le passage qui concerne celui-ci est curieux et mérite d'être cité :

Ibid. « Il a passé trop légèrement sur l'origine de nos connaissances, et c'est la partie qu'il a le moins approfondie. Il suppose, par exemple, qu'aussitôt que l'âme reçoit des idées par les sens, elle peut à son gré les répéter, les composer, les unir ensemble avec une variété infinie, et en faire toutes sortes de notions complexes. Mais il est constant que, dans l'enfance, nous avons éprouvé des sensations longtemps avant d'en savoir tirer des idées (Locke ni personne n'a jamais prétendu le contraire : ce reproche outré de Condillac marque sensiblement sa préoccupation). Ainsi, l'âme n'ayant pas, dès le premier instant, l'exercice de toutes ses opérations, il était essentiel, pour développer mieux l'origine de nos connaissances, de montrer comment elle acquiert cet exercice et quel en est le progrès. Il ne paraît pas que Locke y ait pensé, ni que personne lui en ait fait le reproche ou ait essayé de suppléer à cette partie de son ouvrage : peut-être même que le dessein d'expliquer la génération des opérations de l'âme, en les faisant naître d'une simple perception, est si nouveau, que le lecteur a de la peine à comprendre de quelle manière je l'exécuterai. »

Tirer toutes les opérations de l'âme d'une simple perception est en effet un dessein nouveau, que Locke n'a point eu, qu'il eût repoussé, et qui appartient à Condillac. Je ne crois pas qu'avant lui personne en France ait jamais employé cette expression de la génération des opérations et des facultés de l'âme.

Qu'entend-on par la génération des facultés? Est-ce seulement l'ordre dans lequel elles se développent? C'est une recherche curieuse, intéressante, importante même. Mais n'est-il pas évident que, pour bien connaître l'ordre de nos diverses facultés, il faut d'abord étudier chacune d'elles en particulier, ses caractères propres et les conditions auxquelles elle entre en exercice? La connaissance de chacune de nos facultés semble-t-elle donc achevée à Condillac? S'il eût mieux connu le caractère vrai de l'attention, par exemple, il serait arrivé à un tout autre système des facultés de l'âme. Mais, si par la génération des facultés on entend une génération véritable, c'est-à-dire la production des facultés les unes par les autres, je demanderai sur quoi l'on se fonde pour affirmer que les facultés de l'homme se produisent ainsi. Condillac revient plus d'une fois sur son idée favorite, que toute la science de l'entendement doit être ramenée à un principe unique.

Ibid. «Nous ne devons aspirer qu'à découvrir une première expérience que personne ne puisse révoquer en doute, et qui suffise pour expliquer toutes les autres.»

Ibid. « On voit que mon dessein est de rappeler à un seul principe tout ce qui concerne l'entendement humain et que ce principe ne sera ni une proposition vague, ni une maxime abstraite, ni une supposition gratuite, mais une expérience constante, dont toutes les conséquences seront confirmées par de nouvelles expériences. »

A-t-on jamais vu dans Locke une maxime pareille : qu'il faut découvrir une première et unique expérience pour expliquer toutes les autres, qu'il faut rappeler à un seul principe tout l'entendement humain? Locke ne s'impose pas la loi de n'admettre qu'un seul principe, il en admet deux, et il en admettrait plus encore, si l'observation lui en fournissait davantage. Tel est l'esprit des sciences d'observation. Que dirait-on d'un physicien qui commencerait par vouloir ramener toutes les lois de la nature à une seule ; d'un chimiste qui prétendrait ne reconnaître qu'un seul corps simple ; d'un physiologiste, d'un médecin, qui n'admettraient qu'un seul ordre de fonctions, qu'une seule maladie et qu'un seul remède? Condillac méconnaît absolument l'esprit de la philosophie expérimentale et y substitue celui de la géométrie.

Sa prétention est bien arrêtée. Il la rappelle au commencement de la section seconde :

« Je ne me bornerai pas à en donner des définitions (des facultés de l'entendement) ; je vais essayer de les envisager sous un point de vue plus lumineux qu'on n'a encore fait. Il s'agit d'en développer les progrès et de voir comment elles s'engendrent toutes d'une première, qui n'est qu'une simple perception. »

Malgré cette déclaration, Condillac, au lieu de réduire la réflexion à la perception, en fait encore ici une faculté spéciale et indépendante. Il va aussi loin et peut-être plus loin que Locke. Sect. IIe, ch. 5 : « C'est à la réflexion que nous commençons à entrevoir tout ce dont l'âme est capable. Tant qu'on ne dirige point soi-même son attention, nous avons vu que l'âme est assujettie à tout ce qui l'environne et ne possède rien que par une vertu étrangère. Mais si, maître de son attention, on la guide selon ses désirs, l'âme alors dispose d'elle-même, en tire des idées qu'elle ne doit qu'à elle, et s'enrichit de son propre fonds. »

Mais alors que devient l'entreprise de Condillac de ramener l'entendement à un seul principe, à une seule expérience constante, la perception? Lui-même semble ici nous apprendre qu'il y a dans l'homme deux facultés radicalement distinctes, la perception et la réflexion.

La vérité est que Condillac, plus près de Locke dans son premier ouvrage qu'il ne le sera dans la suite, attache encore une grande importance à la réflexion et ne dit pas d'une manière claire qu'elle dérive de la perception. Mais, après tout, c'est là sa véritable opinion. Elle est moins marquée dans l'*Essai sur l'origine des connaissances humaines*; elle y est enveloppée et obscure. Une exposition rapide du système de Condillac sur la génération des facultés de l'âme la fera paraître, sans lui ôter cependant ce caractère incertain qui est celui de ce premier écrit.

La perception est « l'impression occasionnée dans l'âme par l'action des sens. » Voilà le principe de Condillac, ce principe d'où il se propose de faire sortir toutes les autres facultés, et d'abord la conscience. Mais il hésite à franchir ce premier pas.

Section II, ch. 1er. « De l'aveu de tout le monde, il y a dans l'âme des perceptions qui n'y sont pas à son insu. Or, ce sentiment qui lui en donne la connaissance, et qui l'avertit du moins d'une partie de ce qui se passe en elle, je l'appellerai *conscience*. Si, comme le veut Locke, l'âme n'a point de perception dont elle ne prenne connaissance, en sorte qu'il y ait contradiction qu'une perception ne soit pas connue, la perception et la conscience ne doivent être prises que pour une seule et même opération. Si au contraire le sentiment opposé était le véritable, elles seraient deux opérations distinctes, et ce serait à la conscience et non à la perception, comme je l'ai supposé, que commencerait proprement notre connaissance. »

Ce passage est très-curieux. Il trahit l'incertitude de Condillac entre les deux routes ouvertes devant lui : l'ancienne et la nouvelle, celle de Locke et celle que Condillac trace lui-même dans l'*Introduction*. Il rappelle qu'il a supposé que c'est à la perception que commence la connaissance humaine. Le mot *supposé* est remarquable. Ce n'est, en effet, qu'une supposition, une hypothèse ; mais Condillac ne la retire point ici, et plus tard elle sera l'âme de tous ses écrits. Continuons l'exposition du système :

§ 5. « Cette opération par laquelle notre conscience, par rapport à certaines perceptions, augmente si vivement qu'elles paraissent les seules dont nous ayons pris connaissance, je l'appelle *attention*.

§ 15. « Lorsque les objets attirent notre attention, les perceptions qu'ils occasionnent en nous se lient avec le sentiment de notre être et avec tout ce qui peut y avoir quelque rapport. De là il arrive que non-seulement la conscience nous donne connaissance de nos perceptions, mais encore, si elles se répètent, elle nous avertit souvent que nous les avons déjà eues, et nous les fait connaître comme étant à nous, ou comme affectant, malgré leur variété et leur succession, un être qui est constamment le même *nous*. La conscience, considérée par rapport à ces nouveaux effets, est une nouvelle opération qui nous sert à chaque instant, et qui est le fondement de l'expérience. Sans elle chaque moment de la vie nous paraît le premier de notre existence, et notre connaissance ne s'étendrait jamais au delà de la première perception : je la nommerai *réminiscence*. »

Condillac se résume ainsi :

§ 15. « Le progrès des opérations dont je viens de donner l'analyse et d'expliquer la génération est sensible. D'abord il n'y a dans l'âme qu'une simple perception qui n'est que l'impression qu'elle reçoit à la présence des objets : de là naissent dans leur ordre les trois autres opérations. Cette impression, considérée comme avertissant l'âme de sa présence, est ce que j'appelle conscience. Si la connaissance qu'on en prend est telle qu'elle paraisse la seule perception dont on ait conscience, c'est attention. Enfin, quand elle se fait connaître comme ayant déjà affecté l'âme, c'est réminiscence. »

Nous n'avons fait jusqu'à présent qu'assister aux transformations de la perception. Nous avons vu successivement la perception changer de nom et d'apparence, mais sans cesser d'être toujours la même.

L'attention va maintenant donner naissance à plusieurs autres opérations.

Section II, chap. II, § 17. « La première est l'imagination : elle a lieu quand une perception, par la seule force de la liaison que l'attention a mise entre elle et un objet, se retrace la vue de cet objet. Quelquefois, par exemple, c'est assez d'entendre le nom d'une chose pour se la représenter comme si on l'avait sous les yeux. »

§ 18. « Cependant il ne dépend pas de nous de réveiller toujours les perceptions que nous avons éprouvées. Il y a des occasions où nos efforts se bornent à en rappeler le nom, quelques-unes des circonstances qui les ont accompagnées, et une idée abstraite de perception. J'appelle *mémoire* l'opération qui produit cet effet. »

§ 19. « Il naît encore une opération de la liaison que l'attention met entre nos idées; elle consiste à conserver sans interruption la perception, le nom ou les circonstances d'un objet qui vient de disparaître. »

La cause déterminante de toutes ces opérations est la liaison que nous mettons entre nos idées, et cette liaison elle-même est produite par l'attention. Il n'y a donc pas là de principe nouveau. Ce n'est qu'après l'analyse de toutes ces facultés, et après un chapitre sur l'usage des signes dans leurs rapports avec l'imagination et la mémoire, que Condillac arrive à la réflexion.

Section II, chap. V, § 47. « Aussitôt que la mémoire est formée, et que l'exercice de l'imagination est à notre pouvoir, les signes que celle-là rappelle et les idées que celle-ci réveille commencent à retirer l'âme de la dépendance où elle était de tous les objets qui agissaient sur elle. Maîtresse de se rappeler les choses qu'elle a vues, elle y peut porter son attention et la détourner de celles qu'elle voit. Elle peut ensuite la rendre à celles-ci ou seulement à quelques-unes, et la donner alternativement aux unes et aux autres. A la vue d'un tableau, par exemple, nous nous rappelons les connaissances que nous avons de la nature et des règles qui apprennent à l'imiter, et nous portons notre attention successivement de ce tableau à ces connaissances, et de ces connaissances à ce tableau, ou tour à tour à ses différentes parties. Mais il est évident que nous ne disposons ainsi de notre attention que par le secours que nous prête l'activité de l'imagination, produite par une grande mémoire. Sans cela nous ne la réglerions pas par nous-mêmes, mais elle obéirait uniquement à l'action des objets. »

§ 48. « Cette manière d'appliquer de nous-mêmes notre attention tour à tour à divers objets, ou aux différentes parties d'un seul, c'est ce qu'on appelle *réfléchir*. Ainsi on voit sensiblement comment la réflexion naît de l'imagination et de la mémoire. »

Ce peu de lignes suffisent pour montrer ce que devient l'originalité de la réflexion. La réflexion n'est que l'attention aidée de l'imagination et de la mémoire; toute l'activité qui est dans la réflexion est déjà dans l'attention, mais l'attention n'est elle-même qu'une transformation de la perception ou impression occasionnée par les sens.

L'unité de principe promise par Condillac est donc à peu près assurée, sauf les incertitudes et les contradictions plus apparentes que réelles qui trahissent un premier essai. Le système de la sensation transformée n'est pas encore développé dans toute sa rigueur, mais on l'entrevoit.

Voilà comment Condillac a traité la distinction célèbre que Locke avait mise entre la sensation et la réflexion, c'est-à-dire entre les matériaux que les sensations fournissent et la puissance qui travaille sur ces matériaux. Condillac l'a détruite ou tout au moins l'a très effacée. Nous allons le voir exagérer encore le rôle, déjà fort exagéré par Locke, de l'instrument indispensable de la pensée humaine, le langage.

Toute la seconde partie de l'ouvrage que nous examinons, et quelques chapitres de la première, sont exclusivement consacrés à cet important sujet. Condillac ne se borne point à signaler les rapports généraux de la pensée et des signes, il montre quelles opérations de l'esprit seraient impossibles sans le secours du langage. Distinguant dans la vie intellectuelle les facultés qui sont communes à l'homme et aux animaux d'avec celles que l'homme seul possède, il fait de ces dernières un produit du langage, et finit par conclure que l'homme doit aux signes sa supériorité sur les animaux. *Ibid.*, chap. IV, § 46 : « Aussitôt qu'un homme commence à attacher des idées à des signes qu'il a lui-même choisis, on voit se former en lui la mémoire. Celle-ci acquise, il commence à disposer par lui-même de son imagination et à lui donner un nouvel exercice; car par le secours des signes, qu'il peut rappeler à son gré, il réveille, ou du moins il peut réveiller souvent les idées qui y sont liées. Dans la suite il acquerra d'autant plus d'empire sur son imagination, qu'il inventera davantage de signes, parce qu'il se procurera un grand nombre de moyens pour l'exercer. Voilà où l'on commence à apercevoir la supériorité de notre âme sur celle des bêtes; car d'un côté il est constant qu'il ne dépend point d'elles d'attacher leurs idées à des signes arbitraires; et de l'autre il paraît certain que cette impuissance ne vient pas uniquement de l'organisation. »

Condillac confond perpétuellement dans l'explication d'un fait la condition extérieure de ce fait avec son principe même ou sa cause productrice. Le langage est certainement la condition de toutes les opérations complexes, sinon de toutes les opérations simples de la pensée ; mais il n'est pas, il ne peut jamais être le principe ni des unes ni des autres. On ne peut soutenir un pareil paradoxe sans tomber dans un cercle vicieux. En effet, pourrions-nous dire à Condillac, si le langage est le principe de la pensée, quel est donc le principe du langage ? Vous ne pouvez évidemment, dans votre système, recourir à une intervention surnaturelle. D'ailleurs, vous n'y songez pas. Il faut donc de toute nécessité que le principe du langage soit dans l'esprit lui-même.

Ce qui a trompé et ébloui Condillac, c'est la puissance merveilleuse des signes. Condillac comprit fort bien que leur fonction ne se borne pas à exprimer au dehors les idées ou à les conserver dans la mémoire, mais qu'ils interviennent dans le travail intérieur et solitaire de l'esprit et concourent à y former la pensée. Ils concourent à la former, donc ils la forment, telle fut la conclusion précipitée de l'esprit de système. C'était outrer et gâter une idée juste. Le langage n'a pas le pouvoir magique de créer la pensée, sans quoi il serait lui-même sans explication. C'est l'esprit et l'esprit seul, avec ses facultés et les lois attachées à leur exercice, qui, une fois sollicité par l'action des sens, produit toutes les idées quelles qu'elles soient. Il produit en même temps les signes, et les signes lui servent successivement à se développer lui-même et à produire de nouvelles idées. Le langage est à la fois cause et effet ; il est l'effet de la puissance naturelle de l'esprit ; et, comme plus d'un effet, il réagit sur sa cause, et devient cause à son tour. Il a cela de commun avec toutes les grandes institutions naturelles, par exemple, les arts et la société elle-même : c'est la nature humaine qui les produit, et ensuite elles la perfectionnent.

L'opinion de Condillac a fait fortune. On a répété après lui que si l'homme pense, c'est qu'il a des signes, et que si l'animal ne pense pas, c'est qu'il en est privé. Mais ce qu'il importe d'expliquer, c'est pourquoi l'homme a des signes et pourquoi l'animal n'en a pas [1]. Le langage est

---

[1] Sur l'origine du langage, nous avons renvoyé plus haut à un fragment des Premiers Essais ; citons ici quelques lignes de notre *Introduction* aux œuvres de M. de Biran :

« La difficulté n'est pas d'avoir des signes : les sons, les gestes, notre visage, tout notre corps, expriment nos sentiments instinctivement et souvent même à notre insu ; voilà les données primitives du langage, les signes naturels, que Dieu n'a fait que comme il a fait toutes choses. Maintenant, pour convertir ces signes naturels en véritables signes et instituer le langage, il faut une autre condition : il faut qu'au lieu de faire de nouveau tel geste, de pousser tel son instinctivement comme la première fois, ayant remarqué nous-mêmes que d'ordinaire ces mouvements extérieurs accompagnent tel ou tel mouvement de l'âme, nous les répétions volontairement avec l'intention de leur faire exprimer le même sentiment. La répétition volontaire d'un geste ou d'un son produit d'abord par instinct et sans intention, telle est l'institution du signe proprement dit, du langage. Cette répétition volontaire est la convention primitive sans laquelle toute conven-

le rapport entre deux termes dont l'un sert d'expression, de signe à l'autre. Or à quelle condition un son, un mouvement quelconque devient-il un signe? A cette condition qu'on y attache tel ou tel sens. Mais ce pouvoir d'attacher un sens à quoi que ce soit est une œuvre de la volonté et de l'intelligence. C'est donc à la volonté et à l'intelligence, c'est-à-dire à l'excellence de sa nature, que l'homme doit le langage ainsi que tous les progrès dont le langage est le principe. Ainsi il ne faut pas dire que l'homme est supérieur aux animaux parce qu'il a le langage : il faut dire qu'il possède le langage parce qu'il est supérieur aux animaux. Le vice de Condillac et de son école est de chercher le principe de la supériorité de l'homme en dehors de l'homme, ici dans le langage, là, comme nous le verrons tout à l'heure, dans un pur accident de l'organisation physique, au lieu de la chercher dans la nature humaine et dans ses facultés. Admettons que les signes facilitent l'exercice de nos facultés; si l'on veut, admettons que seuls ils le rendent possi-

tion ultérieure avec les autres hommes est impossible; or il est absurde d'employer Dieu pour faire cette convention première à notre place : il est évident que nous seuls pouvons faire celle-là. L'institution du langage par Dieu recule donc et déplace la difficulté et ne la résout pas. Des signes inventés par Dieu seraient pour nous non des signes, mais des choses qu'il s'agirait ensuite pour nous d'élever à l'état des signes en y attachant telle ou telle signification. Le langage est une institution de la volonté et de l'intelligence travaillant sur l'instinct et la nature. Otez la volonté et l'intelligence, il n'y a plus de répétition libre possible d'aucun signe naturel, il n'y a plus de vrais signes possibles, et la sensibilité toute seule n'explique pas plus le langage que l'intervention de Dieu. Otez la volonté, vous ôtez le sentiment de la personnalité; alors la racine du *je* est enlevée, il n'y a plus de sujet, ni par conséquent d'attribut; il n'y a plus de verbe, expression de l'action et de l'existence : il n'est pas plus au pouvoir de Dieu qu'il n'appartient aux sens et à l'imagination de nous en suggérer la moindre idée. »

ble ; mais comment admettre qu'ils produisent nos facultés mêmes? Il faut toujours en revenir à une puissance préexistante aux signes qui la servent, mais qui ne la constituent pas. C'est de cette puissance qu'il faut nous relever, bien plus que des signes qui en sont les instruments.

Pour rendre plus sensible l'erreur de Condillac, il n'est peut-être pas sans utilité de passer en revue quelques-unes des opérations dont ce philosophe fait un produit du langage, par exemple, la réminiscence, l'imagination, le jugement et le raisonnement.

L'animal est doué, aussi bien que l'homme, de la mémoire passive; c'est pour lui que le souvenir est une sensation prolongée; mais il n'a point sur ses souvenirs cet empire de les rappeler à temps ou bien de les réserver quand il lui plaît, et encore moins de les associer et de les combiner. L'homme seul fait tout cela, parce que seul il possède une force intérieure volontaire qui s'applique au passé comme au présent, à la mémoire comme aux autres facultés. C'est la volonté qui est le principe de la réminiscence. Si vous supprimez la volonté dans l'homme, le langage le plus riche ne la remplacera point, ou plutôt tout système de signes est impossible sans elle. Les signes sont ses instruments, parce qu'ils sont ses produits. C'est elle qui sépare l'homme de l'animal. Si l'animal la possédait, demain il inventerait le langage; il serait un homme; tant qu'il ne l'aura point, il ne peut y avoir de véritables signes pour lui [1].

La chose est plus manifeste encore pour l'imagination :

---

[1] Voyez la note précédente.

qu'une image vienne frapper mon esprit malgré moi, c'est là un genre d'imagination qui m'est commun avec l'animal. Condillac l'a fort bien remarqué : « Les bêtes, dit-il, n'ont qu'une imagination dont elles ne sont point maîtresses de disposer. » Mais n'ai-je pas aussi le pouvoir d'évoquer certaines images, de les faire comparaître devant mon esprit, de les modifier, de retrancher tel trait de celle-ci, tel autre de celle-là, et, en les associant, de produire des images nouvelles sans modèle dans la nature? Ce pouvoir qui est en moi, c'est encore la volonté; c'est elle qui remue les images enfouies dans la mémoire et en fait les tableaux les plus variés. Assurément le langage sert puissamment l'imagination, mais il est absurde de supposer qu'il la crée.

Quant au raisonnement, Condillac croit triompher parce que le raisonnement suppose certainement la mémoire, et par conséquent, selon Condillac, le langage. Soit : mais le raisonnement ne suppose pas seulement la mémoire et le langage; il suppose autre chose encore sans quoi tout le reste serait vain. Je raisonne parce que je compare; je compare parce que je donne mon attention, et toute attention est un effort plus ou moins énergique de la volonté ; c'est donc la volonté et non pas le langage qui est en dernière analyse le principe interne du raisonnement.

Et le jugement? Veut-on le résoudre dans une comparaison? C'est lui donner pour principe la volonté. Mais je ne m'appuie pas sur cette théorie. Le jugement est tout simplement une puissance d'apercevoir le vrai, et cette puissance, dans son exercice primitif, est indépendante du langage. Je dirai à Condillac ce que j'ai déjà dit à Locke [1]. Prenez ce jugement : j'existe, et dites-moi si vous jugez que vous existez, grâce aux deux mots *je* et *existence*, ou si ces deux mots ne tirent pas pour vous toute leur signification du jugement intime attaché à la conscience et qui s'exerce avec une autorité irrésistible? Il en est de même de ces autres jugements : je pense, je souffre. Le *je* ne nous est pas révélé par son signe, qui n'est rien, mais par un principe réel et vivant.

Le *Traité des systèmes*, qui vient après l'*Essai sur l'origine des connaissances humaines*, parut en 1749. Il appartient encore à la première période de Condillac.

J'incline à penser que cet ouvrage est le meilleur de Condillac; on est toujours plus fort quand on attaque que quand on se défend et qu'on entreprend d'établir une opinion quelle qu'elle soit. Le style de Condillac est ici comme toujours exact et solide, et semé de traits ingénieux et piquants. Mais il faut déjà signaler un certain ton tranchant et dogmatique qui va croissant dans les écrits de Condillac, à mesure qu'il s'enfonce davantage dans un système étroit et exclusif.

C'est à la lumière de l'*Essai sur l'entendement humain* que Condillac étudie et apprécie tous les systèmes : bien entendu qu'il ne s'agit que de systèmes modernes, ceux de Malebranche, de Leibnitz, de Boursier et de Spinoza. Descartes est souvent attaqué et ouvertement sacrifié à Locke. Celui-ci n'est pas très-fréquemment cité, mais son esprit anime l'ouvrage entier. Il est impossible de ne pas remarquer avec quel soin Condillac évite d'avouer

---

[1] Plus haut, p. 24.

tout ce qu'il doit au philosophe anglais. Il ne peut s'empêcher de laisser paraître les ressemblances ; mais, comme dans l'*Essai sur l'origine des connaissances*, il s'applique à mettre en lumière les différences, et il réduit beaucoup la part de Locke.

Cette part est pourtant très-considérable. Locke, dans le IVe liv., chap. vii, de l'*Essai sur l'entendement humain*, est un des premiers qui ait exposé les dangers des principes abstraits. Ce chapitre vii de Locke, avec plusieurs chapitres du livre Ier contre les principes innés, est le fond de l'ouvrage de Condillac. Locke s'était borné à des vues générales avec quelques applications aux principes abstraits qui avaient de la vogue de son temps ; Condillac étend ces applications à des systèmes venus depuis, ou qui depuis furent mieux connus. La seule chose qui lui appartienne véritablement, ce sont les analyses détaillées, ingénieuses et solides des principes abstraits qui président aux quatre grands systèmes qu'il examine. Locke oppose l'expérience à l'abstraction : c'est là sa gloire. Condillac, ainsi que Locke, combat l'abstraction ; mais il ne célèbre pas l'expérience autant que Locke, et on trouve çà et là des passages bien peu d'accord avec l'expérience. Le chapitre contre les hypothèses est excellent. En le lisant, on ne prévoit guère que le plus célèbre démenti que ce chapitre pût recevoir lui devait venir de l'auteur lui-même, et que l'ennemi déclaré des hypothèses aurait recours un jour, pour mieux connaître l'homme réel, à l'hypothèse de l'homme-statue. Comment penser que celui qui sent si vivement et expose avec tant de force le danger des systèmes abstraits finira par le dogmatisme le plus abstrait, par la substitution de l'analyse algébrique à l'observation, que l'auteur du *Traité des systèmes* sera l'auteur de la *Logique* et de la *Langue des calculs*?

On peut définir le *Traité des systèmes* le manifeste de l'école de Locke et de la philosophie du dix-huitième siècle contre la philosophie du dix-septième. Sans accepter ni contester la critique de Condillac, nous en admettons pleinement le principe, la nécessité de l'observation et de l'expérience. Mais ce principe est notre arme contre lui-même. Il semble que par cet ouvrage, qui clôt la première période de sa vie, il ait voulu condamner lui-même la seconde. Il serait aisé en effet de prendre un des derniers écrits de Condillac, la *Langue des calculs*, par exemple, comme il a pris l'*Éthique* de Spinoza, et de démontrer que la méthode suivie dans cet ouvrage a tous les défauts qu'il reproche à celui de Spinoza : 1° le caractère hypothétique ; 2° le caractère abstrait. La sensation est ici devenue une sorte de principe abstrait, duquel on déduit analytiquement et mathématiquement toutes les connaissances humaines, sans rechercher ce que c'est expérimentalement qu'une sensation, ni ce qu'est en fait la connaissance humaine considérée dans ses diverses parties.

Ainsi la critique, dans Condillac, peut nous servir à juger la théorie, non pas comme application, mais comme contraste. Le *Traité des systèmes* est à nos yeux la sentence la plus sévère qui puisse être portée contre le *Traité des sensations*.

TROISIÈME LEÇON. — CONDILLAC

SECONDE ÉPOQUE.

Seconde époque de la carrière de Condillac : *Traité des Sensations.* — Méthode du livre : abus de l'hypothèse. — Théorie des facultés. — La sensation transformée n'explique ni les facultés de l'entendement ni celles de la volonté. Confusion de la sensation et de l'attention, du désir et de la volonté. — Que la sensation n'explique pas plus les idées que les facultés. — Fausse théorie des idées. Abolition de la distinction des idées relatives et des idées nécessaires. — De l'idée de substance, de durée, d'espace, d'infini. — Si les sciences ne sont que des suites de propositions identiques. — Toute science n'est-elle qu'une langue bien faite ? — Spiritualisme de Condillac. — Son opinion sur l'existence de Dieu. — Sur la liberté. — Morale et politique de Condillac. — Conclusion.

Nous abordons aujourd'hui la seconde période de la vie de Condillac, celle où il laisse Locke bien loin derrière lui, et présente, achevé et complet, le système qui était en germe dans l'*Essai sur l'origine des connaissances humaines.* Nous l'avons vu reproduisant, modifiant, exagérant les principes du maître. Ici le disciple est devenu maître à son tour. Le système nouveau est accompli, et l'on ne peut y méconnaître une suite, une rigueur, une simplicité, et cette unité de principe, objet suprême de l'ambition de Condillac, que le sage Locke ne s'était pas proposée : il ne cherchait que la vérité.

Le *Traité des sensations* est l'ouvrage caractéristique de cette seconde période, et c'est en même temps l'ouvrage capital de Condillac : il parut en 1754. L'année suivante, dans le *Traité des animaux,* Condillac se sépara à la fois et de Buffon et de Descartes. En 1775, il publia le cours d'études qu'il avait composé pour l'éducation du duc de Parme, dont il était le précepteur : ce cours comprend l'*Art de penser*, l'*Art de raisonner*, l'*Art d'écrire*, une *Grammaire* et une *Histoire générale des hommes et des empires*. Il donna en 1776 un ouvrage d'économie politique intitulé : *du Commerce et du Gouvernement, considérés relativement l'un à l'autre;* en 1777, sa *Logique;* enfin il laissa en mourant la *Langue des calculs*, imprimée après lui.

Nous nous attacherons principalement au premier de ces écrits, sans nous interdire de puiser aussi dans les autres.

Condillac a fait lui-même un extrait raisonné du *Traité des sensations*, dans lequel il resserre tout son système. Nous ne pouvons mieux faire que de prendre cet extrait pour la base de notre examen.

Le premier point sur lequel nous interrogerons le *Traité des sensations* est la méthode, comme nous l'avons fait pour l'*Essai sur l'origine des connaissances*. Mais ici Condillac n'en est plus à son coup d'essai; il n'en est plus à se débattre entre l'imitation de Locke et le système qui doit porter son nom; il est enfin lui-même. La méthode qu'il suit dans le *Traité des sensations* est ferme et arrêtée. C'est la méthode que nous avons déjà signalée, mais poussée à l'excès, cette méthode qui va devenir celle de tout le siècle, et que nous pourrions appeler la méthode des origines.

A prendre çà et là dans les ouvrages de Condillac certains passages isolés, il semble qu'il ait connu la vraie méthode expérimentale. On lit dans le *Traité des animaux,* chap. I : « C'est aux philosophes qui observent scrupuleusement qu'il appartient uniquement de généraliser. Ils considèrent les phénomènes chacun sous toutes ses faces; ils les comparent; et, s'il est possible de découvrir un principe commun à tous, ils ne le laissent pas échapper. Ils ne se hâtent donc pas d'imaginer : ils ne généralisent, au contraire, que parce qu'ils y sont forcés par la suite des observations. Mais ceux que je blâme, moins circonspects, bâtissent d'une seule idée générale les plus beaux systèmes. Ainsi, du seul mouvement d'une baguette, l'enchanteur élève, détruit, change tout au gré de ses désirs, et l'on croirait que c'est pour présider à ces philosophes que les fées ont été imaginées. »

Rien de mieux que ces préceptes; ils méritaient de séduire Condillac; mais il se borne à les proposer aux autres, et il se garde bien de les pratiquer lui-même. Condillac fait semblant d'observer, et il suppose; d'analyser, et il déduit; d'expérimenter, et il invente. S'il est une comparaison qui puisse rendre l'impression que produisent sur nous ces transformations abstraites et systématiques qu'il fait subir à tout ce qu'il touche, c'est à coup sûr la comparaison dont il se sert lui-même. Pour métamorphoser les faits au gré de ses désirs, et bâtir en l'air un édifice d'une régularité fantastique, il n'y a pas d'enchanteur plus habile : c'est vraiment pour lui, comme il le dit spirituellement, que les fées ont été imaginées.

Condillac recommande la méthode expérimentale;

mais nous l'allons voir, par des déviations successives et des détours ingénieux, abandonner cette méthode pour en prendre une toute contraire.

Il faut observer; mais qu'observera-t-on? Voilà la question. Écoutons Condillac; il va nous répéter en propres termes ce qu'il nous a déjà dit dans l'*Introduction* de l'*Essai sur l'origine des connaissances humaines* :

« Il faut nous observer dès les premières sensations que nous éprouvons; il faut démêler la raison de nos premières opérations, remonter à l'origine de nos idées, en développer la génération, les suivre jusqu'aux limites que la nature leur a prescrites, en un mot il faut, comme le dit Bacon, renouveler l'entendement humain. » *Extrait raisonné*.

On ne peut que féliciter Condillac de sa bonne volonté à renouveler notre entendement, puisque ce malheureux entendement, en se développant, n'a fait que se pervertir. Mais, si l'entreprise est grande, les moyens sont mal sûrs. L'homme fait est bien altéré, si l'on veut; mais l'enfance est bien obscure et pour les autres et pour elle-même. Il est étrange d'étudier l'homme tel qu'il est et doit être dans l'homme au maillot, et de demander la lumière aux ténèbres qui entourent le berceau de l'enfance et toutes les origines. Condillac convient lui-même que cette méthode condamne aux suppositions :

« Il semble que, pour étudier la nature humaine, il faudrait observer dans les enfants les premiers développements de nos facultés, ou se rappeler ce qui nous est arrivé à nous-mêmes. L'un et l'autre sont difficiles; nous serions souvent réduits à faire des suppositions; mais des suppositions auraient l'inconvénient de paraître quelquefois gratuites, et d'autres fois d'exiger qu'on se mît dans des situations où tout le monde ne saurait se placer. »

Mais ces scrupules ne sont pas faits pour arrêter Condillac; il les surmonte et accepte ouvertement la méthode hypothétique qu'il a tant reprochée aux autres. S'il faut faire des suppositions, il en fera.

« Pour cela il était nécessaire de remonter plus haut que n'avait fait ce philosophe (Locke); mais, dans l'impuissance où nous sommes d'observer nos premières pensées et nos premiers mouvements, il fallait deviner, et par conséquent il fallait faire différentes suppositions. »

Ainsi voilà où Condillac aboutit après avoir proclamé à grand bruit, avec tout son siècle contre le siècle précédent, la nécessité de l'observation! Le voilà qui à son tour fait des suppositions et devine! Mais alors pourquoi critiquer avec tant de hauteur Malebranche, Leibnitz, Spinoza? Ils ont essayé de deviner tout comme vous. Mais, dites-vous, ils ont mal deviné. Condamnez alors les résultats; ne condamnez pas leur méthode, qui est la vôtre. Mais, d'ailleurs, il n'est pas vrai que les grands hommes que vous traitez si légèrement aient eu recours à la divination. L'auteur du *Discours de la méthode et des méditations* n'est pas un devin, c'est un profond observateur qui se laisse un peu trop conduire par un géomètre. Il n'y a que deux méthodes : ou poser des principes et en déduire des conséquences, ou observer les faits et induire des lois. De votre propre aveu, la première de ces deux méthodes ne convient qu'aux sciences abstraites et nullement à la philosophie. Résignez-vous donc à la seconde méthode, et pratiquez-la. Or on n'observe pas ce qui fut et n'est plus; on observe ce qui est, on en constate les caractères, et tous les caractères, pour tirer de ces caractères, rigoureusement classés, les principes et les lois de la nature humaine, sauf à rechercher ensuite, si l'on veut, quelle forme eurent d'abord ces principes et ces lois dans le berceau de l'intelligence. Telle est la vraie méthode; il n'y en a pas d'autre.

On craint d'être dupe des préjugés en observant la nature humaine telle qu'elle est aujourd'hui; mais toute hypothèse sur la nature primitive de l'homme qui ne repose pas sur l'observation de sa nature actuelle, est une rêverie. Comme vous ne pouvez prendre sur le fait cet état que vous voulez connaître, vous l'inventez. Et sur quoi l'inventez-vous? sur vos préjugés aussi, c'est-à-dire sur les habitudes de votre esprit et de votre siècle. Au dix-septième siècle on fait des hypothèses d'une certaine nature, et on en fait d'autres d'une nature opposée au dix-huitième. Toutes ces hypothèses se combattent et s'écroulent les unes sur les autres. Il n'y a de durable que les faits et les théories qui les expriment fidèlement.

Une fois la nécessité d'une hypothèse reconnue, Condillac dépouille l'homme de toutes les facultés et de toutes les idées qu'il possède aujourd'hui; il le met à nu, et c'est dans cet état qu'il le prend pour l'amener graduellement à cette variété de facultés et d'idées qui composent l'homme actuel. L'homme primitif, pour lui, c'est une statue. Mais cette statue n'est pas comme le marbre dont parle Leibnitz, qui, par la disposition de ses lignes intérieures, semble appeler le ciseau et déterminer d'avance la figure qu'en dégagera le sculpteur. Condillac n'a rien mis dans cette statue. La sensibilité, la volonté, l'intelligence, l'âme, tout lui viendra du dehors. Assistons à cette création de l'homme par la nature extérieure. Nous allons voir, sous cette baguette magique dont parle Condillac, s'animer peu à peu la pierre inerte et immobile; mais n'oublions pas, avant de nous donner ce curieux spectacle, une recommandation de l'auteur :

« J'avertis qu'il est très-important de se mettre exactement à la place de la statue que nous allons observer. Il faut commencer d'exister avec elle : n'avoir qu'un seul sens, quand elle n'en a qu'un; n'acquérir que les idées qu'elle acquiert; ne contracter que les habitudes qu'elle contracte; en un mot, il faut n'être que ce qu'elle est. Elle ne jugera des choses comme nous que quand elle aura tous nos sens et toute notre expérience; et nous ne jugerons comme elle que quand nous nous supposerons privés de ce qui lui manque. » *Traité des sensations. — Avis au lecteur.*

Voilà, il faut en convenir, une étrange manière d'observer, et qui n'est pas d'une exécution très-facile. Il faut se dépouiller non-seulement de toutes ses habitudes, mais de toutes ses facultés, et même de la conscience de son être, laquelle vient assez tard dans le développement de la statue. Ce qu'on observe a bien l'air de n'être autre chose que l'exposition d'un système préconçu ; et celui qui observe ne doit voir autre chose, que dis-je ? ne doit être autre chose que ce qu'on lui montre. Voilà des conditions d'observation qu'on ne trouve ni dans Bacon, ni dans Descartes, ni dans Galilée, ni dans Newton. Nous ferons de notre mieux cependant pour nous prêter à cette bizarre hypothèse, et, puisque l'auteur dit dans un endroit que, « si le système porte sur des suppositions, les conséquences qu'on en tire sont attestées par l'expérience, » nous ne le chicanerons pas sur ces suppositions, et nous nous contenterons de lui demander un compte sérieux des résultats.

« Le principal objet de cet ouvrage, dit Condillac dans son Extrait, est de faire voir comment toutes nos connaissances et toutes nos facultés viennent des sens, ou, pour parler plus exactement, des sensations. »

Il divise lui-même notre critique. Demandons-lui compte successivement des facultés et des connaissances.

Nous voici en présence d'une statue organisée intérieurement comme nous, mais vide encore d'idées et de sentiments : elle est recouverte d'une enveloppe de marbre qui ferme ses sens aux impressions du dehors. Tout à coup Condillac soulève un coin de l'enveloppe, et laisse par cette issue pénétrer dans l'âme de la statue l'action d'une cause extérieure. Ce premier état de l'âme est la sensation.

« Ne laissons subsister qu'une seule sensation, ou même, sans retrancher entièrement les autres, diminuons-en seulement la force; aussitôt l'esprit est occupé plus particulièrement de la sensation qui conserve toute sa vivacité, et cette sensation devient attention, sans qu'il soit nécessaire de supposer rien de plus dans l'âme... Une sensation est attention, soit parce qu'elle est seule, soit parce qu'elle est plus vive que toutes les autres. »

Voilà déjà l'attention qui naît de la sensation; et remarquons bien que Condillac n'entend pas seulement qu'elle lui succède : non, la sensation engendre l'attention, devient l'attention; car ce que Condillac veut expliquer, ce n'est pas le développement successif, c'est la génération même de nos facultés. Poursuivons.

« Notre capacité de sentir peut se partager entre la sensation que nous avons eue et celle que nous avons; nous les apercevons à la fois toutes deux; apercevoir et sentir ces deux sensations, c'est la même chose. Or ce sentiment prend le nom de *sensation* quand l'impression se fait actuellement sur les sens, et il prend celui de *mémoire* lorsqu'elle s'y est faite et qu'elle ne s'y fait plus. »

« Dès qu'il y a double attention, il y a comparaison; car être attentif à deux idées et les comparer, c'est la même chose. Or on ne peut les comparer sans apercevoir entre elles quelque différence et quelque ressemblance; apercevoir de pareils rapports, c'est juger. C'est ainsi que la sensation devient successivement attention, comparaison, jugement. »

« Nous sommes souvent obligés de porter notre attention d'un objet sur un autre, en considérant séparément leurs qualités. L'attention ainsi conduite est comme une lumière qui réfléchit d'un corps sur un autre pour les éclairer tous deux, et je l'appelle *réflexion*. » *Extrait raisonné*.

L'abstraction n'est que l'attention qui se porte sur une qualité de l'objet, au lieu de s'attacher à l'objet tout entier; le raisonnement n'est qu'un double jugement, un jugement dans un autre; l'imagination n'est que la réflexion combinant des images.

Que de métamorphoses subit la sensation sous le talisman du philosophe! D'abord pure impression sensible, elle devient successivement attention, mémoire, comparaison, jugement, raisonnement, réflexion, abstraction, imagination, c'est-à-dire toute l'intelligence.

Nous voilà bien loin de Locke. La réflexion par laquelle Locke sauve l'activité propre de l'âme, la réflexion qu'il nous donne comme différente de l'impression sensible, n'est plus qu'une des nombreuses transformations de la sensation. Aussi Condillac reproche à Locke sa timidité :

« Ce philosophe se contente de reconnaître que l'âme aperçoit, pense, doute, croit, raisonne, connaît, veut, réfléchit, que nous sommes convaincus de l'existence de ces opérations, parce que nous les trouvons en nous-mêmes et qu'elles contribuent aux progrès de nos connaissances; mais il n'a pas senti la nécessité d'en découvrir le principe et la génération; il n'a pas soupçonné qu'elles pourraient n'être que des habitudes acquises; il paraît les avoir regardées comme quelque chose d'inné, et il dit seulement qu'elles se perfectionnent par l'exercice. » *Extrait raisonné*.

Il est certain que Locke n'a pas soupçonné que nos

facultés ne sont que des *habitudes acquises*, et qu'il les a regardées comme *quelque chose d'inné*. Car il faut bien, ce semble, comme le dit Leibnitz, que l'esprit soit inné à lui-même. Or, si l'esprit est inné à lui-même, il faut bien que ses facultés le soient aussi, car l'esprit sans ses facultés est une abstraction, un pur néant. Ne pas vouloir que les facultés soient *quelque chose d'inné*, c'est anéantir l'esprit avec ses facultés, c'est en faire, c'est faire de nous-mêmes un je ne sais quoi sans réalité et sans nature propre, résultat éloigné et incertain de l'action des objets sur les sens. Il est vrai que Locke n'avait pas soupçonné cette merveilleuse découverte; elle appartient en propre à Condillac.

Nous venons de voir comment la sensation engendre toutes les facultés de l'entendement; voyons comment elle engendre aussi toutes les facultés de la volonté.

« Il n'y a de sensations indifférentes que par comparaison; chacune est en elle-même agréable ou désagréable : sentir et ne pas se sentir bien ou mal sont des expressions contradictoires.

« ... Nous ne saurions être plus mal ou moins bien que nous avons été, que nous ne comparions l'état où nous sommes avec ceux par où nous avons passé. Plus nous faisons cette comparaison, plus nous ressentons cette inquiétude qui nous fait juger qu'il est important pour nous de changer de situation; nous sentons le besoin de quelque chose de mieux. Bientôt la mémoire nous rappelle l'objet que nous croyons pouvoir contribuer à notre bonheur, et dans l'instant l'action de toutes nos facultés se détermine vers cet objet. Or cette action des facultés est ce que nous nommons le *désir.* »

« Que faisons-nous, en effet, quand nous désirons? Nous jugeons que la jouissance d'un bien nous est nécessaire. Aussitôt notre réflexion s'en occupe uniquement. S'il est présent, nous fixons les yeux sur lui, nous tendons les bras pour le saisir; s'il est absent, l'imagination le retrace et peint vivement le plaisir d'en jouir. Le désir n'est donc que l'action des mêmes facultés qu'on attribue à l'entendement, et qui, étant déterminé vers un objet par l'inquiétude que cause sa privation, y détermine aussi l'action des facultés du corps. Or du désir naissent les passions, l'amour, la haine, l'espérance, la crainte, la volonté. Tout cela n'est donc encore que la sensation transformée. » *Extrait raisonné.*

« ... *Passion,* c'est-à-dire un désir qui ne permet pas d'en avoir d'autres, ou qui, du moins, est le plus dominant. »

« Dès qu'il y a en elle (la statue) jouissance, souffrance, besoin, désir, passion, il y a aussi amour et haine. » *Traité des sensations,* chap. IV.

« L'espérance et la crainte naissent du même principe que l'amour et la haine. »

« ... Dès lors elle ne se borne plus à désirer, elle veut; car on entend par *volonté* un désir absolu, et tel que nous pensons qu'une chose désirée est en notre pouvoir. » Chap. IV.

Et ailleurs : « Je veux signifie je désire, et rien ne peut s'opposer à mon désir; tout y doit concourir. » *Log.,* chap. VIII.

C'est ainsi que Condillac arrive à cette unité de principe qu'il se propose comme le dernier but de la science. Le malheur est que cette science n'est point celle de la nature humaine, que cette génération successive de toutes nos facultés intellectuelles et morales par la sensation n'est qu'une combinaison artificielle plus ou moins ingénieuse, et non l'image fidèle de la réalité.

Allons droit au principe sans nous arrêter aux détails, qui seraient innombrables.

« A la première odeur, dit Condillac, la capacité de sentir de notre statue est tout entière à l'impression qui se fait sur son organe : voilà ce que j'appelle *attention*. »

L'attention n'est donc, selon Condillac, que la sensation parvenue à un certain degré de vivacité et devenue dominante. Première erreur qui est le principe de toutes les autres. Entre la sensation et l'attention, il y a plus qu'une différence de degré, il y a une différence de nature. Qu'est-ce, en effet, que la sensation? Une impression que nous subissons, qu'il n'est pas en notre pouvoir de faire naître ou de prévenir, de continuer ou de suspendre, d'achever ou d'anéantir. L'attention, au contraire, est un pouvoir dont nous disposons en une certaine mesure. L'homme est passif dans la sensation [1]; il est actif dans l'attention, il est actif d'une activité véritable qui lui appartient, et qu'il ne faut pas confondre avec les mouvements les plus énergiques de la sensibilité et de la passion. La sensation est fatale et involon-

---

[1] Voyez Premiers Essais, p. 177 : *Sommes-nous actifs ou passifs dans le premier fait de conscience?*

taire : ne sent pas qui veut ni comme il veut. L'attention est volontaire et libre : nul ne donne son attention malgré soi. Celui qui éprouve une sensation en est le sujet; il n'en est point la cause. Au contraire, le sujet de l'attention en est aussi la cause; elle est sollicitée, elle n'est pas imposée par les objets extérieurs : nous la tirons de notre propre fonds et de notre puissance intérieure. Sans doute les deux phénomènes se mêlent presque toujours; mais une saine analyse les distingue. Un abîme sépare la vraie activité du mouvement de la passion, la volonté libre de la fatalité, l'attention de la sensation. La sensation n'engendre donc pas l'attention; et puisque, dans l'hypothèse de Condillac, les autres opérations de l'entendement dérivent de l'attention, il s'ensuit que la sensation n'est le principe d'aucune des facultés intellectuelles.

Mais est-il bien vrai que toutes les opérations de l'intelligence dérivent de l'attention? Pour que l'attention engendre toutes les facultés intellectuelles, il faut qu'elle soit elle-même une faculté de l'intelligence; or il n'en est rien. Être attentif est un fait; juger, comprendre, connaître, est un fait très-différent. L'un est la condition de l'autre, mais l'un n'est pas l'autre. Faire attention à un objet et connaître cet objet sont deux choses distinctes; la preuve en est que la première peut avoir lieu sans la seconde. Je puis donner toute mon attention à un problème sans le comprendre; donc l'attention n'est pas identique à l'intelligence. Mais alors qu'est-ce que l'attention? Rien autre chose que la force de diriger et de concentrer nos facultés sur tel ou tel objet. Or quelle est cette force, sinon la volonté? La volonté se sert de l'intelligence : elle n'est point l'intelligence ; elle l'applique à un objet, l'en détache pour la tourner vers un autre ou l'y fixe et l'y concentre.

Ceci nous amène à examiner la théorie des facultés de la volonté, d'après Condillac.

Cette théorie consiste à faire naître le désir de la sensation et la volonté du désir. Or, tout comme j'ai nié tout à l'heure que la sensation engendre l'attention et l'attention l'intelligence, de même ici je nie que le désir engendre la volonté : je ne connais pas deux faits qui diffèrent davantage. Le désir est fatal ; la volonté est libre : je subis un désir, je produis un acte de volonté ; je réponds de tous mes actes volontaires ; je ne puis répondre de mes désirs ; je puis sans doute écarter ou fuir, jusqu'à un certain point, les occasions de désir ; je ne puis, dans une circonstance donnée, fermer mon âme au désir qui la surprend. Enfin la volonté est si peu le désir, qu'elle lui résiste et le dompte quelquefois. Qu'est-ce que la vie morale, sinon la lutte de la volonté et du désir ? Et qu'on ne dise pas que le désir, porté à un certain degré, se transforme en volonté. Non ; plus le désir est violent, moins l'homme est libre, moins la volonté a de force. Il est donc absolument faux de prétendre, avec Condillac, que le désir engendre la volonté[1].

Je vais plus loin : le désir se développe souvent dans l'âme à l'occasion de la sensation, et il est involontaire comme elle ; mais en faut-il conclure qu'il en dérive tou-

---

[1] Sur la différence de la passion et de l'activité véritable, de l'intelligence et de la volonté, du désir et de la volonté, voyez dans les FRAGMENTS PHILOSOPHIQUES, PHILOSOPHIE CONTEMPORAINE, l'*Examen des leçons de M. Laromiguière*, surtout le VRAI, LE BEAU ET LE BIEN, III° part., *du Bien*, leç. XII°, p. 285, etc.

jours et nécessairement? Il faut distinguer ici. Il y a des désirs, des passions qui naissent des sens, il n'y a nul doute à cela; mais il y a des désirs et des sentiments instinctifs qui n'en naissent pas ; la sensation leur est une occasion d'entrer en exercice, elle ne les constitue point. La sensation est l'impression extérieure perçue : elle vient du dehors; mais le sentiment vient du dedans : il s'élève du fond de l'âme pour s'appliquer aux objets, au lieu de partir des objets pour arriver jusqu'à l'âme. Ne possédons-nous pas au dedans de nous-même des désirs secrets et puissants qui donnent l'élan à nos sens, presque aussi souvent qu'ils le reçoivent d'eux? Il est des désirs, des penchants innés qui peuvent attendre quelquefois, pour s'appliquer à tel objet, qu'une impression extérieure et particulière les y détermine, mais qui, sous la forme de tendances vagues et d'autant plus énergiques, préexistent à toute impression. Il faut bien se garder de confondre ces tendances primitives avec les désirs capricieux qu'une sensation fait naître et qu'une autre emporte. Rappelez-vous ce que nous avons dit ailleurs de la sympathie, de l'amour, de l'amitié, du désir de l'estime, de la passion de la gloire, du sentiment et du besoin de l'infini, et de ces affections de nature, ainsi que les a nommées le sens commun, comme pour protester contre la théorie que nous combattons[1]. Chacune

---

[1] Voyez DU VRAI, DU BEAU ET DU BIEN, leç. v. *Du Mysticisme*, p. 109; leç. vi, *Du beau dans l'esprit de l'homme*, p. 140, etc. leç. xiii, *De la morale du sentiment*, p. 311. Voyez aussi, FRAGMENTS PHILOSOPHIQUES, PHILOSOPHIE CONTEMPORAINE, dans l'article sur les *Esquisses de philosophie morale* de M. Dugald Stewart, ce qui concerne les penchants et les désirs primitifs de l'âme.

de ces affections est simple, primitive, et par conséquent irréductible à la sensation. Ne nous lassons pas de le redire : la nature humaine n'est pas une table rase; elle est riche de facultés, d'instincts, de penchants de toute espèce que la sensation développe, mais qu'elle n'engendre pas. Dieu, en la créant, l'a formée tout exprès pour connaître, pour vouloir et pour aimer.

Ainsi la sensation n'engendre ni certains désirs instinctifs, ni la volonté, ni l'intelligence ; elle est la condition de l'exercice de toutes les facultés, nous l'avons reconnu, mais elle n'est le principe d'aucune. Cette impuissance manifeste de la sensation ruine déjà le système de Condillac. Ce n'est point assez : selon nous, la sensation elle-même est impossible dans l'hypothèse de l'homme-statue. Locke, en accordant presque tout aux sens, avait au moins réservé l'activité intérieure de l'âme sous le nom de réflexion. L'homme-statue n'est pas même une force qui puisse opposer ou ajouter son action personnelle à celle des objets extérieurs; c'est une pure machine organisée à laquelle ceux-ci communiquent un ébranlement, une impression; mais il y a loin de cet ébranlement, de cette impression, à une sensation. Pour que l'impression se transforme en sensation, il faut qu'à l'action des forces extérieures corresponde et se joigne l'action d'une force intérieure : de cette double action naît la sensation. Supprimez l'action des objets, il n'y a point d'impression et la sensation est impossible; supprimez d'autre part une action quelconque du moi, qu'il ne s'agit pas ici de déterminer, l'impression a lieu, mais non pas la sensation. Et il ne peut en être autrement. En effet, ce qui caractérise la sensation et la distingue de l'impression, c'est que le moi en a conscience. Il faut bien entendre cela, c'est le nœud de la difficulté, c'est le point précis de la question. Une sensation est ou n'est pas. Si elle est, elle est sentie, elle est perçue, le sujet qui l'éprouve en a conscience. Sinon, la sensation n'est pas ; ou, si on conserve ce mot, il ne signifie qu'une impression non sentie, non perçue et sans conscience. Or, je dis que ce que les objets procurent, ce n'est pas la sensation, phénomène en réalité très-complexe, c'est seulement l'impression. Condillac l'a reconnu : « Si nous lui (à la statue) présentons une rose, elle sera, par rapport à nous, une statue qui sent une rose ; mais, par rapport à elle, elle ne sera que l'odeur même de cette fleur. » Voilà la statue devenue odeur de rose, et rien de plus, de l'aveu même de Condillac. Comment de là arrivera-t-elle à la conscience de cette odeur, c'est-à-dire à la sensation vraie? Ici les objets extérieurs n'y peuvent rien, ni les sens non plus. Vous aurez beau présenter à la statue, après une rose, une violette, un jasmin; la statue, pour Condillac, deviendra tour à tour odeur de rose, odeur de violette, odeur de jasmin ; elle deviendra ces odeurs, elle ne les sentira point. Levez le marbre qui couvre tel autre de ses sens : si c'est la vue, il y aura impression de couleur, et la statue deviendra couleur comme elle a été odeur; elle deviendra successivement ainsi toutes ses impressions : mais la sensation sera tout aussi loin à la millième impression qu'à la première, tant que quelque chose, partant du dedans et non du dehors, de l'âme et non des sens, ne s'ajoutera pas à l'impression pour en prendre connaissance et produire à la fois la conscience et la sensation [1].

Condillac ne s'est pas aperçu qu'en dépouillant l'homme de toute activité propre, il supprimait le principe même de la sensation. Il en donne bien la condition; il en ôte le fondement. Un milliard d'impressions ne peuvent produire une seule sensation sans la coopération de cette puissance que Condillac a méconnue. Il ne veut pas que nos facultés soient quelque chose d'inné; il veut que tout dérive de l'*impression occasionnée par l'action des objets*. Mais cette impression, qui doit tout féconder, qui doit tout produire, est elle-même stérile et ne peut se transformer en une sensation véritable que par l'intervention de quelque chose de différent d'elle, de quelque chose d'inné, qui est l'intelligence elle-même. Otez la conscience, il n'y a rien pour la statue; et pour qu'il y ait conscience, il faut un tout autre principe que les sens. On ne saurait trop le répéter : l'erreur constante de Condillac et de l'école empirique est de croire que c'est à un accident extérieur que l'homme doit sa pensée, son activité, ses sentiments, tandis que c'est dans le fond même de sa nature qu'il puise incessamment la volonté, le sentiment, la pensée. Tout cela, sans doute, faute d'excitation extérieure, dormirait dans les profondeurs de son être; mais il n'en est pas moins vrai que la nature entière et les sens les mieux conformés n'ont pas par eux-mêmes la vertu de donner à l'homme une seule faculté, ni même une seule sensation.

[1] Voyez notre traduction de Platon, tom. II, argument du *Philèbe*, p. 249.

Le principe de Condillac n'explique pas les facultés de l'âme ; à plus forte raison il ne peut expliquer les connaissances, produits de ces facultés.

Les éléments de la connaissance, ce sont les idées : Que sont les idées dans le système de la sensation transformée ?

« La sensation est sentiment par le rapport qu'elle a à l'âme qu'elle modifie ; elle est idée par le rapport qu'elle a à quelque chose d'extérieur. »

Le rapport de la sensation à l'objet extérieur, qui la fait idée, est un rapport de ressemblance ou de dissemblance, de conformité ou de non-conformité. Condillac admet comme Locke la théorie des idées représentatives. On n'est embarrassé que du choix des textes.

« Chaque sensation du tact se trouve représentative des objets que la main saisit.

« Le toucher, accoutumé à rapporter les sensations au dehors, fait contracter la même habitude aux autres sens. Toutes nos sensations nous paraissent les qualités des objets qui les environnent : elles les représentent donc ; elles en sont les idées.

« Les idées se divisent en deux espèces. Les idées sensibles nous représentent les objets qui agissent actuellement sur nos sens ; les idées intellectuelles nous représentent ceux qui ont disparu après avoir fait leur impression.

« Mais il est évident que ces idées ne nous font point connaître ce que les êtres sont en eux-mêmes ; elles ne les peignent que par les rapports qu'ils ont à nous. » *Extrait raisonné.*

« Les sensations, considérées comme représentations des objets sensibles, se nomment *idées;* expression figurée qui, au propre, signifie la même chose qu'*images*.

« Chacun de nous peut remarquer qu'il ne connaît les objets sensibles que par les représentations qu'il en reçoit : ce sont les sensations qui nous les représentent.

« Rien dans l'univers n'est visible pour nous : nous n'apercevons que les phénomènes produits par le concours de nos sensations. » *Logique*, ch. III.

Enfin rappelez-vous la phrase célèbre qui commence l'*Essai sur l'origine des connaissances humaines* :

« Soit que nous nous élevions, pour parler métaphoriquement, jusque dans les cieux, soit que nous descendions dans les abîmes, nous ne sortons point de nous-mêmes, et ce n'est jamais que notre propre pensée que nous apercevons. »

Il suffirait de la théorie des idées représentatives pour prouver que Condillac n'a rien entendu à la nature de la connaissance humaine. Si toute connaissance n'est vraie que par la vérité de la représentation, c'en est fait de la vérité de la connaissance. En effet, il est démontré : 1° que la sensation est une pure modification de l'âme, qui a sa cause occasionnelle dans un objet extérieur, mais qui ne représente point et ne peut représenter cet objet; 2° que les images qui accompagnent certaines idées sensibles ne sont pas le fondement de la vérité de ces idées, et que, loin de servir à l'acquisition de ces idées, elles les supposent acquises; 3° que les idées intellectuelles et morales n'impliquent aucune image ni par conséquent aucune représentation. C'est un point inébranlablement établi, et qui, depuis Berkeley, Hume et Reid, peut être considéré comme acquis à la science, que la représentation de l'idée est une chimère, née de la plus mauvaise scholastique péripatéticienne. Tout le système de la connaissance humaine, d'après Condillac comme d'après Locke [1], étant fondé sur cette chimère, s'écroule par sa base. Il est inutile d'entrer ici dans aucun détail. Considérons par un autre côté le système de Condillac.

Si nous ne connaissons les choses que par l'intermédiaire de nos idées, et si toutes nos idées ne sont que nos sensations, comme nos sensations sont essentiellement relatives à notre manière de sentir, il s'ensuit que nos idées sont relatives, et que toute la connaissance que nous avons des choses est relative comme nos idées.

Cependant Condillac semble admettre, dans quelques endroits, et surtout dans son premier ouvrage, la distinction des idées relatives et des idées absolues. Il conserve le mot, mais il détruit la chose.

« Les idées simples, dit-il (*Essai sur l'origine*, etc., 1re partie, sect. III, § 74), et les idées complexes conviennent en ce qu'on peut également les considérer comme absolues et comme relatives. Elles sont absolues quand on s'y arrête et qu'on en fait l'objet de la réflexion sans les rapporter à d'autres; mais quand on les considère comme subordonnées les unes aux autres, on les nomme relatives. »

Si une idée est tantôt absolue, tantôt relative, selon

---

[1] Plus haut, p. 25, etc.

que l'esprit la considère en elle-même ou dans ses rapports, la conséquence est que toute idée est relative à notre manière de la considérer; dès là il n'y a plus rien d'absolument vrai ni d'absolument faux, et nous voilà revenus au système des Sophistes; l'homme, et entendez par là l'homme sensible, est la mesure unique de toutes choses, du vrai et du faux, et, partant, du bien et du mal. C'est à Socrate et à Platon à enseigner aux modernes disciples de Protagoras que la distinction entre les idées absolues et les idées relatives est tout autrement profonde, qu'il y a des vérités relatives en effet à telle condition de temps, de lieu, de personne, mais qu'il y en a d'autres qui, par elles-mêmes, sont indépendantes de toute condition, qui sont vraies partout et toujours, nécessairement et absolument [1].

En niant la distinction essentielle des idées absolues et des idées relatives, Condillac s'imposait la nécessité de nier toutes les idées absolues que l'analyse découvre dans l'esprit humain, ou de les ramener aux idées relatives, qui les précèdent ou les accompagnent.

Nous l'interrogerons sur les principales de ces idées sur la substance, l'espace, la durée, l'infini. Partout Condillac reproduit Locke en l'exagérant.

Que devient l'idée de substance [2] dans le système de la sensation transformée? Écoutons l'auteur de l'*Art de penser* :

---

[1] Voyez sur la distinction du contingent et du nécessaire, du relatif et de l'absolu, Premiers Essais, cours de 1817, leç. d'ouverture; du Vrai, du Beau et du Bien, Ire part.; et l'argument du *Théétète*, t. II, de notre traduct. de Platon.

[2] Voyez l'exposition détaillée de l'opinion de Condillac sur la substance et sur le moi, Premiers Essais, cours de 1816, p. 152, etc.

Ch. xi. « Nous nous connaissons par les sensations que nous éprouvons ou par celles que nous avons éprouvées, et que la mémoire nous rappelle. Mais quel est cet être où nos sensations se succèdent? Il est évident que nous ne l'apercevons point en lui-même : il ne se connaîtrait pas s'il ne se sentait jamais : il ne se connaît que comme quelque chose qui est dessous les sensations ; et, en conséquence, nous l'appelons *substance*. »

Demande-t-on si, sous les qualités des corps, il y a réellement quelque chose, Condillac répond dans le même chapitre : « Il y a certainement quelque chose, mais nous n'en connaissons pas la nature. »

Jusqu'ici Condillac est dans le vrai : il exprime l'idée que nous avons tous de la substance, à savoir quelque chose en quoi résident les qualités que les sens ou la conscience nous attestent. Nous ne connaissons pas, il est vrai, la nature de la substance, mais nous affirmons qu'elle existe. Voilà ce que dit Condillac : c'est ce que nous disons nous-mêmes. S'il se fût arrêté là, il était d'accord avec nous et avec le genre humain tout entier.

Mais une telle idée de la substance ne pouvait sortir de la seule sensation, laquelle, évidemment, ne peut donner que des phénomènes : il fallait donc la supprimer.

Ainsi, après avoir dit, dans les passages que nous venons de citer, qu'il y a quelque chose sous les qualités sensibles et sous les sensations qui se succèdent en nous, mais que nous n'en connaissons pas la nature, Condillac conclut ailleurs et par degré de ce que nous ne connaissons pas sa nature, que nous n'en avons nulle idée.

« Les noms, dit-il, qu'on donne aux modifications qui sont connues, portent avec eux leur clarté; pourquoi n'en serait-il pas de même de celui qu'on donne à ce sujet, s'il était connu comme elles? » *Traité des systèmes*, IIe part., ch. x, art. 1er.

Ibid. « Si par l'idée de substance on entend l'idée de quelques qualités réunies quelque part, nous connaissons ce que nous appelons substance; mais si l'on entend la connaissance de ce qui sert de fondement à la réunion de ces qualités, nous l'ignorons tout à fait. »

Ibid. « La substance ne se conçoit même pas, mais on l'imagine pour servir de lien, de soutien aux qualités que l'on conçoit. »

« ..... Quand on s'est fait l'idée du sujet, de la substance, de la manière que j'ai indiquée, on réalise cette idée, toute vague qu'elle est. »

« Si l'on nous demande ce que c'est qu'un corps, il faut répondre : c'est cette collection de qualités que vous touchez, voyez, etc., quand l'objet est présent; et quand l'objet est absent, c'est le souvenir des qualités que vous avez touchées, vues. » *Extrait raisonné*.

Traité des sensations, ch. vi, § 3. « Son moi n'est que la collection des sensations qu'elle éprouve, et de celles que la mémoire lui rappelle. »

Traité des sensations, ch. viii, § 21. « Mais quelle que soit la multitude des objets qu'elle découvre, quelque combinaison qu'elle en fasse, elle ne s'élèvera jamais aux notions abstraites d'être, de substance, d'essence, de nature, etc.; ces sortes de fantômes ne sont palpables qu'au tact des philosophes. Dans l'habitude où elle est de juger que chaque corps est une collection de plusieurs qualités, il lui paraîtra tout naturel qu'elles existent réunies, et elle ne cherchera pas quel en peut être le lien et le soutien. »

L'erreur générale de Condillac dans cette théorie de la substance vient de cette supposition que toute idée obscure est une chimère. Mais de ce que nous ne savons pas nettement ce qu'est une chose, il est absurde d'en conclure que cette chose n'est pas. Telle est la situation de l'esprit humain relativement à la substance : il ne sait pas ce qu'est la substance en elle-même, mais il y croit. Constatez cette croyance, expliquez-la si vous pouvez, mais ne la détruisez pas sous prétexte qu'elle est obscure.

D'ailleurs, qu'entend-on par la connaissance de la substance en elle-même? Ce que Condillac cherche ici, ce qu'il se plaint de ne point posséder, ce n'est pas seulement l'impossible, c'est le néant. La substance considérée en elle-même n'est rien. Il n'y a point de sujet réel indépendamment de ses qualités. L'esprit peut séparer les qualités du sujet, considérer celui-ci à part de celles-là, et raisonner sur cette abstraction comme sur d'autres : mais ce n'est là qu'une abstraction. Ce qui est réel, c'est une substance déterminée, c'est-à-dire une substance avec ses qualités. Un corps, sans l'étendue, la solidité, la couleur, etc., n'est qu'une chimère, tout comme le moi sans la pensée, la volonté, la sensation. C'est à la substance ainsi déterminée que croit l'esprit humain, et non à une substance nue. Imputer une autre croyance à l'humanité ou à la philosophie, c'est supposer des opinions absurdes pour se dispenser d'admettre les croyances raisonnables.

Condillac, qui repousse avec tant de hauteur ce que personne ne lui propose, et qui traite avec raison d'abstraction la substance séparée de ses qualités, tombe, sans s'en douter, dans une autre abstraction en admettant des qualités sans sujet. La substance n'est pour lui que la collection des qualités, un lien imaginé entre les qualités, à savoir les qualités toutes seules liées et réunies par l'imagination, c'est-à-dire encore un pur néant.

Comme nous l'avons déjà dit, pour échapper au mysticisme, Condillac tombe dans le nihilisme[1].

Le corps, selon Condillac, n'est que la collection des qualités que vous touchez, que vous voyez, etc. Mais qu'est-ce que ces qualités séparées de tout sujet? Ce sont la pesanteur, la solidité, la résistance, la ductilité, etc. Or ce sont là des idées générales et abstraites que nous avons formées à la suite d'un certain nombre de perceptions particulières et concrètes. C'est pour avoir vu, touché un certain nombre de choses pesantes, résistantes, ductiles, que nous avons formé, par voie de séparation, d'abstraction, ces diverses idées. Mais il n'y a pas de pesanteur sans quelque chose de pesant, de ductilité sans quelque chose de ductile, etc. C'est ce quelque chose que nous vous demandons d'expliquer ou plutôt d'admettre.

[1] Premiers Essais, *ibid.*

L'absurdité est plus manifeste quand on applique cette théorie au moi.

« Le moi, dit Condillac, n'est que la collection des sensations qu'elle éprouve. »

Dans ce cas, le moi n'est rien, il n'est qu'une entité collective, comme une bibliothèque, une armée, une forêt; il n'y a de réel que chacune des sensations éprouvées, c'est-à-dire une suite de phénomènes divers et mobiles sans unité, sans identité, sans ce caractère d'individualité essentiel au moi.

« Le moi est une collection. » Mais une collection diminue et augmente. Le moi se forme donc successivement. Que l'on détermine le nombre de sensations nécessaires pour constituer le moi. Avant ce nombre, le moi n'était pas, et dès qu'il est, à quoi servent les sensations suivantes? Il faut dire que le moi n'est achevé que quand la série de ses sensations est complète, de même que le corps est la totalité de ses qualités. Mais le moi n'atteint la totalité de ses modifications qu'à la mort. Le moi n'existe donc jamais véritablement; il se cherche toujours; c'est une addition dont la somme est introuvable[1].

De plus, toute collection suppose un esprit qui fasse la collection : toute addition suppose un calculateur. Je comprends que l'observateur extérieur ajoutant les unes aux autres toutes les modifications qui se succèdent dans la statue, compose ainsi une certaine unité factice à laquelle il attache un nom. Mais la statue elle-même, à

---

[1] Premiers Essais, *ibid.*

quelle condition se forme-t-elle l'idée de son moi? Si c'est au moyen de la collection de ses modifications, il s'ensuit qu'elle n'est rien, indépendamment de cette collection. Donc cette collection doit se faire elle-même : c'est l'addition qui elle-même s'additionne ; et le moi, qui n'est rien que la somme des modifications qu'il éprouve, est capable de composer cette somme!

Que d'absurdités accumulées, pour ne pas croire avec le genre humain tout entier que le corps est un être réel, figuré, étendu, mobile, etc., que le moi est aussi un être réel, pensant, sentant, voulant, qui ne se connaît que par ses pensées, ses volitions et ses sensations, mais qui n'est pas elles. Comme s'il était plus facile de comprendre ce que peut être une suite de pensées et de sensations sans un sujet qui les fasse être, qu'un sujet sans qualités qui le déterminent! Il est absurde sans doute de séparer la substance de ses qualités; mais il ne l'est pas moins de sacrifier la substance à ses qualités, à leur suite, à leur collection, et de réduire la réalité substantielle des êtres à une entité abstraite et scholastique.

Ne l'oublions pas : c'est en voulant simplifier la théorie de Locke, en ramenant la réflexion à la sensation, en ôtant au moi toute activité propre, que Condillac s'est imposé la nécessité d'en faire une collection de sensations; et en généralisant ce procédé, en l'appliquant au corps comme à l'esprit, il a détruit toute substance. Condillac a donc fait en France ce qu'avaient fait en Angleterre Berkeley et Hume, par des moyens semblables et différents : il a anéanti la substance des corps et la substance des esprits, et réduit toutes choses à des phénomènes chargés de se sentir et de se connaître eux-mêmes, et d'être tour à tour pour eux-mêmes effets et causes, qualités et sujets.

Nous nous étendrons moins sur les autres idées universelles et nécessaires, que Condillac a tout autant défigurées.

Il explique, comme Locke[1], l'idée de la durée par celle de la succession de nos idées :

Traité des sensations, ch. iv, § 17 : « L'idée de la durée n'est donc point absolue, et, lorsque nous disons que le temps coule rapidement ou lentement, cela ne signifie autre chose, sinon que les révolutions qui servent à le mesurer se font avec plus de rapidité ou avec plus de lenteur que nos idées ne se succèdent. »

Ibid., § 18 : « La notion de la durée est toute relative : chacun n'en juge que par la succession de ses idées, et vraisemblablement il n'y a pas deux hommes qui, dans un temps donné, comptent un égal nombre de moments. Car il y a lieu de présumer qu'il n'y en a pas deux dont la mémoire retrace toujours les idées avec la même rapidité. »

Ici revient l'erreur fondamentale de Condillac, à savoir la confusion de la condition d'une idée et du fondement direct de cette idée.

Il est très-vrai que l'idée de durée ne s'introduirait pas dans notre esprit sans la conscience d'une succession quelconque de pensées; mais il n'en faut pas conclure pour cela que la durée soit identique à la succession. Comme la

---

[1] Plus haut, p. 17.

substance ne nous est pas connue indépendamment de toute qualité, ainsi la durée ne nous est pas connue abstraction faite de toute succession. Mais la succession n'est que le signe de la durée, et non pas la durée elle-même. Qu'est-ce qu'une succession, sinon une suite d'événements venant les uns après les autres dans le temps? Pour qu'un événement succède à un autre, ne faut-il pas qu'il y ait quelque chose où se passe cette succession? Supprimez toute idée de temps dans l'esprit humain, comment pourra-t-il y avoir un avant et un après, comment les pensées elles-mêmes se succéderont-elles?

Condillac prétend que la durée varie pour les différents individus; c'est encore un résultat de la confusion de la succession et de la durée. La succession de nos pensées peut être plus ou moins rapide dans un même temps; mais, en disant que c'est pendant un même temps, nous reconnaissons une durée qui est la même pour tous. Quand nous disons : Le temps me paraît long ou court, nous parlons seulement de l'apparence, et nous savons très-bien que c'est notre impatience ou notre inertie qui a tort et non pas notre montre, que la durée est indépendante de nos impressions, c'est-à-dire qu'elle existe en elle-même et d'une manière absolue. C'est la mesure de la durée qui est relative, et non la durée elle-même[1].

Il en est de même de l'idée d'espace : même cause d'erreur, même confusion de la condition et du fonde-

---

[1] Sur l'idée de la durée, voyez Premiers Essais, cours de 1816, p. 182-198.

ment d'une idée, de l'espace et de la mesure de l'espace[1].

Ch. VIII, § 24 : « Comme elle (la statue) connaît la durée par la succession de ses idées, elle connaît l'espace par la coexistence de ses idées. Si le toucher ne lui transmettait pas à la fois plusieurs sensations qu'il distingue, qu'il rassemble, qu'il circonscrit dans de certaines limites, et dont, en un mot, il fait un corps, elle n'aurait l'idée d'aucune grandeur. Elle ne trouve donc cette idée que dans la coexistence de plusieurs sensations. Or, dès qu'elle connaît une grandeur, elle a de quoi en mesurer d'autres; elle a de quoi mesurer l'intervalle qui les sépare; en un mot, elle a l'idée de l'espace. Comme elle n'aurait donc aucune idée de durée, si elle ne se souvenait pas d'avoir eu successivement plusieurs sensations, elle n'aurait aucune idée d'étendue ni d'espace, si elle n'avait jamais eu plusieurs sensations à la fois. »

Admettons, ce qui est très-faux[2], que les sens tout seuls puissent nous donner l'idée d'une grandeur quelconque : cette grandeur qui nous sert de mesure est-elle la chose mesurée? Cette grandeur, dont les diverses parties répondent à la coexistence de nos sensations, ne suppose-t-elle pas quelque chose où ses diverses parties coexistent? La coexistence des parties, l'étendue, la contiguïté, peuvent-elles avoir lieu, sinon quelque part? Ce quelque part, c'est l'espace. L'espace enveloppe et comprend tous les corps et toutes les gran-

---

[1] Sur l'idée d'espace, *Ibid.*, p. 257, etc.
[2] Premiers Essais, p. 228-242, *Analyse de la connaissance sensible.*

deurs; et il n'est lui-même ni un corps ni une grandeur; il est immuable et absolu, tandis que le corps est mobile et la grandeur relative ; il est conçu, il n'est pas senti.

Quant à l'idée de l'infini, Condillac exprime clairement son opinion, qui est celle de Locke, plus précise et mieux dégagée :

« Il nous reste à démontrer que nous n'avons point d'idée de l'infini.

« Remarquer que nous pouvons sans cesse ajouter l'unité, c'est remarquer qu'il n'est point de nombre qui ne soit susceptible d'augmentation, et qui ne le soit sans fin. Nous nous imaginons bientôt que nous ne jugeons ainsi que parce que l'idée de l'infini nous est présente. Cependant, qu'on ajoute sans cesse des unités les unes aux autres, parviendra-t-on jamais à pouvoir dire : *Voilà le nombre infini*, comme on parvient à dire : *Voilà celui de mille?* Mais, quelque considérables que soient les nombres que nous pouvons démêler, il reste toujours une multitude qu'il n'est pas possible de déterminer, qu'on appelle pour cette raison l'*infini*, et qu'on eût bien mieux nommée l'*indéfini*. »

L'infini n'existe pas plus dans l'espace et dans la durée que dans le nombre lui-même :

« Lorsqu'elle (la statue) a une fois imaginé un espace, où elle ne s'est point transportée, elle en imagine plusieurs les uns hors des autres. Enfin, ne concevant point de bornes au delà desquelles elle puisse cesser d'en imaginer, elle est comme forcée d'en imaginer encore, et elle croit apercevoir l'immensité même.

« Lorsqu'elle s'est fait une longue habitude des changements auxquels elle est destinée, le souvenir d'une succession d'idées est un modèle d'après lequel elle imagine une durée antérieure et une durée postérieure ; de sorte que, ne trouvant point d'instant dans le passé ni dans l'avenir au delà duquel elle ne puisse pas en imaginer d'autres, il lui semble que sa pensée embrasse toute l'éternité.

« Cependant elle n'a dans le vrai aucune idée ni de l'éternité, ni de l'immensité. Si elle juge le contraire, c'est que son imagination lui fait illusion en lui représentant comme l'éternité et l'immensité même une durée et un espace vagues dont elle ne peut fixer les bornes. »

Ainsi l'infini, c'est l'indéfini ; l'éternité, c'est une durée indéfinie, et l'immensité, un espace indéfini.

Si Condillac prétendait seulement qu'il n'y a point de nombre infini, nous serions de son avis. En effet, aussitôt que vous déterminez le nombre, vous le limitez : vous le supposez tel, et non pas tel autre. Or il n'y a de réel qu'un nombre déterminé. Le nombre infini est une chimère. Le nombre prétendu infini n'est qu'un nombre indéfini, c'est-à-dire cette puissance qu'a tout nombre fini d'être indéfiniment augmenté. Condillac a donc bien raison de dire que nous n'avons point d'idée positive de l'infini dans les nombres. Mais l'infini de nombre n'est qu'un type faux du vrai infini. Lorsque nous concevons un espace infini ou une durée infinie, ce n'est pas seulement une suite d'espaces finis ou de temps finis que nous ajoutons indéfiniment les uns aux autres. Nous concevons un espace absolument infini, non pas tel que nous puissions toujours l'augmenter, mais tel qu'il se refuse à toute augmentation. De même la durée infinie ne s'accroît pas tous les jours indéfiniment : elle est, et elle est en soi infinie : c'est ainsi que nous la concevons. L'infini n'est pas une œuvre de l'imagination appuyée sur les sens; c'est une conception pure de l'entendement.

Le caractère de l'idée d'infini devient plus évident encore quand nous considérons l'être infini. Nous l'avons vu [1] : l'idée de l'être infini est la conception claire et positive d'un être à qui rien ne manque, en qui résident toutes les perfections possibles dans leur plénitude. L'infini, c'est l'être accompli; l'indéfini, c'est l'être incomplet, puisqu'il admet toujours quelque chose de plus que ce qu'il possède. Réduire l'idée de l'infini à celle de l'indéfini, c'est expliquer l'idée de la perfection par celle d'imperfection.

Ainsi Condillac sacrifie la meilleure partie de nos idées, à savoir les idées absolues, qui ne peuvent trouver place dans son système. Pour avoir voulu tout ramener à un seul principe, il s'est vu condamné à mutiler l'esprit humain, à n'admettre que celles de nos connaissances qui se peuvent expliquer par les métamorphoses de la sensation se développant toute seule et restant identique à elle-même, comme une quantité algébrique à travers une série d'équations. Mais nous touchons ici à une autre erreur de Condillac.

Suivant Condillac, tous les jugements se réduisent à

[1] Du Vrai, du Beau et du Bien, leç. iv, et surtout leç. v, *Du mysticisme*.

des propositions identiques. Les sciences ne sont que des suites de propositions identiques, où les termes seuls sont changés. Ces transformations verbales sont l'œuvre des langues, qui sont de vraies méthodes analytiques. Par conséquent une science bien faite n'est qu'une langue bien faite.

Examinons ces deux propositions, devenues si célèbres : 1° Les sciences sont des suites de propositions identiques ; 2° toute science bien faite n'est qu'une langue bien faite.

1° Condillac, après avoir montré dans le *Traité des systèmes* tout le danger de l'importation des mathématiques en philosophie, a fini par prendre pour modèle de la science philosophique la plus abstraite des sciences mathématiques, l'algèbre.

« Mais, dira-t-on, c'est ainsi qu'on raisonne en mathématiques, où le raisonnement se fait avec des équations. Je réponds qu'*équations, propositions, jugements*, sont au fond la même chose, et que, par conséquent, on raisonne de la même manière dans toutes les sciences.

« Comme en mathématiques on établit la question en la traduisant en algèbre, dans les autres sciences on l'établit en la traduisant dans l'expression la plus simple ; et, quand la question est établie, le raisonnement qui la résout n'est encore lui-même qu'une suite de traductions où une proposition qui traduit celle qui la précède est traduite par celle qui la suit. C'est ainsi que l'évidence passe avec l'identité depuis l'énoncé de la question jusqu'à la conclusion du raisonnement. »

On pourrait contester que les sciences mathématiques elles-mêmes ne soient qu'une suite de propositions identiques. Kant et M. Dugald Stewart nous paraissent avoir prouvé qu'en arithmétique, en géométrie, en algèbre même, on ne va pas rigoureusement du même au même [1].

De deux choses l'une : veut-on parler d'une vraie identité? Alors il n'y a aucun progrès dans le développement de la science; la dernière proposition est absolument la même que la première. Si, au contraire, on entend parler d'une identité partielle, comme dit quelquefois Condillac, je demande ce que c'est qu'une telle identité. L'identité est absolue ou elle n'est pas; elle périt tout entière dans la plus légère différence.

Il y a deux manières d'entendre l'identité, dans les choses ou dans l'esprit. Dans les choses, tout se réduit-il à tout? et dans l'essence éternelle, tout individu n'est-il que la reproduction de tout autre individu? C'est, à mon sens, une extravagance égale de prétendre que l'esprit, en apprenant quoi que ce soit, ne fait autre chose qu'apprendre ce qu'il savait déjà, et traduire une forme de sa connaissance dans une autre, ce qui ramène toutes les vérités à une seule vérité, toutes les sciences à une seule science, toutes les propositions à une seule proposition, tous les jugements à un seul jugement, et même dans ce seul jugement élémentaire les deux termes à un seul. Quelle est donc cette vé-

---

[1] Voyez Philosophie de Kant, leç. iii, etc.

rité, cette proposition, ce jugement unique que toutes les autres vérités, toutes les autres propositions, tous les jugements possibles ne font que traduire? Quelle est cette science suprême dont toutes les autres sciences ne sont que des expressions variées? Heureux principe qui contient en soi tous les autres principes! Qui nous le révélera?

En vérité, tout cela n'est pas sérieux. Nous ne sommes plus au temps de Paracelse ou de Raymond Lulle. Comme les règnes de la nature et les diverses classes des êtres diffèrent essentiellement, ainsi les différentes sciences diffèrent; chacune a sa méthode et les procédés qui lui sont propres. Il est absurde de vouloir imposer à toutes une méthode unique.

Dans les mathématiques règne la déduction. Dans les sciences physiques, c'est l'induction, appuyée sur l'observation. Est-il possible de ramener un problème de physique à une équation à résoudre? La méthode des sciences physiques consiste-t-elle à réduire tous les phénomènes à un seul, toutes les lois à une seule, et à répandre l'identité d'un bout de la science à l'autre? Nullement. Elle consiste à reconnaître les vrais caractères des phénomènes pour induire scrupuleusement leurs lois. Si les lois trouvées par l'induction et fondées sur les faits se peuvent réduire à une seule, à la bonne heure; si elles sont diverses et même nombreuses, la science n'en est pas altérée. Ainsi la chimie n'en est pas moins une science pour être obligée de distinguer cinquante-deux [1] corps simples qui subsisteront, en dépit des habi-

---

[1] C'était le nombre reconnu en 1819.

tudes de l'analyse algébrique, tant qu'une autre analyse, l'analyse expérimentale, n'aura pas fait voir leur réelle identité[1].

Mais j'oublie l'argument favori de Condillac. Une science n'est évidemment qu'une suite de propositions identiques; car voyez la science de l'homme : ce n'est autre chose que la sensation transformée et toujours identique à elle-même. La sensation est au début; elle est au terme de la science : elle change de nom; elle est attention, comparaison, jugement, désir, volonté, mais c'est toujours la sensation. A cet argument qui revient sans cesse dans Condillac il n'y a qu'une réponse à faire, c'est que la réduction de toutes les facultés de l'entendement et de la volonté à la sensation n'est nullement un fait, mais un système, et un système radicalement faux : nous croyons l'avoir démontré.

2° Cette première et fatale erreur de Condillac, l'assimilation des procédés de la psychologie à ceux de l'algèbre, engendrait aisément et même nécessairement cette autre erreur, que toute science n'est qu'une langue bien faite. En effet, si toutes les propositions dont se compose une science sont identiques, si elles ne diffèrent que par la forme, par la diversité des signes qui les expriment, cette science repose tout entière sur la perfection des signes qu'elle emploie. Il y a là une vérité certaine et vulgaire que Condillac et toute son école

---

[1] Sur cette folie du principe unique et sur la prétention de réduire les procédés de toutes les sciences à ceux de l'algèbre, voyez FRAGMENTS PHILOSOPHIQUES, PHILOSOPHIE CONTEMPORAINE, l'*Examen des leçons de M. Laromiguière*.

exagèrent, et gâtent en l'exagérant. A coup sûr une science dont les termes ne sont pas définis avec toute la rigueur et toute la précision possibles court risque de n'être qu'une matière de disputes confuses; il faut bien déterminer le sens des mots qu'on emploie et y être fidèle; il faut choisir les mots les plus clairs, les plus simples, les plus expressifs. Il n'y a pas un logicien qui n'ait prescrit tout cela depuis Aristote jusqu'à Port-Royal. Sans contredit, l'excellence de la langue contribue beaucoup à celle de la science. Mais la précision des signes ne vient-elle pas elle-même de la précision des idées? Il y a une action réciproque de la pensée sur le langage et du langage sur la pensée. La première impulsion vient de la pensée, et c'est l'esprit lui-même qui se fait son langage sur sa propre excellence ou sa propre imperfection. Nous retournerons donc la maxime de Condillac, et nous dirons : Une langue bien faite vient d'une science bien faite. La langue des mathématiques est bonne, parce que les mathématiques sont une science où toutes les idées employées sont claires et bien arrêtées. La langue de la philosophie se perfectionnera à mesure que la philosophie se perfectionnera elle-même, c'est-à-dire à mesure qu'elle s'écartera davantage de l'esprit de système, s'attachera à l'expérience et sera plus exigeante sur la connaissance exacte et complète des faits [1].

Interrogeons maintenant Condillac, comme nous avons fait Locke, sur les grandes questions philosophiques, à savoir, l'âme, Dieu, la liberté, le bien et le mal.

[1] Voyez PHILOSOPHIE DE KANT, leç. VII.

Il est à remarquer que Condillac ne discute nulle part aucun de ces points avec une certaine étendue. On trouve çà et là quelques phrases qui s'y rapportent; mais il semble que ces questions soient à dessein évitées. Dans le *Traité des sensations*, le nom de Dieu n'est pas même prononcé; on explique la naissance de toutes les facultés de l'homme, mais on ne parle pas de la liberté, et c'est tout au plus s'il y a un chapitre très-court sur l'idée du bien. Au fond, rien n'est plus naturel que cette répugnance de Condillac pour ces sortes de problèmes. Les pentes de sa philosophie le conduisaient à des opinions que repoussaient sa raison et les bienséances de son état. Par exemple, comment concilier sérieusement la liberté de l'âme avec une théorie qui, posant la sensation comme principe unique, ne voit dans la volonté, siége de la liberté, qu'une transformation de la sensation? Et il n'est pas aisé non plus de démontrer l'unité réelle et l'indivisibilité d'un être qui n'est qu'une collection de sensations et d'idées. Cependant Condillac admet et la liberté et la spiritualité de l'âme. L'opinion qu'il exprime est sans doute sincère; mais elle est en dehors de son système, avec lequel elle n'a rien de commun. Voilà pourquoi notre auteur a été conduit, sans peut-être s'en rendre compte, à ne traiter de la liberté que dans un Appendice, à la suite du *Traité des sensations*. Les disciples de Condillac s'en tinrent à l'ouvrage même, et négligèrent l'Appendice. C'est qu'en effet la pensée du système est ailleurs.

Reconnaissons-le : rien n'est plus opposé à la doctrine de Condillac que le matérialisme. Partout il parle de la sensation comme d'un phénomène de l'âme, et il la distingue des phénomènes corporels :

« Que ces philosophes à qui il paraît si évident que tout est matériel se mettent pour un moment à sa place, et qu'ils imaginent comment ils pourraient soupçonner qu'il existe quelque chose qui ressemble à ce que nous appelons *matière*. » *Traité des sensations*, 1re part., ch. 1er.

« Je vois qu'il (Buffon) distingue des sensations corporelles et des sensations spirituelles, qu'il accorde les unes et les autres à l'homme, et qu'il borne les bêtes aux premières. Mais en vain je réfléchis sur ce que j'éprouve moi-même, je ne puis faire avec lui cette différence. Je ne sens pas d'un côté mon corps, de l'autre mon âme; je sens mon âme dans mon corps; toutes mes sensations ne me paraissent que les modifications d'une même substance, et je ne comprends pas ce qu'on pourrait entendre par des sensations corporelles. » *Traité des animaux*, chap. II.

Condillac est si peu matérialiste qu'il est bien plutôt idéaliste, comme le prouvent la théorie des idées représentatives et plusieurs textes que nous pouvons encore citer :

« Gardons-nous bien de penser que les idées que nous avons de l'étendue et du mouvement sont conformes à la réalité des choses. Quels que soient les sens qui nous donnent ces idées, il ne nous est pas possible de passer de ce que nous sentons à ce qui est.

« On croit que nous voyons l'étendue en elle-même, et cependant l'idée que nous en avons n'est que la coexistence de plusieurs sensations que nous rapportons hors de nous. »

Condillac se fonde avec raison sur l'unité de la personne pour établir la simplicité de la substance. Il ne craint pas de prononcer ici ce mot de *substance* dont il s'est si souvent moqué :

« L'unité de personne suppose nécessairement l'unité de l'être sentant : elle suppose une substance simple, modifiée différemment à l'occasion des impressions qui se font dans les parties du corps. » *Traité des animaux*, chap. II.

Le premier chapitre de l'*Essai sur l'origine des connaissances humaines* contient déjà une démonstration de la spiritualité de l'âme par la comparaison. Condillac établit que la comparaison suppose un centre où se recueillent les divers termes de la comparaison. Il repousse comme absurde le doute de Locke : « Je ne sais pas comment Locke a pu avancer qu'il nous sera peut-être éternellement impossible de connaître si Dieu n'a pas donné à quelque amas de matière, disposée d'une certaine façon, la faculté de penser. Il ne faut pas s'imaginer que, pour résoudre cette question, il faille connaître l'essence et la nature de la matière. Les raisonnements qu'on fonde sur cette ignorance sont tout à fait frivoles. Il suffit de remarquer que le sujet de la pensée est un. Or un amas de matière n'est pas un : c'est une multitude. »

Cet argument, tiré de l'unité du moi, est excellent; mais il prouve contre Condillac. Si le moi est un, comment peut-il se réduire à une collection? Et, si le moi n'est qu'une collection, comment peut-il être une substance une et simple? Condillac, dans ce même *Essai sur l'origine des connaissances humaines*, explique très-bien la différence de la collection et de l'unité. *Ibid.* : « Les mots *assemblage* et *collection* ne signifient qu'un rapport externe entre plusieurs choses, une manière d'exister dépendamment les unes des autres. Par cette union, nous les regardons comme formant un seul tout, quoiqu'en réalité elles ne soient pas plus *une* que si elles étaient séparées. Ce ne sont là, par conséquent, que des termes abstraits qui en dehors ne supposent pas une substance unique, mais une multitude de substances. » On ne peut expliquer une si manifeste contradiction qu'en distinguant, comme nous l'avons fait, deux moments différents dans la carrière de Condillac. Quand il parle du moi collection, il exprime le système auquel est attaché son nom ; quand il parle d'un moi un et identique, il renonce à son système, ou il n'y est pas encore arrivé. Au fond, le spiritualisme n'est pas plus contenu que le matérialisme dans ce système : ce qui en sort légitimement, c'est l'idéalisme de Berkeley, ou plutôt le phénoménisme de Hume[1].

Quelle est la vraie opinion de Condillac sur l'existence de Dieu?

La statue, parvenue à l'entier développement de tous ses sens, ne s'élève pas à l'idée d'un Dieu; elle s'arrête à des superstitions insensées; elle fait des dieux de tous les objets dont elle dépend. Ce chapitre du *Traité des sensations*, le IVe de la IVe partie, est un aveu de l'impuissance de la sensation à nous conduire à la vraie idée de Dieu. C'est qu'apparemment la sensation n'a pas en-

---

[1] Voyez Premiers Essais, cours de 1816, p. 55; et p. 109-123.

core parcouru toute la série de ses transformations. Comment donc Condillac y parvient-il? Il nous l'apprend dans le *Traité des animaux*, où l'on ne s'attendait pas à trouver la théodicée de l'auteur; mais lui-même avertit que ce chapitre vi° est une dissertation particulière, comme celle dont nous parlerons tout à l'heure sur la liberté, dissertation composée plusieurs années auparavant et destinée à l'Académie de Berlin.

« Un concours de causes m'a donné la vie; par un concours pareil les moments m'en sont précieux ou à charge : par un autre elle me sera enlevée; je ne saurais douter non plus de ma dépendance que de mon existence. Les causes qui agissent immédiatement sur moi seraient-elles les seules dont je dépends? Je ne suis donc heureux ou malheureux que par elles, et je n'ai rien à attendre d'ailleurs.

« Telle a pu être, ou à peu près, la première réflexion des hommes, quand ils commencèrent à considérer les impressions agréables ou désagréables qu'ils reçoivent de la part des objets. Ils virent leur bonheur ou leur malheur au pouvoir de tout ce qui agissait sur eux. Cette connaissance les humilia devant tout ce qui est; et les objets dont les impressions furent les plus sensibles furent leurs premières divinités. Ceux qui s'arrêtèrent sur cette notion grossière, et qui ne surent pas remonter à une première cause, incapables de donner dans les subtilités métaphysiques des athées, ne songèrent jamais à révoquer en doute la puissance, l'intelligence et la liberté de leurs dieux. Le culte de tous les idolâtres en est une preuve. L'homme n'a commencé à combattre la

Divinité que quand il était plus fait pour la connaître. Le polythéisme prouve donc combien nous sommes tous convaincus de notre dépendance; et, pour le détruire, il ne suffit pas de s'arrêter à la première notion qui en a été le principe. Je continue donc :

« Quoi ! je dépendrais uniquement des objets qui agissent immédiatement sur moi ! Ne vois-je donc pas qu'à leur tour ils obéissent à l'action de tout ce qui les environne ? L'air m'est salutaire ou nuisible par les exhalaisons qu'il reçoit de la terre. Mais quelle vapeur celle-ci ferait-elle sortir de son sein, si elle n'était échauffée par le soleil ? Quelle cause a de ce dernier fait un corps tout en feu ? Cette cause en reconnaîtra-t-elle encore une autre, ou, pour ne m'arrêter nulle part, admettrai-je une progression d'effets à l'infini sans une première cause ? Il y aurait donc proprement une infinité d'effets sans cause : évidente contradiction !

« Ces réflexions, en donnant l'idée d'un premier principe, en démontrent en même temps l'existence... Quels que soient les effets que je considère, ils me conduisent tous à une première cause... »

Cette démonstration n'est assurément pas neuve; et ce n'est pas un reproche que je lui fais. Je la suppose bonne, et je la trouve réellement telle. Mais à quelle condition ? A cette condition qu'on admette les deux principes sur lesquels elle se fonde, principes que Condillac n'a pas pris la peine de dégager ni d'examiner, quoique leur valeur mesure celle de sa démonstration. Voici ces deux principes :

1°. Tout être dépendant suppose un être dont il dépend; ou : tout phénomène suppose une cause;

2° La série des causes ne peut aller à l'infini.

Pour être plus court, je ne considérerai que le premier de ces deux principes, et je rechercherai ce qu'il peut être dans le système de Condillac.

Voici la seule question que je poserai à Condillac :

Le principe dont il s'agit est-il ou n'est-il pas pour vous un principe universel et nécessaire ?

Je suppose qu'il le soit. Que faites-vous donc de ce principe dans votre théorie psychologique où toute la connaissance humaine n'est que la sensation transformée ? La sensation n'a rien d'universel, car elle varie d'homme à homme ; elle n'a rien de nécessaire, car elle peut toujours être autre qu'elle n'est. Il y a donc dans l'esprit de l'homme des principes inexplicables par la seule sensation.

Direz-vous que le principe sur lequel vous vous appuyez n'est pas universel et nécessaire, et vous le devez dire si vous êtes conséquent : toute la force de votre démonstration est détruite. Évidemment la conséquence doit être analogue au principe, elle doit être relative et contingente comme lui. S'il n'est pas absolument vrai que tout phénomène suppose une cause, il n'est pas absolument vrai que Dieu existe. Dieu n'est plus l'être nécessaire : loin de là, il nous échappe invinciblement. Dès qu'il peut y avoir des phénomènes sans cause, il n'est plus besoin, il n'est plus même possible de chercher la cause de quoi que ce soit, encore bien moins la cause première et dernière de toutes choses. L'homme, dépourvu du principe de causalité, est aveuglément attaché au joug de la sensation : il la subit sans la comprendre, sans la rapporter à ses objets; non-seulement il n'y a pas de Dieu pour lui, mais il n'y a pas de monde extérieur; il ne sort pas de lui-même, il tourne dans le cercle à la fois monotone et agité de sensations agréables ou pénibles, souffrant et jouissant, heureux ou malheureux, sans savoir pourquoi. Voulez-vous faire pénétrer un rayon de lumière dans ces ténèbres profondes, appelez le principe de causalité. Ce principe franchit l'enceinte de la sensation et rend à l'homme la nature et Dieu; mais en même temps il renverse de fond en comble le système de Condillac.

La sensation est dans une impuissance irrémédiable de nous donner une seule cause particulière, pas même celle que nous sommes. Locke, avec la réflexion appliquée à nos propres opérations, a pu atteindre au moins l'idée de pouvoir, d'un pouvoir efficace, d'une cause. Mais Condillac ne le peut, lui qui a réduit et la réflexion de Locke et toutes les opérations qu'elle découvrait à une transformation de la sensation. La sensation, passive de sa nature, ne se transforme qu'en des phénomènes passifs comme elle, qui ne peuvent nous suggérer aucune idée d'une force, d'une cause quelconque.

Mais, si Condillac ne peut pas arriver à l'idée d'une cause, encore bien moins arrivera-t-il à l'idée d'une cause pourvue d'une puissance infinie. L'infini n'est pas pour lui : c'est un mot qui exprime seulement notre ignorance. Sur ce point Condillac répète Locke, et il tombe sous les mêmes objections [1].

---

[1] Voyez plus haut, p. 19, etc.

Condillac a ajouté au *Traité des sensations* une dissertation sur la liberté, pour réparer dans cet appendice le tort fait à la liberté dans l'ouvrage même.

L'ouvrage et l'Appendice sont en contradiction évidente. Suivant l'ouvrage, nous l'avons vu, la liberté est impossible. La sensation est passive, le besoin est passif, le désir l'est aussi : la volonté, qui n'est qu'un désir dominant, est donc passive comme le désir. Dans un tel système, quelle place reste-t-il à la liberté ?

La scène change dans l'Appendice : Condillac revient aux idées reçues sur la liberté. La statue, instruite par l'expérience, ne se laisse plus entraîner à ses désirs; elle comprend que « il lui importe de délibérer avant de se déterminer. » A merveille. Mais qu'est-ce qui pourra délibérer en elle ? La dernière forme de la sensation est le désir. Est-ce le désir qui délibérera pour savoir s'il doit céder au désir ?

« L'intérêt qu'elle a d'éviter la douleur l'accoutume à résister à ses désirs; elle délibère, surmonte quelquefois ses passions, et préfère ce qu'elle désirait le moins. »

Mais, encore une fois, est-ce le désir qui résiste au désir, est-ce la passion qui surmonte la passion? Il intervient ici évidemment un pouvoir nouveau, étranger au désir, au besoin, à la sensation, c'est-à-dire au système de Condillac.

Condillac décrit fort bien ce nouveau pouvoir :

« Elle délibère, et le désir vaincu est souvent l'effet de cette délibération. Son expérience lui confirme donc dans mille occasions qu'elle peut résister à ses désirs, et que, lorsqu'elle a fait un choix, il était en son pouvoir de ne le pas faire.

« Par conséquent, il n'y a aucune de ses actions, si elle les prend chacune à part, qu'elle ne puisse considérer comme n'ayant pas lieu, et par rapport à laquelle elle ne puisse se réduire au seul pouvoir. En effet, quand elle est en repos, elle est organisée comme quand elle marchait, il ne lui manque rien de ce qui est nécessaire pour marcher. De même, quand elle est en mouvement, il ne lui manque rien de ce qu'il faut pour rester en repos. Voilà le pouvoir : il emporte deux idées : l'une, qu'on ne fait pas une chose ; l'autre, qu'il ne manque rien pour la faire.

« Dès que notre statue se connaît un pareil pouvoir, elle se connaît libre : car la liberté n'est que le pouvoir de faire ce qu'on ne fait pas, ou de ne pas faire ce qu'on fait.

« La liberté consiste donc dans des déterminations, qui, en supposant que nous dépendons toujours par quelque endroit de l'action des objets, sont une suite des délibérations que nous avons faites, ou que nous avons eu le pouvoir de faire. »

Faisons deux remarques. D'abord, ce pouvoir de faire ou de ne pas faire, et auparavant le pouvoir de délibérer, étant essentiellement différent du désir, ne tiennent pas au système de Condillac ; c'est un emprunt, un retour à Locke. Ensuite, la liberté n'est pas précisément le pouvoir de faire et de ne pas faire ; c'est surtout le pouvoir de vouloir ou de ne pas vouloir, alors même que la volonté ne serait réalisée par aucune action extérieure. Ainsi, quand Condillac suit son principe unique, il sort entièrement du sens commun ; et, quand il y rentre, en remontant jusqu'à Locke et en abandonnant son système, il n'y rentre qu'à moitié, et retient ce qu'il y a de défectueux et d'incomplet dans la doctrine de son devancier [1].

Condillac explique, dans le *Traité des sensations*, ce qu'il entend par la bonté et la beauté :

« Les mots bonté et beauté expriment les qualités par où les choses contribuent à nos plaisirs. Par conséquent, tout être sensible a des idées d'une bonté et d'une beauté relative à lui.

« En effet, on appelle bon tout ce qui plaît à l'odorat ou au goût ; et on appelle beau tout ce qui plaît à la vue, à l'ouïe et au toucher.

« Le bon et le beau sont encore relatifs aux passions ou à l'esprit. Ce qui flatte les passions est bon ; ce que l'esprit goûte est beau ; et ce qui plaît en même temps aux passions et à l'esprit est bon et beau tout ensemble.

« Une conséquence qui se présente, c'est que le bon et le beau ne sont point absolus, ils sont relatifs au caractère de celui qui en juge, et à la manière dont il est organisé [2]. »

Condillac s'aperçoit que cette théorie qui découle irrésistiblement de son principe détruit le beau et le bien en eux-mêmes, et il met ici la note suivante :

---

[1] Voyez plus haut, p. 33.
[2] Sur le beau, voyez LE VRAI, LE BEAU ET LE BIEN, leç. VI*, et t. IV, PHILOSOPHIE ÉCOSSAISE, leç. sur Hutcheson.

« Il ne faut pas perdre de vue le titre de ce chapitre.
« Nous considérons un homme qui vit seul, et nous ne
« cherchons pas quelle est la bonté ou la beauté des
« choses, nous cherchons seulement les jugements qu'il
« en peut porter. Tout ce qu'il jugera bon ne sera pas
« moralement bon, comme tout ce qu'il jugera beau ne
« sera pas réellement beau. »

Nous ne comprenons guère cette distinction. La société développe nos idées naturelles, elle ne les crée pas : ce n'est pas elle qui peut convertir une idée relative en une idée absolue. Il y a une différence essentielle entre le plaisir et le beau et le bien. Si la statue n'a que l'idée du plaisir, elle n'a à aucun degré l'idée du bien et du beau. Ou on avoue que la statue n'est qu'un homme très-incomplet, puisqu'il lui manque des idées aussi essentielles ; et alors quelle méthode d'étudier l'homme dans ce qui n'en est qu'une image infidèle ! Ou la statue est le type vrai de l'homme primitif, et, dans ce cas, nos idées actuelles du bien et du beau peuvent être plus développées que celles de la statue, mais au fond ce sont les mêmes idées. C'est là la vraie opinion de Condillac que sa note couvre et ne détruit pas. Or cette opinion est radicalement fausse. Actuellement nous distinguons le beau de l'agréable et le bien de l'utile, et, en niant cette distinction et dans la statue et dans l'homme réel, Condillac est fidèle à son principe unique, mais il donne un démenti à la réalité. Mettons Condillac plus particulièrement aux prises avec les idées morales, et voyons ce qu'il en fait dans le système de la sensation transformée. Il est obligé, pour maintenir ce système, de prétendre que les idées morales sont en effet visibles et sensibles ; il confond la loi morale avec les lois humaines ; tantôt il invoque les conventions sociales, tantôt la volonté de Dieu.

Dans la dissertation sur Dieu, insérée au *Traité des animaux*, Condillac n'hésite point à dire que « il y a une loi naturelle, c'est-à-dire une loi qui a son fondement dans la volonté de Dieu. » Mais la volonté de Dieu toute seule ne suffit pas à constituer une loi ; pour cela il faut plus que la volonté, il faut la justice de Dieu. La volonté de Dieu est l'instrument de sa justice, elle n'en est pas le fondement[1]. La justice est une idée simple et qui résiste à toute analyse. Il est curieux de voir comment Condillac la ramène à la sensation. C'est dans ce passage qu'il faut chercher la vraie théorie morale de Condillac.

Logique, ch. vi : « Les idées morales paraissent échapper aux sens : elles échappent du moins à ceux de ces philosophes qui nient que nos connaissances viennent des sensations. Ils demanderaient volontiers de quelle couleur est la vertu, de quelle couleur est le vice. Je réponds que la vertu consiste dans l'habitude des bonnes actions, et le vice dans l'habitude des mauvaises. Or ces habitudes et ces actions sont visibles.

« Mais la moralité des actions est-elle une chose qui tombe sous les sens ? Pourquoi n'y tomberait-elle pas ? Cette moralité consiste uniquement dans la conformité de nos actions avec les lois : or ces actions sont visibles,

---

[1] Voyez Premiers Essais, *du Vrai principe de la morale*, p. 284-287, et du Vrai, du Beau et du Bien, leç. xiii°, p. 330-333.

et les lois le sont également, puisqu'elles sont des conventions que les hommes ont faites.

« Si les lois, dira-t-on, sont des conventions, elles sont donc arbitraires. Il peut y en avoir d'arbitraires; il n'y en a même que trop : mais celles qui déterminent si nos actions sont bonnes ou mauvaises ne le sont pas et ne peuvent pas l'être. Elles sont notre ouvrage, parce que ce sont des conventions que nous avons faites : cependant nous ne les avons pas faites seuls; la nature les faisait avec nous; elle nous les dictait, et il n'était pas dans notre pouvoir d'en faire d'autres. Les besoins et les facultés de l'homme étant donnés, ces lois sont données elles-mêmes; et, quoique nous les fassions, Dieu, qui nous a créés avec tels besoins et telles facultés, est dans le vrai notre seul législateur. En suivant ces lois conformes à notre nature, c'est donc à lui que nous obéissons; et voilà ce qui achève la moralité des actions.

« Si, de ce que l'homme est libre, on juge qu'il y a souvent de l'arbitraire dans ce qu'il fait, la conséquence sera juste : mais, si l'on juge qu'il n'y a que de l'arbitraire, on se trompera. Comme il ne dépend pas de nous de ne pas avoir les besoins qui sont une suite de notre conformation, il ne dépend pas de nous de n'être pas portés à faire ce à quoi nous sommes déterminés par les besoins; et, si nous ne le faisons pas, nous en sommes punis. »

Il est impossible d'accumuler plus d'erreurs dans une seule page.

D'abord, la moralité d'une action ne consiste pas seulement dans la conformité de cette action avec les lois; ce n'est là que la bonté légale d'une action. Sa moralité est bien autrement étendue. Est-ce qu'il n'y a ni bien ni mal que là où il y a des prescriptions légales? C'est supprimer tous les devoirs envers nous-mêmes. Et puis, même quand il y a des lois, ce qui fait la bonté d'un acte est si peu la conformité de cet acte avec la loi existante, que l'acte le plus conforme à cette loi peut, à parler rigoureusement, être mauvais, si la loi est mauvaise, et n'est bon qu'autant que cette loi est bonne. D'où il suit que c'est le bien, exprimé par la loi, et non la loi elle-même, qui mesure et détermine la moralité des actions. La loi morale est bien différente des lois positives. Cette distinction ruine toute la théorie de Condillac.

« Les actions, dit-il, sont visibles, et les lois le sont également, puisqu'elles sont des conventions que les hommes ont faites. »

Les actions sont visibles, il est vrai, mais la moralité des actions ne l'est pas, car elle ne consiste point dans le fait matériel : elle réside surtout dans la conscience de l'agent, dans le motif, dans l'intention qui l'a fait agir. La qualité extérieure d'un acte n'est rien ; son caractère intérieur est tout en fait de moralité. Ainsi, à ce titre, la moralité des actions est invisible.

« Les lois sont visibles aussi. » Oui, la loi humaine, mais non pas la loi morale, qui seule oblige par elle-même.

« Les lois sont des conventions que les hommes ont faites. » Cela est vrai des lois positives; mais la loi morale n'est pas une convention, c'est le type sur lequel toutes les conventions, toutes les lois, sont faites; et ce type-là n'est pas visible.

Si les lois sont des conventions, évidemment elles sont arbitraires, en ce sens du moins qu'elles ne préexistaient point à la convention qui les a fondées, et qu'elles cessent avec elle. La loi morale, antérieure et supérieure à toute convention, est invariable et immuable.

Mais, dit Condillac, les lois, pour être des conventions, ne sont point arbitraires, car elles dérivent de nos besoins ; « et comme il ne dépend pas de nous de ne pas avoir les besoins qui sont une suite de notre conformation, il ne dépend pas de nous de n'être pas portés à faire ce à quoi nous sommes déterminés par nos besoins. » Mais ce sont là des lois physiques en quelque sorte et sans caractère moral. Sans doute il ne dépend pas de nous de ne pas aimer le plaisir et de ne pas fuir la douleur. Est-ce de lois de cette espèce que Condillac entend parler? En effet, elles ne sont pas arbitraires; mais qu'ont-elles à démêler avec la loi morale?

« Si nous ne le faisions pas (ce à quoi nous sommes déterminés par nos besoins), nous en serions punis. » Comment pourrions-nous ne pas le faire, si nos besoins et notre conformation nous y portent? Et si, par impossible, nous ne le faisons pas, pourquoi en serions-nous punis? Comment la peine ou la récompense interviennent-elles ici? Quel mérite y a-t-il à faire ce qu'on ne peut pas ne pas faire, et quel démérite à ne le point faire? Quand il ne s'agit que de besoins naturels et presque physiques à satisfaire, il ne peut y avoir lieu à une punition proprement dite, mais à une douleur, conséquence inévitable d'un besoin non satisfait, par exemple la douleur de la faim, lorsqu'on n'a pas pris la nourriture suffisante réclamée par le besoin. Mais quel rapport tout cela peut-il avoir avec la vertu et le vice, le bien et le mal, l'obligation, la loi morale qui souvent nous impose de résister à nos désirs, de surmonter nos passions, d'étouffer ou de combattre les penchants de la nature? La morale de la sensation est encore ici enveloppée et contenue; le temps et des esprits moins sages la feront bientôt paraître à découvert, et mettront à nu son vrai caractère et toutes ses conséquences.

Une de ces conséquences devait être une politique étroite et artificielle, analogue à la métaphysique que nous venons de faire connaître, et, comme elle, se perdant en rêverie sur la société primitive, au lieu de s'attacher à l'étude des caractères essentiels et légitimes des sociétés humaines.

Cette politique chimérique est déjà dans Condillac.

Voulez-vous retrouver la méthode générale de Condillac jusque dans la politique? Lisez le titre de la première partie de son livre sur *le commerce et sur le gouvernement* : « Notions élémentaires sur le commerce, déterminées par *des suppositions* ou principes de la science économique. »

Voilà encore la méthode des suppositions. En effet, Condillac commence ainsi : « Supposons une petite peuplade... »

En psychologie, il étudie l'homme primitif; en politique la société primitive. Mais, en réalité, il n'observe pas, il devine.

Il fonde le droit de propriété sur le partage, sans dire sur quoi se fonde le partage lui-même.

Ch. xii : « Lorsque, après l'établissement de notre peuplade, les terres eurent été partagées, chaque colon put dire : *Ce champ est à moi, et il n'est qu'à moi.* Tel est le premier fondement du droit de propriété. »

L'idéal social de Condillac n'est ni un état sauvage trop grossier, ni un état de civilisation trop raffinée, c'est un état intermédiaire entre ces deux-là, où les mœurs sont simples.

Chap. xxvi : « Entre une vie grossière et une vie molle, je voudrais distinguer une vie simple...

« Il est aisé de se représenter ce que c'était que la vie simple lorsque les hommes, avant de s'être assemblés dans les villes, habitaient les champs qu'ils cultivaient. Alors, quelques progrès qu'eussent faits les arts, tous se rapportaient à l'agriculture, qui était le premier art, l'art estimé par-dessus tout.

« Or, tant que l'agriculture a été regardée comme le premier art, comme celui auquel tous les autres doivent se rapporter, les hommes, loin de pouvoir s'amollir, ont été nécessairement sobres et laborieux. Le gouvernement simple alors demandait peu de lois, et n'engageait pas dans de longues discussions. Les affaires entre particuliers, mises en arbitrage, avaient pour juges les voisins dont l'équité était reconnue. Les intérêts généraux se traitaient dans l'assemblée des pères de famille ou des chefs qui les représentaient, et l'ordre se maintenait en quelque sorte de lui-même chez un peuple qui avait peu de besoins.

« Voilà le terme où les arts doivent tendre et où ils devraient s'arrêter.

« Les arts deviennent dangereux par leurs progrès. »

Chap. xxvii : « C'est dans la simplicité des mœurs uniquement qu'une nation peut trouver l'abondance, la puissance et le bonheur.

« C'est une chose de fait que la vie simple peut seule rendre un peuple riche, puissant et heureux. Voyez la Grèce dans les temps florissants : c'est à un reste de simplicité qu'elle devait cette puissance qui étonne les nations amollies. Voyez encore les peuples de l'Asie avant Cyrus : ils avaient des vices. ils connaissaient le faste ; mais le luxe n'avait pas encore répandu son poison mortel sur toutes les parties de la société. Si la magnificence se montrait dans des trésors qu'on amassait pour le besoin, dans de grandes entreprises, dans des travaux aussi vastes qu'utiles ; si elle se montrait dans les meubles, dans l'habillement, au moins ne connaissait-on pas toutes nos commodités, et on connaissait moins encore toutes les frivolités dont nous n'avons pas honte de nous faire autant de besoins. »

En vérité, est-ce Condillac, est-ce son frère Mably, qui a écrit cette page et qui entreprend de nous ramener et de fixer la civilisation moderne à la prétendue simplicité des républiques grecques et de la Perse avant Cyrus?

Nous venons d'entendre le frère de Mably ; voici maintenant l'ami de J.-J. Rousseau.

Chap. xxviii : « Une société civile est fondée sur un contrat exprès ou tacite par lequel tous les citoyens s'engagent, chacun pour leur part, à contribuer à l'avantage commun. »

De là la nécessité pour chacun sans nulle exception d'avoir un état.

« Un homme inutile n'est pas un citoyen. Il ne fait rien pour la société : elle ne lui doit rien. »

Ajoutez que, comme nous l'avons vu, il ne faut pas que les arts fassent de progrès au delà d'une certaine limite. Tout artiste qui passera cette limite sera un citoyen inutile, ou même dangereux. A ce compte on pourra bien renvoyer à la charrue Sophocle et Ménandre, Platon et Praxitèle. Toutes ces idées sont des rêveries au-dessous de l'examen. Un membre d'une société est strictement tenu d'en observer les lois, d'en acquitter les charges, de respecter la liberté des autres. Mais son droit aussi est de faire usage de sa propre liberté comme il l'entend. Va-t-il plus loin, sert-il efficacement la société, se dévoue-t-il au bien de l'Etat, il mérite alors, outre la protection qui lui est toujours due, une récompense proportionnée dans l'estime ou même dans l'admiration publique. Mais, à la rigueur, il ne lui est imposé que d'obéir aux lois et de ne pas violer la liberté des autres. A ce titre, la sienne est sacrée. Toute autre manière de considérer les premiers et indispensables devoirs de l'homme en société pousse irrésistiblement à l'esclavage de l'individu et à la tyrannie de la société. Nous ne sommes pas bien loin ici de Lacédémone et du Contrat social. Ce n'était pas la peine de débuter par une hypothèse sur l'état naturel et de célébrer une simplicité chimérique [1].

N'allons pas plus loin, nous en avons assez dit pour qu'on voie dans Condillac les défauts de la doctrine de Locke exagérés, et les germes des tristes théories qui vont bientôt suivre. Au lieu de deux sources de la connaissance humaine, Condillac n'en admet qu'une seule. Toutes les idées et d'abord toutes les facultés ne lui sont que la sensation transformée. Son procédé habituel est celui d'un logicien algébriste, qui, par une suite d'équations, transforme une quantité connue en des quantités nouvelles et inattendues. Il ne faut pas lui demander des observations fidèles et impartiales. Il ne songe pas aux faits, sinon pour les faire fléchir sous le joug d'une simplicité mensongère. Possédé de l'ambition du principe unique, forcé par l'esprit de système d'expliquer la différence des faits les plus dissemblables par la seule diversité des noms, il est conduit à une science purement verbale, où tout sentiment de la réalité disparaît dans la préoccupation d'une identité imaginaire. Cette erreur fondamentale égare partout Condillac, dans la morale comme dans la psychologie. Tantôt il confond le bien avec le plaisir, tantôt il en appelle à la volonté de Dieu, tantôt à la volonté d'un législateur humain, ne sachant au juste si la loi morale est conventionnelle ou naturelle, et il finit, pour être conséquent à lui-même, par la fonder sur nos besoins, c'est-à-dire qu'il la ramène à la sensation. Il a la bonne intention de démontrer la li-

[1] Voyez plus bas les leçons sur Hobbes.

berté, l'existence de Dieu et la spiritualité de l'âme, mais c'est aux dépens de son système. Enfin, en politique, il procède par des hypothèses fort en harmonie avec celle de l'homme-statue. Il est la démonstration personnelle de cette vérité, que l'empirisme n'est pas de tous les systèmes philosophiques celui qui se soucie le plus de l'expérience. Il ne suffit pas le moins du monde, pour fonder une vraie science d'observation, de nous répéter comme un dogme que toutes nos idées viennent des sens; il faut observer réellement, il faut interroger avec impartialité la nature humaine, il faut pénétrer dans la conscience, au risque même d'y rencontrer, à côté des transformations de la sensation, du plaisir et de l'intérêt, la raison avec ses lois, l'activité volontaire et libre, la distinction du bien et du mal, l'idée du devoir et de la vertu désintéressée.

QUATRIÈME LEÇON. — HELVÉTIUS

Helvétius. Analyse du livre de l'*Esprit*. Métaphysique de l'ouvrage. Premier discours : De l'esprit en lui-même. — Avant toute question Helvétius met celle de l'origine des idées et des facultés qui constituent l'esprit. — La sensation, principe unique. L'organisation physique, seule cause de la supériorité de l'homme sur l'animal. — Négation de la liberté. — Toute certitude réduite à la probabilité. — La question de la spiritualité de l'âme renvoyée à la théologie. — L'espace n'est que le corps, et l'infini l'absence de bornes. — De Dieu pas un mot. — Morale du livre de l'*Esprit*. Analyse des deuxième, troisième et quatrième discours. L'intérêt, règle unique de nos jugements et de nos actes, pour les individus et pour la société, pour les siècles, les nations, l'humanité entière. — Que l'esprit est un effet de l'éducation et non de la nature. — Égalité primitive des intelligences. Seule cause d'inégalité, la différence dans les passions. Tout le secret de l'éducation est d'agir sur les passions. — Réfutation du système d'Helvétius. — Opinions de Voltaire, de Rousseau, de Turgot sur le livre de l'*Esprit*.

Locke et Condillac avaient posé les principes de la philosophie de la sensation, mais ils n'en avaient pas prévu toute la portée. On pouvait bien dire à ces philosophes : Votre système mène au fatalisme, au matérialisme, à l'égoïsme. Mais, bien que cela fût vrai, Locke et Condillac auraient protesté, et très-sincèrement, en faveur de leur croyance au bien, à la liberté, aux destinées immortelles de l'âme. Plus téméraire et plus conséquent, Helvétius accepta et proclama tous les résultats devant lesquels s'était arrêtée la prudence de ses devanciers. Il nia ouvertement la puissance de l'esprit en expliquant la supériorité de l'intelligence humaine par un accident de l'organisation physique ; il nia la liberté en faisant des passions le fond et la source de l'activité ; il nia la vertu en réduisant tout motif d'action à l'intérêt.

Le système d'Helvétius est tout entier dans le livre de l'*Esprit*, le seul de ses ouvrages qui ait jeté de l'éclat et gardé quelque renommée. Il parut en 1758, trois ans après le *Traité des animaux* de Condillac, quatre ans après le *Traité des sensations*, neuf ans après le *Traité des systèmes*, et douze ans après l'*Essai sur l'origine des connaissances humaines*, c'est-à-dire en plein dix-huitième siècle, et quand la philosophie de la sensation était sur le trône.

Le livre de l'*Esprit* se divise en quatre discours, dont nous donnerons une analyse fidèle.

Le sujet du premier discours est l'esprit considéré en lui-même ; c'est, à proprement parler, la métaphysique de l'ouvrage. Il la faut faire connaître pour bien montrer le rapport intime d'Helvétius et de Condillac, comme nous avons montré celui de Condillac et de Locke, et pour faire paraître le mouvement et le progrès de l'école entière.

Helvétius ne serait pas un penseur de la famille de Locke et de Condillac, s'il ne débutait pas par la question de l'origine des idées. Discours I, chap. 1ᵉʳ : « Pour savoir ce que c'est que l'esprit... il faut connaître quelles sont les causes productrices de nos idées. »

Nos deux facultés primitives sont essentiellement passives, la sensation, et la mémoire qui n'est elle-même qu'une sensation continuée :

« Nous avons en nous deux facultés, ou, si j'ose le dire, deux puissances passives... L'une est la faculté de recevoir les impressions différentes que font sur nous les objets extérieurs ; on la nomme *sensibilité physique*. L'autre est la faculté de conserver l'impression que ces objets ont faite sur nous ; on l'appelle *mémoire*, et la mémoire n'est autre chose qu'une sensation continuée mais affaiblie.

« Je dis encore que c'est dans la capacité que nous avons d'apercevoir les ressemblances ou les différences, les convenances ou les disconvenances qu'ont entre eux les objets divers, que consistent toutes les opérations de l'esprit. Or cette capacité n'est que la sensibilité physique elle-même : tout se réduit donc à sentir. » — « Je puis dire également : je juge ou je sens, » etc. — « Tout jugement n'est qu'une sensation. » — « Tous nos faux jugements et nos erreurs se rapportent à deux causes qui ne supposent en nous que la faculté de sentir ; ce sont les *passions* et l'*ignorance*. » — « Dans l'homme, tout se réduit à sentir. »

Jusqu'ici Helvétius suit Condillac ; bientôt il va le laisser bien loin derrière lui. Le maître avait établi une différence de nature entre l'âme de l'homme et celle des animaux : le disciple n'accorde plus à l'homme qu'une supériorité d'organisation. Il le dit en termes exprès : Les facultés sont communes ; les organes seuls diffèrent.

« Ces facultés que je regarde comme les causes productrices de nos pensées, et qui nous sont communes avec les animaux, ne nous occasionneraient cependant qu'un très-petit nombre d'idées, si elles n'étaient jointes en nous à une certaine organisation extérieure. Si la nature, au lieu de mains et de doigts flexibles, eût terminé nos poignets par un pied de cheval, qui doute que les hommes, sans arts, sans habitation, sans défense contre les animaux, tout occupés du soin de pourvoir à leur nourriture et d'éviter les bêtes féroces, ne fussent encore errants dans les forêts comme des troupeaux fugitifs ? » Il ajoute dans une note : « On a beaucoup écrit sur l'âme des bêtes; on leur a tour à tour ôté et rendu la faculté de penser, et peut-être n'a-t-on pas assez scrupuleusement cherché, dans la différence du physique de l'homme et de l'animal, la cause de l'infériorité de ce qu'on appelle l'âme des animaux. »

Si tout dans l'homme se réduit à sentir, la liberté est une chimère. Condillac, qui ne dit pas un mot de la liberté dans le *Traité des sensations*, s'efforce de l'établir plus ou moins solidement dans l'*Appendice* joint à ce traité. Helvétius fait disparaître cette inconséquence. La liberté, pour lui, est un mot vague et vide de sens, si l'on entend par là autre chose que le libre exercice de nos membres. Voici ses propres paroles : Disc. i, chap. iv : « L'homme libre est l'homme qui n'est ni chargé de fers, ni détenu dans les prisons, ni intimidé, comme l'esclave, par la crainte des châtiments; en ce sens, la liberté de l'homme consiste dans l'exercice libre de sa puissance... On a donc une idée nette de ce mot de *liberté*, pris dans une signification commune. Il n'en est pas ainsi lorsqu'on applique ce mot de *liberté* à la volonté. Que serait-ce alors que la liberté ?... Comment expliquer philosophiquement le problème de a liberté? Si, comme M. Locke l'a prouvé, nous sommes disciples des amis, des parents, des lectures, et enfin, de tous les objets qui nous environnent, il faut que toutes nos pensées et nos volontés soient des effets immédiats ou des suites nécessaires des impressions que nous avons reçues. On ne peut donc se former aucune idée de ce mot de liberté appliquée à la volonté; il faut la considérer comme un mystère, s'écrier avec saint Paul : *O altitudo!* convenir que la théologie seule peut discourir sur une pareille matière, et qu'un traité philosophique de la liberté ne serait qu'un traité des effets sans cause. » — « On se trompe, dit-il encore dans une note qui a bien l'air d'être une réponse à Condillac[1] sur le mot *délibération :* nous croyons délibérer lorsque nous avons, par exemple, à choisir entre deux plaisirs à peu près égaux et presque en équilibre; cependant on ne fait alors que prendre pour délibération la lenteur avec laquelle, entre deux poids à peu près égaux, le plus pesant emporte un des bassins de la balance. »

Une fois que la sensation est prise comme le fondement et la mesure de tous nos jugements, la sensation étant relative à notre organisation et non pas aux choses elles-mêmes, il s'ensuit qu'il n'y a rien pour nous qui soit vrai en soi, et que toute certitude se réduit à l'apparence et à la vraisemblance. De là le calcul des probabilités, ouvertement accepté comme l'unique moyen de résoudre la plupart des problèmes, et la nou-

[1] Plus haut, p. 116.

velle Académie comme la première école philosophique. Chap. 1ᵉʳ, note *e* : « Descartes n'ayant point mis, si je peux m'exprimer ainsi, d'enseigne à l'hôtellerie de l'évidence, chacun se croit en droit d'y loger son opinion. Quiconque ne se rendrait réellement qu'à l'évidence ne serait guère assuré que de sa propre existence. Comment le serait-il, par exemple, de celle des corps?... L'existence des corps n'est qu'une probabilité, probabilité qui sans doute est très-grande, et qui, dans la conduite, équivaut à l'évidence, mais qui n'est cependant qu'une probabilité. Or, si presque toutes nos vérités se réduisent à des probabilités, quelle reconnaissance ne devrait-on pas à l'homme de génie qui se chargerait de construire des tables physiques, métaphysiques, morales et politiques, où seraient marqués avec précision tous les divers degrés de probabilité, et par conséquent de croyance qu'on doit assigner à chaque opinion!... Par ce moyen, l'état de doute, toujours insupportable à l'orgueil de la plupart des hommes, serait plus facile à soutenir; alors les doutes cesseraient d'être vagues; soumis au calcul, et par conséquent appréciables, ils se convertiraient en propositions affirmatives; alors la secte de Carnéade serait purgée de ces légers défauts que la querelleuse ignorance a reprochés avec trop d'aigreur à cette philosophie dont les dogmes étaient également propres à éclairer les esprits et à adoucir les mœurs. Si cette secte n'admettait point de vérités, elle admettait du moins des apparences. »

Parmi les questions soumises au calcul des probabilités, est celle de la spiritualité de l'âme. Helvétius se sépare ici de Condillac et revient à Locke; il a même l'air de croire que la faculté de sentir est commune à tous les corps. Chap. iv : « On ne peut entendre par ce mot de matière que la collection des propriétés communes à tous les corps. La signification de ce mot ainsi déterminée, il ne s'agissait plus que de savoir si l'étendue, la solidité, l'impénétrabilité, étaient les seules propriétés communes à tous les êtres, et si la découverte d'une force telle, par exemple, que l'attraction, ne pouvait pas faire soupçonner que les corps eussent encore quelques propriétés inconnues, telle que la faculté de sentir, qui, ne se manifestant que dans les corps organisés des animaux, pouvait être cependant commune à tous les individus. La question réduite à ce point, on eût alors senti que, s'il est à la rigueur impossible de démontrer que tous les corps soient absolument insensibles, tout homme qui n'est pas sur ce sujet éclairé par la révélation ne peut décider la question qu'en calculant et comparant la probabilité de cette opinion avec la probabilité de l'opinion contraire »

Mais, si Helvétius est sceptique quand il s'agit de la spiritualité de l'âme, il sait très-certainement que « l'espace est un néant, » et que réellement l'espace « est ce qu'on appelle l'étendue. » Il en est de même de l'infini : « Nous ne devons cette idée de l'infini qu'à la puissance qu'un homme, placé dans une plaine, a d'en reculer toujours les limites sans qu'on puisse à cet égard fixer le terme où son imagination doive s'arrêter : l'absence des bornes est donc, en quelque genre que ce soit, la seule idée que nous puissions avoir de l'infini. »

L'esprit de l'école de Locke et de Condillac se montre encore, en ce chapitre IV, dans l'importance outrée qu'Helvétius attache au langage. Il explique tout par des erreurs de mots. Pourquoi a-t-on cru jusqu'ici à l'esprit, à l'espace, à l'infini, à la liberté? Parce qu'on n'a pas essayé de déterminer la signification de ces quatre mots. Maintenant que cette signification a été bien fixée, il est clair qu'il n'y a là que de purs mots, et rien de réel à quoi ils répondent.

Ajoutez qu'ici ni ailleurs il n'est jamais question de Dieu.

Telle est la métaphysique du livre de l'*Esprit*. Elle ne contient pas un seul trait original, et ne mérite d'être remarquée que par une certaine audace à braver le sens commun, et comme le digne et nécessaire fondement de la morale renfermée dans les derniers discours.

L'homme, n'étant qu'un être sensible, ne peut poursuivre qu'un but, le plaisir, et encore le plaisir des sens. C'est là l'unique mobile et la seule loi de nos actions. Si l'on consulte l'expérience, si l'on interroge à la fois les jugements et les actes humains, si l'on fait successivement appel aux individus, à une petite société, à une nation, à une époque, à l'humanité tout entière, de toutes parts vient cette réponse unanime, que le bien est ce qui contribue à nos plaisirs, et le mal ce qui blesse nos intérêts. L'intérêt, voilà la vraie mesure de nos jugements et le principe de nos actions.

Écoutons Helvétius : Discours II, chap. Ier : « L'intérêt préside à tous nos jugements. » — Chap. II : « C'est à l'habitude des actions qui lui sont utiles qu'un particulier donne le nom de probité. » — Chap. iv : « De la nécessité où nous sommes de n'estimer que nous dans les autres. » — Chap. v : « Par rapport à une société particulière, je dis que la probité n'est que l'habitude plus ou moins grande des actions particulièrement utiles à cette petite société. » — Chap. xi : « Le public, comme les sociétés particulières, est dans ses jugements (sur la probité) uniquement déterminé par le motif de son intérêt; il ne donne le nom d'honnêtes, de grandes ou d'héroïques, qu'aux actions qui lui sont utiles; et il ne proportionne point son estime pour telle ou telle action sur le degré de force, de courage ou de générosité nécessaire pour l'exécuter, mais sur l'importance même de cette action et l'avantage qu'il en retire. » ...... « Que deux personnes se précipitent dans un gouffre; c'est une action commune à Sapho et à Curtius; mais la première s'y jette pour s'arracher aux malheurs de l'amour, et le second pour sauver Rome : Sapho est une folle, et Curtius un héros. En vain quelques philosophes donneront-ils également à ces deux actions le nom de folie; le public, plus éclairé qu'eux sur ses véritables intérêts, ne donnera jamais le nom de fous à ceux qui le sont à son profit. » — Chap. ii : « Quel homme, s'il sacrifie l'orgueil de se dire plus vertueux que les autres à l'orgueil d'être plus vrai, et s'il sonde avec une attention scrupuleuse tous les replis de son âme, ne s'apercevra pas que c'est à la manière différente dont l'intérêt personnel se modifie que l'on doit ses vertus et ses vices; que tous les hommes sont mus par la même force; que tous tendent donc également à leur bonheur; que c'est la diversité de nos passions et de nos goûts, dont les uns sont conformes et les autres contraires à l'intérêt public, qui décide de nos vertus et de nos vices? Sans mépriser le vicieux, il faut le plaindre, se féliciter d'un naturel heureux, remercier le ciel de ne nous avoir donné aucun de ces goûts et de ces passions qui nous eussent forcés de chercher notre bonheur dans l'infortune d'autrui. Car, enfin, on obéit toujours à son intérêt; et de là l'injustice de tous nos jugements, et ces noms de juste et d'injuste prodigués à la même action, relativement à l'avantage ou au désavantage que chacun en reçoit. Si l'univers physique est soumis aux lois du mouvement, l'univers moral ne l'est pas moins à celles de l'intérêt. » — Chap. v : « Quel autre motif pourrait déterminer un homme à des actions généreuses ? Il lui est aussi impossible d'aimer le bien pour le bien que d'aimer le mal pour le mal. »

En conséquence de ces principes, voici comment se doivent expliquer la bienfaisance et la reconnaissance :

Chap. II, note *b* : « L'homme humain est celui pour qui la vue du malheur d'autrui est une vue insupportable, et qui, pour s'arracher à ce spectacle, est, pour ainsi dire, forcé de secourir le malheureux. L'homme inhumain, au contraire, est celui pour qui le spectacle de la misère d'autrui est un spectacle agréable; c'est pour prolonger ses plaisirs qu'il refuse tout secours aux malheureux. Or ces deux hommes si différents tendent tous deux à leur plaisir, et sont mus par le même ressort. Mais, dira-t-on, si l'on fait tout pour soi, l'on ne doit donc point de reconnaissance à ses bienfaiteurs? Du moins, répondrai-je, le bienfaiteur n'est-il pas en droit d'en exiger..... C'est en faveur des malheureux, et pour multiplier le nombre des bienfaiteurs, que le public impose avec raison aux obligés le devoir de la reconnaissance. »

Le dévouement à la patrie n'est que le triomphe d'une passion sur une autre :

Chap. v : « Brutus ne sacrifia son fils au salut de Rome que parce que l'amour paternel avait sur lui moins de puissance que l'amour de la patrie. Il ne fit alors que céder à sa plus forte passion. »

Le chapitre le plus caractéristique du livre de l'*Esprit* est le xive du iie discours intitulé *Des vertus de préjugés et des vertus vraies*. Helvétius n'entend par vertus vraies que les vertus utiles au public, et il se moque des autres, ce qui supprime absolument toute la partie de la morale qui se rapporte à nous-mêmes. Il distingue la corruption politique de celle qu'il appelle la corruption religieuse, et qui, selon lui, est peu de chose, parce qu'elle n'affecte pas le bonheur public ; sous ce nom de corruption religieuse, il met tout déréglement de mœurs. « Je dis qu'en fait de mœurs, on donne le nom de corruption religieuse à toute espèce de libertinage, et principalement à celui des hommes avec les femmes. » Il fait à la pudeur une guerre à outrance. Pour prouver qu'elle n'est qu'un préjugé variable, selon les pays et les siècles, il invoque les récits des voyageurs les moins sûrs, les coutumes des peuples sauvages, les exemples de l'antiquité, les anecdotes les plus équivoques, le vrai, le faux, l'incertain, sans discernement et sans goût. Il traite, au chapitre XVI, de *moraliste hypocrite* quiconque, dans les préceptes qu'il donne, se propose un autre but que ce qu'il appelle avec faste le bonheur de l'humanité. Confondant l'amour et le libertinage, une juste tempérance et un ascétisme farouche, il livre au ridicule les vertus les meilleures, et descend jusqu'à l'apologie presque avouée des mœurs de la Régence. Il faudrait tout citer, ou plutôt ne rien citer. Je m'en tiendrai aux sentences les plus générales. « Qu'on examine politiquement la conduite des femmes galantes, on verra que, blâmables à certains égards, elles sont, à d'autres, fort utiles au public; qu'elles font, par exemple, de leurs richesses, un usage communément plus avantageux à l'État que les femmes les plus sages..... Ne sont-ce pas les femmes galantes qui, en excitant l'industrie des artisans du luxe, les rendent de jour en jour plus utiles à l'État?..... Le public demande compte aux princes de leurs édits et non de leurs soupers..... La morale n'est qu'une science frivole si on ne la confond avec la politique..... On doit regarder les actions comme indifférentes en elles-mêmes; c'est au besoin de l'État à déterminer celles qui sont dignes d'estime et de mépris. »

Helvétius s'applique à décrier partout les religions, et il enveloppe dans ses tristes sarcasmes jusqu'à la religion naturelle, qui est leur commun fondement : « On ne finirait point, dit-il, si l'on voulait donner la liste de tous les peuples qui, sans idée de Dieu, ne laissent pas de vivre en société, et plus ou moins heureusement, selon

l'habileté plus ou moins grande de leur législateur... »
Suivent les exemples de peuples matérialistes, fatalistes,
athées ; et toujours et partout revient cette conclusion :
« Que, comme le dit Pascal, et comme le prouve l'expérience, la nature n'est rien que l'habitude... Qu'il est
absurde de vouloir cacher aux hommes le principe qui
les meut, et que ce principe c'est l'intérêt. »

Dans le IIIe discours, Helvétius se demande comment,
obéissant tous à la même loi, à une loi aussi simple, aussi
facile à suivre que l'intérêt, les hommes n'arrivent pas
tous également à la vertu et au bonheur. D'où vient l'injustice ? d'où vient le mal ? D'une seule cause : notre
ignorance, qui fait que nous ne savons pas trouver notre
compte au bonheur public. Il ne suffit donc pas que le
législateur proclame l'intérêt personnel comme règle
unique de conduite, il faut qu'il éclaire les hommes sur
leurs vrais intérêts ; et il les éclaire par l'éducation, en
prenant ce mot dans le sens le plus étendu, et en entendant par là tout ce qui sert à notre instruction. L'éducation est la vraie, la seule cause de l'inégalité des intelligences. L'esprit doit être considéré, non comme un don
de la nature, mais comme un effet de l'éducation.
Étrange opinion, mais conséquente au système général
de l'auteur. En effet, si l'esprit est une pure capacité,
une table rase, si toutes ses facultés et toutes ses idées
ont pour origine l'action des objets extérieurs, c'est par
cette même action diversement exercée que l'on peut
rendre compte de l'inégalité des esprits. Voici les preuves qu'en donne Helvétius. L'esprit se compose de sensations et de souvenirs. La sensibilité et la mémoire

sont naturellement égales dans tous les hommes; ce qui fait que ces deux facultés sont supérieures chez les uns et inférieures chez les autres, c'est l'inégalité d'attention. Mais l'attention dépend de la passion, qui, à son tour, ne se développe qu'autant qu'elle est excitée par des agents extérieurs, et ainsi fait partie de l'éducation des circonstances.

En vain objecterez-vous que l'expérience prouve chaque jour le contraire, et qu'on découvre une profonde inégalité d'esprit entre des hommes qui ont reçu la même éducation. Helvétius vous répondra que l'identité d'éducation est impossible, parce que chacun a pour maîtres et son siècle et la forme de gouvernement sous laquelle il vit, et ses amis, et les gens dont il est entouré, ses lectures, ses impressions, enfin le hasard, c'est-à-dire une infinité d'éléments dont notre ignorance ne nous permet pas d'apercevoir l'enchaînement et les causes.

Selon Helvétius, le germe de l'esprit et de la vertu est dans les passions. Il est bien vrai, en effet, que les passions sont la condition nécessaire du développement de toutes nos facultés, même les plus élevées; mais de là Helvétius conclut qu'elles en sont le principe, confusion téméraire que nous avons déjà signalée [1]. Il attribue tout aux passions. Il en fait un panégyrique où quelques traits de vérité disparaissent sous des exagérations ridicules. Disc. III, chap. VI, VII et VIII.

On devine aisément à quelle origine Helvétius rapporte toutes les passions. Il n'en est pas une qui ne puisse et qui ne doive se ramener à la sensibilité physique et à

---

[1] Plus haut, la leç. sur Condillac, p. 86, et surtout p. 97.

l'intérêt personnel. Voici quelques exemples pris au hasard :

Sur l'amitié : « Aimer, c'est avoir besoin... Nulle amitié sans besoin : ce serait un effet sans cause. Les hommes n'ont pas tous les mêmes besoins ; l'amitié est donc entre eux fondée sur des motifs différents... En conséquence il y a des amis de plaisir, d'argent, d'intrigue, d'esprit et de malheur... La force de l'amitié est toujours proportionnée au besoin que les hommes ont les uns des autres... Le besoin est la mesure du sentiment... Mais, dira-t-on, si l'amitié suppose toujours un besoin, ce n'est pas du moins un besoin physique. Mais, répondrai-je, à quoi tient le charme de la conversation d'un ami ? Au plaisir d'y parler de soi. La fortune nous a-t-elle placés dans un état honnête, on s'entretient avec son ami des moyens d'accroître ses biens, son honneur, son crédit et sa réputation. Est-on dans la misère, on cherche avec ce même ami les moyens de se soustraire à l'indigence, et son entretien nous épargne du moins le malheur, l'ennui de conversations indifférentes. C'est donc toujours de ses passions ou de ses plaisirs que l'on parle à son ami. Or, s'il n'est de vrais plaisirs et de vraies peines, comme je l'ai prouvé plus haut, que les plaisirs et les peines physiques..... il s'ensuit que l'amitié, ainsi que les autres passions, est l'effet immédiat de la sensibilité physique..... Les peines et les plaisirs des sens sont le germe productif de tout sentiment. » *Ibid.*, chap. XIV.

L'art de gouverner les hommes est d'exciter leurs passions, surtout celle des plaisirs de l'amour. Exemples du bataillon sacré des Thébains, etc. *Ibid.*, ch. xv.

Ibid., ch. xvi : « La plus haute vertu, comme le vice le plus honteux, est en nous l'effet du plaisir plus ou moins vif que nous trouvons à nous y livrer.

« L'homme vertueux n'est point celui qui sacrifie ses plaisirs, ses habitudes et ses plus fortes passions à l'intérêt public, puisqu'un tel homme est impossible, mais celui dont la plus forte passion est tellement conforme à l'intérêt général, qu'il est presque toujours nécessité à la vertu. »

Telles sont les idées principales contenues dans les trois premiers discours du livre de l'*Esprit*. Le quatrième, *Sur les différents noms donnés à l'esprit*, est plus littéraire que philosophique; il n'ajoute rien à la doctrine de l'auteur.

De cette exposition tirons quelques propositions qui résument tout le système d'Helvétius, pour en faire la base de notre critique.

1° Est-il vrai, ainsi que le veut Helvétius, que l'esprit dérive tout entier, pensée et activité, de la sensibilité physique ?

2° Est-il vrai que toutes les intelligences soient primitivement égales, et que toute inégalité provienne de l'éducation et du hasard ?

3° Est-il vrai qu'en fait l'intérêt soit le principe unique des jugements comme des actions des hommes ?

4° Est-il vrai que ce fait puisse être érigé en droit et devenir une véritable règle morale ?

5° Est-il vrai que le bien et l'utile soient identiques ?

6° Est-il vrai que le meilleur moyen de produire le

bien de l'individu et le bien de la société soit d'éveiller et d'exalter le plus possible l'égoïsme de chacun ?

7° Enfin est-il vrai que les seuls principes actifs de la vie humaine soient les passions, que la source de toutes nos passions soit l'amour du plaisir, et par conséquent l'égoïsme ?

1° La première proposition exprime toute la psychologie d'Helvétius.

C'est la philosophie de la sensation poussée à un sensualisme grossier. Condillac avait supprimé toute faculté active, et réduit l'esprit à la simple capacité de sentir; il expliquait l'esprit par la sensation; et en cela il avait tort; mais il n'expliquait point la sensation par la seule organisation physique. Helvétius, qui, comme Condillac, tire toute l'intelligence de la sensibilité, tire la sensibilité elle-même d'une cause physique, qui est tantôt un accident de notre conformation, tantôt l'action des objets extérieurs. Nous avons vu Condillac engendrant successivement l'homme tout entier au moyen des métamorphes de la sensation, que penser d'Helvétius qui attribue à la forme de la main la supériorité de l'homme sur les animaux ? Nous n'avons pas à démontrer l'absurdité d'une pareille doctrine; nous avons suffisamment établi l'existence propre et la libre énergie de l'esprit. Nous tenons pour évident que la sensibilité fournit à l'entendement la matière de ses idées et non ses idées elles-mêmes, et que par conséquent elle est la condition et non le principe de l'intelligence.

II° Nous ne saurions admettre davantage le paradoxe

de l'égalité naturelle des intelligences. Contre une telle folie, c'est assez d'en appeler au sens commun et à l'expérience. Si Helvétius a raison, il s'ensuit que la supériorité et l'infériorité de l'intelligence sont constamment et partout en raison directe de l'éducation, en entendant ce mot dans son sens le plus étendu : or, le contraire se voit tous les jours. Combien de natures qui se développent presque sans culture! Combien qui se font jour malgré une mauvaise éducation ! Il en est d'autres que l'éducation prend au berceau, entoure des soins les plus délicats et les plus propres à développer le moindre germe d'esprit et de talent, et qui pourtant languissent constamment dans une médiocrité sans remède. Cela vient de ce qu'indépendamment des secours et des obstacles qu'apporte l'éducation, il est des natures qui ont en elles-mêmes un principe de force, et d'autres une faiblesse insurmontable. Mais, dira-t-on, les obstacles mêmes provoquent le développement des facultés, et il n'y a pas de meilleure éducation que la nécessité. Oui, mais cela n'est vrai que pour les âmes fortes et les vrais génies. Un esprit que la nature a fait grand grandit encore au sein des difficultés; un caractère fort se fortifie par la lutte; mais un esprit médiocre et un caractère faible y succombent.

Helvétius invoque des faits à l'appui de son paradoxe ; mais ces faits ne contiennent pas la conclusion qu'il en veut tirer. C'est à un accident, dit-il, que le génie doit ses découvertes : n'est-ce pas la rencontre des fontainiers de Florence qui a fait découvrir à Galilée la pesanteur de l'air? N'est-ce pas la vue de la chute d'une pomme qui suggéra à Newton le système de l'attraction universelle? Helvétius se trompe ; le hasard est l'occasion, mais non le principe des découvertes de Galilée et de Newton. Bien d'autres avaient aperçu la chute des corps avant le grand physicien anglais; il fallait son génie pour y découvrir la loi de l'attraction universelle. Il y a plus ; si Helvétius avait mieux étudié le procédé de l'esprit dans l'invention des théories, même de celles qui sont fondées sur l'expérience, il aurait reconnu que l'esprit y joue un rôle bien plus considérable qu'il ne l'a supposé. Souvent l'esprit conçoit ou imagine longtemps à l'avance une hypothèse; elle fermente sourdement dans les profondeurs de la pensée, et tout à coup elle se fait jour à l'occasion d'un fait que le hasard offre à l'observation, et de simple hypothèse elle devient un principe scientifique. Le génie ne suit pas toujours la marche que conseille la méthode ; celle-ci va prudemment du fait à l'idée, le génie va souvent aussi de l'idée au fait. Quand Newton vit tout un système dans la chute d'une pomme, il n'était pas seulement préparé à cette magnifique découverte par ses vastes études et par la force de son génie, il avait déjà entrevu vaguement comme une hypothèse probable la loi de l'attraction universelle ; autrement un fait aussi vulgaire n'aurait pas eu la vertu merveilleuse de lui révéler une si grande loi. On lui demandait un jour comment il était parvenu à une si haute vérité : En y pensant toujours, répondit-il. Les faits réveillent et confirment autant d'idées qu'ils en font naître dans notre esprit. Voilà pourquoi le génie voit tant de choses où le commun des hommes n'aperçoit rien.

QUATRIÈME LEÇON. — HELVÉTIUS

III° Mais hâtons-nous d'arriver à la doctrine morale d'Helvétius. Est-il vrai que l'intérêt seul règle les jugements et les actions, soit des individus, soit des sociétés? Il s'agit ici d'une question de fait : voyons donc ce qui se passe dans la conscience de chacun de nous et dans la conscience du genre humain.

Commençons par le genre humain, et consultons les langues où il dépose ses sentiments, ses idées, ses croyances. Je vois d'abord que le langage du genre humain ne s'accorde guère avec celui d'Helvétius. Le dictionnaire moral d'Helvétius se réduit à un mot, l'intérêt. Celui du genre humain est plus varié et plus riche; il parle de justice, de probité, de devoir[1]. Partout on oppose le bien au mal, le dévouement à l'égoïsme; on célèbre les sacrifices de la vertu, les saintes douleurs qui accompagnent l'accomplissement du devoir, et on flétrit les lâches voluptés du vice et du crime. Or le langage humain, c'est l'humanité même. Quand le genre humain recommande le devoir désintéressé et dans les religions et dans les législations et dans les poésies, comment ne pas croire qu'il reconnaisse une loi morale différente de l'intérêt? Comment admettre que d'un bout du monde à l'autre, depuis trois mille ans, le genre humain ait fait comme une conspiration pour se tromper lui-même?

Pour reconnaître si le genre humain pense avec Helvétius que les actions ne sont moralement bonnes qu'en

---

[1] Cet argument, tiré du langage et du sens commun, est développé avec quelque étendue, dans la XI° leçon du VRAI, du BEAU ET DU BIEN, *Premières données du sens commun*.

raison de leur utilité, soumettons à son jugement deux actions différentes. Je crois de mon devoir de faire telle action ; supposons, par exemple, une fondation charitable, un asile, une école, une maison pénitentiaire, ou tout autre établissement semblable ; je fais cette action avec la conscience qu'il n'y a pas en moi le moindre calcul d'intérêt personnel ; je la fais uniquement parce que je crois devoir la faire. Mais voilà que cette action, noble dans ses motifs, et conduite avec sagesse et prudence, tourne mal cependant, et me porte préjudice à moi-même, et même aussi à la société. Si donc le genre humain pense comme Helvétius, il jugera que cette action est mauvaise moralement, puisqu'elle l'est physiquement ; il jugera que c'est un crime, puisqu'au lieu de servir elle nuit. Or le genre humain juge-t-il ainsi ? Pas le moins du monde. Il regrette que cette action n'ait point réussi, il s'afflige de son mauvais succès, il recherche s'il y a eu témérité et imprudence ; s'il ne trouve qu'un malheur immérité, il absout le malheur et il déclare l'action elle-même juste et bonne ; et cela, bien qu'il ne soit pas intéressé à la juger telle, bien qu'il en ait été comme moi la victime. Changeons l'hypothèse. Supposons que j'accomplisse cette même action, non pas pour satisfaire à ma conscience, mais par intérêt personnel, par hypocrisie, ou par vanité, ou par tout autre motif de ce genre qui paraisse et soit connu ; et supposons que cette action produise les meilleurs résultats pour moi comme pour la société. Voilà une très-bonne action dans le système d'Helvétius. Mais le genre humain proteste contre une pareille qualification, il profite du résultat, il blâme le principe; il honore le dévouement même stérile, même funeste; il condamne l'égoïsme utile. S'il admire une action qui a été utile à son auteur, ce n'est pas du tout par cet endroit qu'il la prise; l'utilité que son auteur en retire arrête même l'élan de l'admiration, et quelquefois rend l'action suspecte. A-t-elle été utile à la société, sans être utile à son auteur, le genre humain admire plus volontiers. Il ne peut pas ne pas se féliciter d'une chose qui lui a profité, mais il croit sa reconnaissance acquittée par une récompense égale au bienfait qu'il a reçu; pour que l'admiration soit entière, il faut qu'il y ait ou un grand génie déployé, ou un grand danger bravé, ou un sacrifice consommé, enfin une intention généreuse accomplie¹.

Y a-t-il eu au monde une vertu plus malheureuse, et même plus mal employée, que celle des citoyens qu'on a appelés les derniers Romains? Brutus, en tuant César, se perd lui-même, et replonge le monde dans l'anarchie et la guerre. Et cependant si Brutus, nourri dans les traditions de la république, a cru devoir délivrer sa patrie de l'homme qui lui avait ravi sa liberté et ses vieilles institutions, qui peut trouver sa conduite criminelle? Et si Brutus, comblé de bienfaits par César, a étouffé les mouvements d'une tendresse presque filiale, s'il s'est déchiré les entrailles pour obéir à la voix de la patrie, qui peut refuser son admiration à ce grand effort de la nature humaine, même en regrettant qu'il ait eu un

---

¹ Sur l'admiration, comme supposant à la fois le désintéressement de celui qui l'éprouve et de celui qui l'inspire, voyez *ibid.*, p. 265.

pareil but? Au contraire, en vain aurais-je sauvé le monde, si je n'ai voulu sauver que moi-même, le monde, qui me doit son salut, ne me doit pas son estime. L'histoire a-t-elle jamais compté parmi les actes de vertu l'action de cet homme qui, voulant se venger de son ennemi malade d'un abcès, le guérit, certes sans le vouloir, en le perçant d'un coup d'épée? Ces faits, et tant d'autres que l'on pourrait citer, prouvent sans réplique que le genre humain, dans ses jugements, distingue l'utile et le bien, l'intérêt et la vertu.

Mais, cette conception du bien en soi et de la vertu désintéressée ne serait-elle pas un idéal impossible à réaliser? Nous avouons que les hommes, pour parler sans cesse de justice et de dévouement, ne se montrent pas toujours justes, ni très empressés à sacrifier leur intérêt. Le poëte l'a dit: *Video meliora proboque, Deteriora sequor.* La conduite du genre humain est un bien pâle reflet de sa croyance, quand sa croyance est difficile à pratiquer. Quelle force et quelle sublimité dans la pensée! quelles faiblesses, quelles misères dans l'action! Oui, sans doute, comparée à l'idéal que la raison nous propose, la vie humaine est bien pauvre en vertu. Mais est-ce à dire qu'elle en soit absolument vide? Qu'il se trouve un seul acte de vertu, je dis un seul, et la vertu n'est plus une chimère. Si un homme a pu être vertueux une fois en sa vie, il a pu l'être deux fois, cent fois; d'autres peuvent l'être comme lui, la vertu n'est donc point au-dessus des forces humaines, et c'est calomnier l'humanité que de prétendre qu'elle ne peut suivre d'autre règle de conduite que la passion ou l'intérêt. Mais, dira Helvétius, il ne faut pas être dupe de l'apparence ; il faut se rendre compte des intentions. Assurément ; mais, en s'appliquant à ne pas être trompé par les autres, il ne faut pas se tromper soi-même en imposant aux actions humaines des interprétations systématiques en contradiction avec leurs caractères manifestes. Si dans l'obscurité du cœur humain le champ est ouvert à toutes les interprétations, il en est pourtant qui répugnent invinciblement à la raison. Le genre humain a toujours cru à l'héroïsme de Décius, qui, pour ramener la victoire sous les drapeaux de Rome, se dévoue aux dieux infernaux ; de Régulus, qui s'arrache à sa famille et à sa patrie pour aller chercher à Carthage une mort affreuse ; de d'Assas, qui, sous la pointe des baïonnettes, s'écrie : « A moi, Auvergne ; ce sont les ennemis ! » D'âge en âge, le genre humain a célébré ces grands actes de vertu ; il n'a jamais pu croire, quoi qu'en aient dit les sophistes de tous les temps, qu'un calcul d'intérêt ait engendré de pareils sacrifices ; il n'a jamais souffert qu'on transformât ses héros et ses martyrs en marchands habiles¹.

La vertu frappe surtout le genre humain quand elle brille sur un théâtre éclatant. Mais, grâce à Dieu, elle est de toutes les conditions ; et elle est souvent d'autant plus sublime qu'elle est plus obscure. Sans aller chercher au loin d'héroïques exemples, on ne peut faire un pas dans la vie sans y rencontrer quelque acte de vertu.

¹ Sur l'impossibilité d'expliquer l'héroïsme par les métamorphoses de l'intérêt, quel qu'il soit, voyez ibid., la XII° leçon, De la Morale de l'intérêt.

Et il faut bien qu'il en soit ainsi; car la société ne se conserve et ne se développe qu'à cette condition que le nombre des gens de bien soit plus considérable que celui des méchants, que la justice l'emporte sur l'injustice, la probité sur la fraude, la loyauté sur le mensonge, la générosité sur l'égoïsme. De sorte que l'honnêteté, qui paraissait d'abord une exception, quand on y regarde de près, est réellement le fond même de la société, et que l'exception vraie c'est le crime. L'âme humaine succombe, il est vrai, aux trop difficiles épreuves; mais, à part les situations périlleuses, dans le courant de la vie, que d'actes de justice et de bonté ne s'accomplissent tous les jours, qui témoignent des instincts généreux de l'humanité !

Après avoir interrogé l'opinion du genre humain, je m'interroge moi-même, et, rentrant dans ma conscience, je me rends compte de mes jugements et de mes actes. J'aime à faire ce qui m'est utile ; je répugne à faire ce qui peut me nuire, cela est certain. Mais n'y a-t-il pas des actes que ma raison déclare bons alors même qu'ils me sont nuisibles, et d'autres qu'elle proclame mauvais, bien qu'ils me soient utiles? Ne m'impose-t-elle pas en même temps l'obligation de faire les premiers et de m'abstenir des seconds? Je puis résister à la raison qui m'oblige sans me contraindre ; mais, alors même que je résiste à la raison, je sens qu'elle pèse sur ma conscience de tout le poids de son autorité méconnue, et qu'elle me punit par le remords des fautes que la passion arrache à ma volonté. Je crois donc au devoir aussi bien que le genre humain. Que chaque homme fasse la même expérience, il trouvera au fond de son âme le même sentiment et la même foi.

Helvétius insiste et dit : C'est parce que vous ne poussez pas assez loin l'analyse du cœur humain que vous parlez de vertu et de dévouement. Creusez plus avant et vous trouverez l'intérêt au fond de toute action prétendue vertueuse. Il se cache sous des apparences qui séduisent et qui trompent. Il se transforme et devient tour à tour amour de la gloire, espoir d'une vie future, goût délicat des plaisirs de l'esprit ou des jouissances morales. Nous aimons à nous faire illusion à nous-mêmes, et si nous sondions les plus secrets replis de notre cœur, nous verrions que nos intentions ne sont pas aussi pures qu'elles le paraissent. Je répondrai à Helvétius : Eh! mon Dieu, il est certain que les hommes ne sont pas des anges. Leurs actions sont très-mêlées, et cependant je soutiens qu'il y en a qu'il est absurde, qu'il est impossible d'expliquer par l'intérêt. J'ai souvent présenté l'hypothèse d'un homme jeune, riche, beau, plein de force, se dévouant à une mort obscure [1] pour une sainte cause. Par quel artifice d'analyse Helvétius réduira-t-il ce sacrifice absolu et ignoré à un calcul d'égoïsme? Pourtant il l'essayera et me demandera si cet homme croit à une vie future. S'il y croit, ne fait-il pas un heureux calcul en sacrifiant une existence bornée et souvent misérable à l'espoir d'un bonheur éternel? Mais, s'il n'y croit point, dirai-je à Helvétius, que devient votre explication? Zénon, Spinoza, Hume et beaucoup d'autres n'at-

---

[1] Premiers Essais, cours de 1817, p. 281; du Vrai, du Beau et du Bien, leç. xvie, p. 415.

tendaient rien d'une vie à venir, et cependant ils cultivèrent la vertu. Je vais plus loin, je prétends que la croyance à l'immortalité de l'âme implique la notion du devoir, et que s'il n'existe pour un homme d'autre règle que l'intérêt, il n'a pas le droit de faire le calcul qu'Helvétius attribue au martyr d'une bonne cause. En effet, pourquoi croit-il à une autre vie? parce qu'il y a un Dieu, et un Dieu juste. Pourquoi croit-il à un Dieu juste? parce qu'il transporte dans un autre monde l'idée de justice qu'il a recueillie dans sa conscience. Supprimez la notion de justice dans la conscience, il n'y a plus ni mérite, ni démérite, ni ici-bas ni ailleurs; Dieu n'est plus pour l'homme le principe même de la justice, qui punit le mal et récompense le bien : il n'est que la cause de l'univers.

Au reste, ce genre de calcul n'était guère du goût d'Helvétius; il explique bien plus volontiers les actions humaines par un intérêt physique ou moral qui puisse être satisfait dans les limites de cette vie. Il a senti que beaucoup d'actions échappaient à un calcul d'intérêt matériel; aussi a-t-il fait intervenir les intérêts moraux, le désir de l'estime, l'amour de la gloire.

Le désir de l'estime est sans contredit un motif d'action très-puissant, et la satisfaction de ce désir est un des plus délicieux plaisirs que l'homme puisse éprouver[1]. Mais l'estime suppose, et dans celui qui l'éprouve et dans celui auquel elle s'adresse, la notion du juste et de l'honnête, du mérite et du démérite. On n'estime pas

---

[1] Sur les idées morales que suppose le désir de l'estime, voyez DU VRAI, DU BEAU ET DU BIEN, leç. XI*, *Premières données du sens commun*, p. 264, etc.

un homme pour son habileté à bien connaître et à bien suivre son intérêt; on l'estime pour quelque vertu qui est supposée en lui et à laquelle l'estime est naturellement attachée. Si je fais telle action par vanité et seulement pour paraître estimable, je n'ai aucun droit à l'estime et j'ai conscience que je n'y ai aucun droit. Je ne puis donc jouir dans mon cœur, avant ou après l'action, d'une récompense que je sais ne pas mériter. Mais, dira-t-on, tout en sachant que vous n'en êtes pas digne, vous espérez tromper la société par un faux semblant d'héroïsme; vous jouirez de l'estime qu'elle aura attachée, à tort, il est vrai, à votre action. Soit; mais, si je m'efforce d'obtenir l'estime des autres, je suppose donc en eux ce qui n'est pas en moi, à savoir, l'idée de justice et de mérite, sans laquelle il n'y a pas d'estime possible.

J'en dirai autant de l'amour de la gloire, qui n'est que le désir de l'estime transporté sur un plus vaste théâtre.

On a poussé le raffinement de l'esprit de système jusqu'à tenter de faire rentrer la jouissance de la bonne conscience dans le principe de l'intérêt. Il y a des actions, a-t-on dit, dont l'accomplissement entraîne un plaisir moral très-vif; il y en a d'autres qu'on ne fait jamais sans ressentir une douleur amère; ce plaisir s'appelle la satisfaction d'une bonne conscience; cette douleur est le remords. L'homme de bien agit de manière à éprouver l'une et à ne pas éprouver l'autre. Sa vertu n'est donc encore qu'un calcul, et un calcul d'autant plus habile, qu'il ne trompe jamais. Ce raisonnement est un sophisme. Le remords, comme la satisfaction de la conscience, atteste la croyance au juste et à l'injuste. Pourquoi telle action me fait-elle éprouver la souffrance du remords, sinon parce que je la juge moralement mauvaise? Comment telle autre action me causerait-elle quelque jouissance, si je ne la croyais moralement bonne? Quand j'ai fait une bonne action dans un but qui m'est personnel, cette action est toujours bonne, matériellement parlant ; mais je n'éprouve pas le plaisir exquis que donne une action désintéressée; car ce plaisir est attaché au sentiment du mérite, et le mérite est tout entier dans l'accomplissement désintéressé de la loi morale. Ainsi le calcul n'est pas ici de mise et il tourne contre lui-même; en cherchant le plaisir, on le manque : on ne le recueille qu'en le méritant sans l'avoir cherché.

L'étude de nos jugements moraux nous fait donc connaître qu'il y a pour nous une loi différente de l'intérêt personnel et qui en exige souvent le sacrifice; et dans la conduite de l'homme nous rencontrons des actions qui ne peuvent s'expliquer ni par un intérêt matériel ni par un intérêt moral.

IV° Il ne suffit pas d'avoir montré qu'en fait l'homme possède d'autres motifs d'agir que l'intérêt et l'égoïsme, il faut achever cette réfutation de la morale sensualiste en établissant que la règle qu'elle nous propose n'est ni une véritable règle morale ni un bon guide dans la conduite de la vie.

La règle de nos actions, dans le système de l'intérêt, peut s'énoncer ainsi : Faire seulement ce qui nous est utile. C'est là peut-être un excellent conseil à suivre, ce n'est pas une loi qui commande l'obéissance. Rien ne m'oblige à faire ce qui m'est utile; si je ne le fais pas, je manque peut-être de prudence, mais je ne suis point criminel. La règle de l'utile n'est donc pas une règle obligatoire; et par conséquent ce n'est pas une règle véritable.

Helvétius a cru donner à la morale une base certaine en l'appuyant sur l'intérêt[1]; mais il est loin d'avoir réussi. Dans la doctrine de l'intérêt, tout homme cherche l'utile, mais il n'est pas sûr de l'atteindre. Il peut, à force de prudence et de combinaisons profondes, accroître en sa faveur les chances de succès; il est impossible qu'il n'en reste pas quelques-unes contre lui; il ne poursuit donc jamais qu'un résultat probable. Au contraire, dans la doctrine du devoir, je suis toujours sûr d'atteindre le dernier but que je me propose, le bien moral. Je hasarde ma vie pour sauver mon semblable; si, par malheur, je manque ce but, il en est un autre qui ne m'échappe pas, qui ne peut pas m'échapper : j'ai voulu le bien, j'ai fait le bien. Le bien moral, étant surtout dans l'intention vertueuse, est toujours en mon pouvoir et à ma portée; quant au bien matériel qui peut résulter de l'action elle-même, la Providence seule en dispose absolument. Félicitons-nous qu'elle ait placé notre destinée morale entre nos mains, en la faisant dépendre du bien et non de l'utile. La volonté, pour agir dans les épreuves pénibles de la vie, a besoin d'être soutenue par la certitude. Qui serait, par exemple, disposé à donner son sang

---

[1] Sur la morale de l'intérêt, voyez DU VRAI, DU BEAU ET DU BIEN, leç. XII°.

pour un but incertain? Le succès est un problème compliqué qui, pour être résolu, exige toute la puissance du calcul des probabilités. Quel travail et quelles incertitudes entraîne un pareil calcul! Le doute est une bien triste préparation à l'action. Mais, quand on se propose avant tout de faire son devoir, on agit sans aucune perplexité. Fais ce que dois, advienne que pourra, est une devise qui ne trompe pas. Avec un tel but, on est assuré de ne pas le poursuivre en vain. Si ma vertu demeure stérile, si elle est ignorée de mes semblables, en tout cas elle n'a point échappé au regard de ma conscience, qui m'en récompense par un sentiment délicieux. Mais dans le système de l'intérêt, si, en poursuivant l'utile, je le manque, que me reste-t-il pour me consoler des douleurs du sacrifice et pour soutenir ma vertu ébranlée par le malheur?

V° Il s'en faut qu'il y ait une contradiction naturelle entre le bien et l'utile; mais ces deux choses sont toujours distinctes, et là même où elles se rencontrent et semblent se confondre, c'est le bien qui, étant absolu de sa nature, sera le principe et non pas la conséquence de l'utile. Lors donc qu'Helvétius identifie le bien et l'utile et qu'il donne l'utile comme le principe du bien, il tombe dans une erreur profonde : il identifie ce qu'il faut distinguer, et, par un renversement de l'ordre, il mesure le bien par l'utile, quand c'est plutôt le bien qui est la mesure de l'utile, selon Socrate et Platon [1]. Il

---

[1] Nous aussi nous avons fait voir qu'en général, mais non pas absolument, notre intérêt le plus certain est dans la vertu, DU VRAI, DU BEAU ET DU BIEN, leç. XVI°, *Dieu principe de l'idée du bien*, p. 413, etc.

y a mille manières d'entendre l'utile; il faut distinguer plusieurs espèces d'utilité, tandis que le bien est un et le devoir uniforme. Par exemple, ce qui est utile à ma sensibilité peut ne l'être pas à mon intelligence; ce qui est utile à ma fortune ne l'est pas à mon ambition ou à ma gloire; ce qui m'est utile dans la solitude et loin du commerce de mes semblables peut me devenir nuisible si je vis dans la société. Pour juger sainement de l'utilité vraie d'une action, il faut que mon esprit se place tout d'abord à un point de vue élevé, au point de vue du bien et de l'ordre en soi. Sur cela j'établis mon propre bien, et je puis ainsi déterminer ce qui me convient véritablement. Mon bien propre, dans ce cas, se confond avec le bien en soi; il ne peut y être contraire, car il en découle. Mais, si je suis la marche inverse, si, au lieu de régler l'utile sur le bien, je veux régler le bien sur l'utile, je m'expose à ne comprendre ni l'un ni l'autre, et à réduire le bien aux petites proportions d'un intérêt variable et fugitif. Jamais les tâtonnements de l'intérêt ne sauraient conduire à une vue claire et distincte du bien. La raison me dit que je fais partie de l'ordre universel; je dois me régler sur cet ordre comme sur un centre immobile, au lieu de troubler l'ordre universel en l'entraînant dans le cercle étroit de mes mouvements particuliers :

Quem te Deus esse
Jussit, et humanâ quâ parte locatus es in re
Disce.

VI° Helvétius, après avoir établi que le bien se réduit à l'utile et la vertu à l'intérêt, en conclut fort logiquement que le moraliste et le législateur doivent faire appel à l'intérêt. Mais si, comme nous l'avons démontré, ce n'est pas l'utile qui est le principe du bien, mais le bien qui est le principe de l'utile, il faut que le législateur en appelle sans cesse au bien, à l'ordre moral, qui est toujours l'intérêt général, mais nullement l'intérêt privé. Il n'est pas vrai que l'intérêt privé trouve nécessairement son compte dans l'intérêt général ; au contraire, il est vrai que l'intérêt général exige souvent le sacrifice de certains intérêts privés. Si donc le législateur veut l'ordre dans la société, qu'il n'éveille dans l'âme des citoyens que le sentiment du bien public. L'exaltation de l'intérêt individuel n'a jamais produit que l'anarchie, le désordre, la misère.

VII° J'arrive au centre et aussi au terme de la doctrine d'Helvétius, à la théorie des passions. D'abord, il n'est point exact, ainsi que le prétend Helvétius, que les passions soient les seuls principes actifs de la nature humaine. Helvétius, comme Condillac, ne sait pas ce que c'est que la vraie activité. Le principe actif par excellence, c'est la volonté. Substituer la passion à la volonté dans l'homme, c'est détruire la liberté. Or, si l'homme individuel n'est pas libre, de quel droit Helvétius demande-t-il la liberté pour les hommes réunis, pour la société ? Quelle chimère que la liberté politique, là où manque la liberté morale ! Un être qui n'est pas libre n'est qu'une chose et non pas une personne : il n'a point de droits, il n'a point de titres légitimes au respect. Toute invocation d'institutions libres pour des êtres qui ne le sont pas est la contradiction la plus choquante qui fut jamais. Le despotisme est le seul gouvernement fait pour des créatures qui n'ont pas reçu la liberté en partage. Voilà la seule politique à laquelle conduise le système d'Helvétius Ses déclamations contre le despotisme sont autant d'inconséquences; elles sont même ridicules dans un livre où l'on professe complaisamment cette maxime : que tout homme désire naturellement d'être despote, *Discours* III, chap. XVII, sans montrer en même temps dans l'âme humaine, à côté de ce désir, des désirs opposés tout aussi naturels. A ce compte, le despote ne fait que suivre très-légitimement le vœu de la nature ; et l'homme égaré, c'est Marc-Aurèle qui résiste à la nature, pour n'avoir pas connu la philosophie de la sensation et la morale de l'intérêt.

Helvétius, qui célèbre sans cesse la puissance des passions, n'a pas connu la racine des passions généreuses, de la sympathie, de la bienveillance, de l'admiration, de l'indignation, du désir de l'estime, du désir de la gloire, du désir de l'immortalité de son nom. Il n'a pas même soupçonné ce qu'il y a de grandeur cachée au fond de ces sentiments obscurs, compliqués, dignes d'une meilleure analyse[1]. Il reproduit la théorie usée de l'auteur des *Maximes*, substitue des déclamations de jeune homme aux observations malignes du vieux courtisan, des tableaux d'un coloris équivoque, et une plume parfois brillante mais ordinairement inhabile et commune, à ce style d'une distinction incomparable, simple, net et vigoureux, reflet fidèle ou plutôt modèle

---

[1] Peut-être la trouvera-t-on dans la leç. XI° DU VRAI, DU BEAU ET DU BIEN.

accompli du langage qui se parlait dans la bonne compagnie du dix-septième siècle[1]. Je ne viens pas défendre les passions contre la fausse et systématique analyse d'Helvétius, mais il en est une sur laquelle il revient sans cesse, à laquelle il ramène la plupart des autres passions, et qu'il a calomniée en la peignant seulement par ses côtés vulgaires : c'est l'amour. Assurément l'amour tient de toutes parts à la sensibilité physique; qui peut en douter? Ce besoin devait être le plus impérieux, et le plaisir que sa satisfaction procure devait être le plus grand, puisque c'est à lui qu'est attachée la durée de l'espèce humaine. Mais ce n'est là que l'enveloppe grossière de l'amour ; elle couvre les plus admirables phénomènes de l'esprit et de l'âme. Par exemple, l'amour suppose le jugement absolument désintéressé de la beauté de son objet[2]. On juge que telle personne est belle, sans aucun rapport à soi, et uniquement parce que cette personne paraît belle; on l'aime ensuite parce qu'elle est digne d'être aimée. Le besoin et le désir de la possession, surtout de la possession matérielle, ne viennent qu'après. L'amour finit par la possession, il commence par une admiration désintéressée; il survit au plaisir, et il le précède : il n'est donc pas ce plaisir seul.

J'en dirai autant de l'amitié. L'amitié est aussi un besoin, un besoin du cœur, et sous ce rapport elle a né-

---

[1] Sur la Rochefoucauld, considéré comme écrivain, voyez LA JEUNESSE DE MADAME DE LONGUEVILLE, troisième édition, Appendice, p. 467; et surtout MADAME DE SABLÉ, chap. II.

[2] Sur le jugement, le sentiment et l'amour du beau, voyez le livre déjà cité, VI° et VII° leç.

cessairement quelque chose de personnel; mais qu'y a-t-il de personnel dans le jugement que nous portons sur le mérite et l'excellence de notre ami? C'est là pourtant le fondement primitif de l'amitié. Une fois établie, elle engendre des obligations réciproques, elle devient un devoir, et par là s'épure et s'élève encore.

Mais, quand je ne verrais dans l'amour, dans l'amitié, dans la sympathie, dans toutes les affections de nature, qu'un besoin, et le sentiment de bonheur qui résulte de ce besoin lorsqu'il est satisfait, devrais-je en conclure, comme le fait Helvétius, que ces passions sont essentiellement égoïstes? Il semble que l'égoïsme est la tendance à tout rapporter et à tout sacrifier à soi, que l'orgueil et la vanité sont des passions égoïstes parce qu'elles concentrent toute action, tout sentiment et toute pensée dans la sphère de notre personnalité, mais qu'il n'en est pas de même de l'amour, de l'amitié, de la sympathie; il semble que les passions qui rapprochent les hommes n'ont rien de commun avec celles qui les divisent. Et pourquoi donnerait-on à des phénomènes si dissemblables un même principe, le principe de l'égoïsme? Parce que toute passion est un besoin de l'âme humaine? Mais à ce compte tout sentiment est égoïste, même l'amour de Dieu et celui des hommes, car l'un et l'autre sont des besoins pour certaines âmes. Il est difficile de taxer d'égoïsme l'acte d'un père qui, par une tendresse instinctive et un besoin généreux, se dévoue pour son fils, d'un fils qui se dévoue pour son père, d'un ami pour son ami. La société, qui a toujours combattu l'égoïsme, parce qu'elle sait qu'elle n'a pas de plus mortel ennemi, a sans cesse honoré et encouragé l'amitié, l'amour, la sympathie et toutes les passions qui unissent les hommes.

En résumé, le livre de l'*Esprit* est un livre assez médiocre, où le talent est remplacé par la hardiesse, et où la hardiesse est souvent poussée jusqu'aux plus tristes délires.

Dès qu'il parut, en 1758, il souleva une tempête. Le parlement, la Sorbonne, l'archevêque de Paris, condamnèrent et prohibèrent l'ouvrage. L'auteur se rétracta, et même plusieurs fois. Dans un premier désaveu adressé à un père jésuite, se trouve ce passage curieux : « J'ai beaucoup lu, j'ai beaucoup médité Locke : son système ne me pouvait paraître suspect ; je ne pouvais m'en défier ni le supposer dangereux, le voyant enseigné par de bons maîtres dans des écoles très-orthodoxes. Pénétré des principes de ce philosophe, j'ai cru pouvoir en tirer toutes les inductions qui se présenteraient à moi... » Ce premier désaveu n'ayant pas paru suffisant, Helvétius en fit un second tout autrement catégorique, et conçu dans des termes qui durent coûter beaucoup à sa conscience ou à sa vanité. Il lui fallut dire : « Je reconnais ma faute dans toute son étendue, et je l'expie par le plus amer repentir... Je souhaite qu'ils sachent (tous ceux qui ont eu le malheur de lire son ouvrage) que, dès qu'on m'en a fait apercevoir la licence et le danger, je l'ai aussitôt désavoué, proscrit, condamné, et j'ai été le premier à en désirer la suppression. » Il déclare qu'il fait gloire de soumettre au christianisme « toutes ses pensées, toutes ses opinions et toutes les facultés de son être. » C'était aller bien loin et acheter bien cher son repos; car, pour la vie et la fortune, il n'y avait rien à craindre en gardant un noble silence. Helvétius signa donc cette seconde rétractation, sauf à préparer en paix et au sein d'une retraite opulente le livre de l'*Homme*, plus violent encore que celui de l'*Esprit*: admirable fidélité au principe de la vraie morale, que les actions sont en elles-mêmes indifférentes, et que l'unique règle à suivre est l'intérêt!

D'ailleurs, le siècle de Louis XV se reconnut dans l'ouvrage d'Helvétius, et on prête à madame du Deffant ce mot fin et profond : « C'est un homme qui a dit le secret de tout le monde. »

Il y eut pourtant quelques âmes qui osèrent penser qu'Helvétius n'avait pas dit leur secret. Voltaire lui-même, tout en couvrant la retraite en sa qualité de chef de parti, en se moquant du réquisitoire d'Omer de Fleury, en faisant un éloge vague et général du livre de l'*Esprit* dans ses lettres à l'auteur, et en lui écrivant de Ferney :

> Vos vers semblent écrits par la main d'Apollon ;
> Vous n'en aurez pour prix que ma reconnaissance.
> Votre livre est dicté par la saine raison :
>   Partez vite, et quittez la France [1].

Voltaire, quand l'orage est passé, n'hésite pas à blâmer le livre et à donner à l'auteur d'excellents conseils et sur ses vers [2] et aussi sur ses écrits et ses opi-

---

[1] Édit. Beuchot, t. LVII, p 645.
[2] Helvétius, qui avait ambitionné tous les genres de célébrité, après avoir dansé à l'Opéra sous le masque du plus fameux danseur du temps,

nions philosophiques. Il défend la langue et le goût contre le poëte, la liberté et Dieu contre le philosophe.

« Il me semble [1] que, dans tous les systèmes, Dieu peut avoir accordé à l'homme la faculté de choisir quelquefois entre des idées... Je vous avouerai qu'après avoir erré bien longtemps dans ce labyrinthe, après avoir cassé mille fois mon fil, j'en suis revenu à dire que le bien de la société exige que l'homme se croie libre. Nous nous conduisons tous suivant ce principe ; et il me paraîtrait un peu étrange d'admettre dans la pratique ce que nous rejetterions dans la spéculation. Je commence, mon cher ami, à faire plus de cas du bonheur de la vie que d'une vérité ; et, si malheureusement le fatalisme était vrai, je ne voudrais pas d'une vérité si cruelle. Pourquoi l'Être souverain, qui m'a donné un entendement qui ne peut se comprendre, ne m'aurait-il pas donné aussi un peu de liberté ? Nous aurait-t-il trom-

---

avait aussi écrit des vers, des *Epitres*, et un poëme sur le *Bonheur*, publié depuis par l'auteur du poëme des *Saisons*. Voyez plus bas, la leç. v° sur saint Lambert.

[1] Édit. Beuchot, t. LIII, p. 253. Voltaire est bien autrement sévère après la mort d'Helvétius. DICTIONNAIRE PHILOSOPHIQUE, art. *Homme*, édit. B., t XXX, p. 236 : « J'aimais l'auteur du livre de *l'Esprit*... mais je n'ai jamais approuvé ni les erreurs de son livre ni les vérités triviales qu'il débite avec emphase. » *Ibid.*, art. *Quisquis*, édit. B., t. XXXII, p. 64 : « ... Ce n'est point parce que les singes ont les mains différentes de nous qu'ils ont moins de pensées, car leurs mains sont comme les nôtres. . Il est faux autant que déplacé de dire que la Lecouvreur et Ninon aient eu autant d'esprit qu'Aristote et Solon... Il est faux qu'on devienne stupide dès qu'on cesse d'être passionné ; car, au contraire, une passion violente rend l'âme stupide sur tous les autres objets. Il est faux que tous les hommes soient nés avec les mêmes talents, car dans toutes les écoles des arts et des sciences, tous ayant les mêmes maîtres, il y en a toujours très-peu qui réussissent. Enfin cet ouvrage... est un peu confus, il manque de méthode et il est gâté par des contes indignes d'un livre de philosophie. »

pés tous ? Voilà des arguments de bonne femme. Je suis revenu au sentiment, après m'être égaré dans le raisonnement.....

« Je crois que la matière aurait, indépendamment de Dieu, des rapports nécessaires à l'infini ; j'appelle ces rapports aveugles, comme rapports de lieu, de distance, de figure, etc.; mais pour des rapports de dessein, je vous demande pardon : il me semble qu'un mâle et une femelle, un brin d'herbe et sa semence, sont des démonstrations d'un être intelligent qui a présidé à l'ouvrage. Or, de ces rapports de dessein, il y en a à l'infini. »

J'aime à citer ces lignes écrites dans l'intimité, et qui contiennent les vrais sentiments de Voltaire ; elles forment un heureux contraste avec la philosophie de Candide. Espérons donc que ce triste livre n'exprime qu'une impression passagère, un de ces moments d'humeur qu'aura traversé Voltaire lorsqu'il errait, comme il le dit, dans le labyrinthe du problème de la liberté.

A ce témoignage non suspect de Voltaire, nous en joindrons deux autres plus considérables en pareille matière, ceux de Rousseau et de Turgot.

Quand le livre de l'*Esprit* parut aux applaudissements d'un parti égaré, Rousseau, indigné, prit la plume pour défendre la nature humaine et la morale éternelle ; mais, lorsqu'il vit que la Sorbonne et le parlement s'en mêlaient, il supprima ce qu'il avait écrit[1]. Quelques

---

[1] C'est lui-même qui nous apprend cela dans la lettre à M. Davenport, du 7 février 1767. Il avait commencé à écrire des notes critiques aux marges d'un exemplaire de l'édition in-4° que lui avait donné Helvétius. On

années après, en 1764, toute apparence de persécution étant dissipée, il rencontra dans l'*Émile* une occasion naturelle de répondre à Helvétius. En effet, n'est-il pas évident que c'est à Helvétius et à l'école alors régnante que s'adressent ces admirables passages de la profession de foi du *Vicaire savoyard*?

Émile, livre IV : « Apercevoir, c'est sentir ; comparer, c'est juger ; juger et sentir ne sont pas la même chose [1].

« On nous dit [2] que l'être sensitif distingue les sensations les unes des autres par les différences qu'ont entre elles ces mêmes sensations. Quand les deux sensations à comparer sont aperçues, leur impression est faite, chaque objet est senti, les deux sont sentis ; mais leur rapport n'est pas senti pour cela [3]. Si le jugement de ce rapport n'était qu'une sensation et me venait uniquement de l'objet, mes jugements ne me tromperaient jamais, puisqu'il n'est jamais faux que je sente ce que je sens. Pourquoi donc est-ce que je me trompe sur le rapport de ces deux bâtons ? Pourquoi dis-je que le petit bâton est le tiers du grand, tandis qu'il n'en est que le quart ? C'est que je suis actif quand je juge, que l'opération qui compare est fautive, et que mon entendement qui juge les rapports mêle ses erreurs à la vérité des sensations qui ne montrent que les objets. »

---

trouvera ces notes au t. X de l'excellente édition de Rousseau par M. Musset Pathay.

[1] Voyez plus haut, p. 132, les maximes contraires du livre de l'*Esprit*.
[2] *Ibid.*
[3] Cette distinction lumineuse est déjà tout entière dans les notes marginales, édit. de Rousseau, t. X, p. 190.

Helvétius, de peur d'accorder à l'homme un privilége sur les autres êtres, avait avancé qu'il n'était pas démontré que les corps fussent privés de sentiment [1]. Écoutons la réponse de Rousseau : « L'idée de la matière sentant sans avoir des sens me paraît inintelligible et contradictoire..... Quand un philosophe viendra me dire que les arbres sentent et que les rochers pensent, je ne vois en lui qu'un sophiste de mauvaise foi, qui aime mieux donner le sentiment aux pierres que d'accorder une âme à l'homme. » Et en note : « Il me semble que loin de dire que les rochers sentent, la philosophie moderne a découvert que les hommes ne pensent point. Elle ne reconnaît plus que des êtres sensitifs dans la nature..... S'il est vrai que toute matière sente, où concevrais-je l'unité sensitive ? Sera-ce dans chaque molécule de matière ou dans des corps agrégatifs ?... L'attraction [2] peut être une loi de la nature dont le mystère nous est inconnu ; mais nous concevons au moins que l'attraction, agissant selon les masses, n'a rien d'incompatible avec l'étendue et la divisibilité. Concevez-vous la même chose du sentiment? Les parties sensibles sont étendues, mais l'être sensitif est indivisible et un ; l'être sensitif n'est donc pas un corps.

« Nul être matériel n'est actif par lui-même, et moi je le suis. On a beau me disputer cela, je le sens, et ce sentiment qui me parle est plus fort que la raison qui le combat. J'ai un corps sur lequel les autres agissent, et

---

[1] Plus haut, p. 156.
[2] Allusion évidente à une phrase d'Helvétius empruntée à Locke, plus haut, p. 156.

qui agit sur eux ; cette action réciproque n'est pas douteuse, mais ma volonté est indépendante de mes sens; je consens ou je résiste, je succombe ou je suis vainqueur, et je sens parfaitement en moi-même quand je fais ce que j'ai voulu faire, ou quand je ne fais que céder à mes passions. J'ai toujours la puissance de vouloir, non la force d'exécuter[1]. Quand je me livre aux tentations, j'agis selon l'impression des objets internes. Quand je me reproche cette faiblesse, je n'écoute que ma volonté; je suis esclave par mes vices et libre par mes remords; le sentiment de ma liberté ne s'efface en moi que quand je me déprave et que j'empêche enfin la voix de l'âme de s'élever contre la voix du corps..... Ce n'est pas le mot de liberté qui ne signifie rien[2], c'est celui de nécessité. Supposer quelque acte, quelque effet qui ne dérive pas d'un principe actif, c'est vraiment supposer des effets sans cause; c'est tomber dans ce cercle vicieux : ou il n'y a point de première impulsion, ou toute première impulsion n'a nulle cause extérieure, et il n'y a point de véritable volonté sans liberté. »

Helvétius avait nié toute différence entre l'homme et l'animal, sauf un détail d'organisation physique[3]. Rousseau l'accable sous cette apostrophe célèbre :

« Quoi ! je puis observer, connaître les êtres et leurs rapports ; je puis sentir ce que c'est qu'ordre, beauté, vertu; je puis contempler l'univers, m'élever à la main

---

[1] Distinction que le bon sens de Rousseau a d'avance dérobée à notre métaphysique. Voyez plus haut, leç. 1re, p. 34.

[2] Plus haut, p. 134 : « On ne peut donc se former une idée de ce mot de liberté... »

[3] Plus haut, p. 133

qui le gouverne; je puis aimer le bien, le faire, et je me comparerais aux bêtes! Ame abjecte, c'est ta triste philosophie qui te rend semblable à elle ! Ou plutôt tu veux en vain t'avilir; ton génie dépose contre tes principes; ton cœur bienfaisant dément ta doctrine, et l'abus même de tes pensées prouve leur excellence en dépit de toi! »

N'est-ce point cette déplorable doctrine qui est ici énergiquement flétrie?

« Il est au fond des âmes un principe inné de justice et de vertu sur lequel nous jugeons nos actions et celles d'autrui comme bonnes ou mauvaises, et c'est à ce principe que je donne le nom de conscience. Mais à ce mot j'entends s'élever de toutes parts la clameur des prétendus sages : erreurs de l'enfance, préjugés de l'éducation ! s'écrient-ils tous de concert. Il n'y a rien dans l'esprit humain que ce qui s'y introduit par l'expérience, et nous ne jugeons d'aucune chose que sur des idées acquises. Ils font plus : cet accord évident et universel de toutes les nations, ils l'osent rejeter; et contre l'éclatante uniformité du jugement des hommes, ils vont chercher dans les ténèbres quelque exemple obscur et connu d'eux seuls[1], comme si tous les penchants de la nature étaient anéantis par la dépravation d'un peuple, et que sitôt qu'il est des monstres l'espèce ne fût plus rien..... Chacun, dira-t-on[2], concourt au bien public par son intérêt; mais d'où vient donc que le juste y concourt à son préjudice? Qu'est-ce qu'aller à la mort pour son intérêt?

[1] Partout dans le livre de l'*Esprit*.
[2] Plus haut, p. 137, etc.

Sans doute nul n'agit que pour son bien; mais, s'il n'est un bien moral dont il faut tenir compte, on n'expliquera jamais par l'intérêt propre que les actions des méchants. Ce serait une trop abominable philosophie que celle où l'on serait embarrassé des actions vertueuses, où l'on ne pourrait se tirer d'affaire qu'en controuvant des intentions basses et des motifs sans vertu, où l'on serait forcé d'avilir Socrate et de calomnier Régulus..... Il faut distinguer nos idés acquises de nos sentiments naturels. Comme nous n'apprenons point à vouloir notre bien et à faire notre mal, mais que nous tenons cette volonté de la nature, de même l'amour du bon et la haine du mauvais nous sont aussi naturels que l'amour de nous-mêmes..... Quelle que soit la cause de notre être, elle a pourvu à notre conservation en nous donnant des sentiments convenables à notre nature, et l'on ne saurait nier qu'au moins ceux-là ne soient innés. Mais si, comme on n'en peut douter, l'homme est sociable par sa nature, ou du moins fait pour le devenir, il ne le peut être que par d'autres sentiments innés relatifs à son espèce..... C'est du système moral, formé par ce double rapport à soi-même et à ses semblables, que naît l'impulsion de la conscience..... Conscience, conscience! instinct divin, immortelle et céleste voix, guide assuré d'un être ignorant et borné, mais intelligent et libre, juge infaillible du bien et du mal, qui rends l'homme semblable à Dieu, c'est toi qui fais l'excellence de sa nature et la moralité de ses actions; sans lui, je ne sens rien en moi qui m'élève au-dessus des bêtes, que le triste privilége de m'égarer d'erreur en erreur à l'aide d'un entendement sans règle et d'une raison sans principes[1]. »

Il me reste à invoquer l'opinion moins connue d'un homme très-inférieur à Rousseau par l'éloquence et le style, mais qui le surpasse bien par les lumières générales et par la raison. Je veux vous lire une lettre trop peu connue de Turgot, où l'un des hommes les plus éclairés et les plus vertueux qui furent jamais, s'épanchant dans le sein d'un ami, exprime sans déguisement le mépris que lui inspire le succès honteux du livre d'Helvétius. Turgot, comme Rousseau, ne s'appuie guère, il est vrai, que sur le sentiment; mais c'est par le sentiment que le sens commun se fait jour et proteste contre les égarements d'une fausse philosophie. N'oubliez pas que ce n'est plus un grand écrivain que vous allez entendre, mais des fragments d'une lettre négligée et confidentielle qui n'était pas faite pour le public.

A Monsieur de Condorcet, sur le livre de l'Esprit[2].

De Limoges.

« Comme je ne crois pas, monsieur, que vous fassiez jamais un livre de philosophie sans logique, de littérature sans goût, et de morale sans honnêteté, je ne vois

---

[1] Il y a dans les notes marginales bien d'autres réponses directes et spéciales à Helvétius. Nous ne les connaissions pas en 1819, et nous les recommandons au lecteur. — Voyez notre écrit : *Philosophie populaire, suivie de la première partie de la profession de foi du Vicaire Savoyard, sur la morale et la religion naturelle, avec un Appendice sur le style de Rousseau.* 3ᵉ édit., 1849.

[2] *Œuvres de Turgot*, t. IX, p. 288. Comparez la philosophie générale de cette lettre avec celle que nous avons déjà signalée dans l'article *Existence*, PREMIERS ESSAIS, p. 140, etc.

pas que la sévérité de mon jugement puisse vous effrayer...

« Il fait consister tout l'art des législateurs à exalter passions, à présenter partout le tableau de la volupté comme le prix de la vertu, des talents et surtout de la bravoure, car on dirait qu'il ne voit de beau que les conquêtes.....

« Je conviens avec vous que ce livre est le portrait de l'auteur. Mais ôtez ce mérite et celui de quelques morceaux écrits avec une sorte d'éloquence poétique assez brillante, quoique ordinairement mal amenée et le plus souvent gâtée par quelques traits de mauvais goût, j'avoue que je ne lui en vois guère d'autres. Il me paraît écrit et fait avec la même incohérence qui était dans la tête d'Helvétius. Malgré un appareil affecté de définitions et de divisions, on n'y trouve pas une idée analysée avec justesse, pas un mot défini avec précision. Même dans les bons mots dont il a farci son ouvrage, il est rare que le trait ne soit manqué ou gâté par de fausses applications et des paraphrases qui en émoussent toute la finesse ou l'énergie. On prétend qu'il a dit le secret de bien des gens. Je suis fâché qu'il ait dit celui de madame de Boufflers. J'avais toujours cru que ce mot était de madame du Deffant, à laquelle il paraissait appartenir de droit.

« Je sais qu'il y a beaucoup de passablement honnêtes gens qui ne le sont qu'à la manière ou d'après les principes du livre de l'*Esprit*, c'est-à-dire d'après un calcul d'intérêt. J'ai sur cela plusieurs choses à remarquer. Pour que ce fût un mérite dans ce livre, il faudrait que l'auteur se fût attaché à prouver que les hommes ont un intérêt véritable à être honnêtes gens, ce qui était facile; mais il semble continuellement occupé à prouver le contraire. Il répand à grands flots le mépris et le ridicule sur tous les sentiments honnêtes et sur toutes les vertus privées. Par la plus lourde et la plus absurde des erreurs en morale et même en politique, il veut faire regarder ces vertus comme nulles, pour ne vanter que de prétendues vertus publiques beaucoup plus funestes aux hommes qu'elles ne peuvent leur être utiles. Partout il cherche à exclure l'idée de justice et de morale. Il confond avec les cagots et les moralistes hypocrites ceux qui s'occupent de ces minuties. Jamais du moins on ne le voit fonder sa morale sur la justice, et il n'y a pas un mot qui tende à prouver que la justice envers tous est l'intérêt de tous, qu'elle est l'intérêt de chaque individu comme celui des sociétés. D'après cette fausse marche et ces très-faux principes, il établit qu'il n'y a pas lieu à la probité entre les nations, d'où suivrait que le monde doit être éternellement un coupe-gorge. Nulle part il ne voit que l'intérêt des nations n'est autre que l'intérêt même des individus qui les composent. Nulle part il ne s'appuie sur une connaissance approfondie du cœur humain; nulle part il n'analyse les vrais besoins de l'homme, qu'il semble ne faire consister que dans celui d'avoir des femmes; il ne se doute nulle part que l'homme ait besoin d'aimer. Mais un homme qui aurait senti ce besoin n'aurait pas dit que *l'intérêt est l'unique principe qui fait agir les hommes.* Il eût compris que, dans le sens où cette proposition est vraie, elle est une puérilité et une abstraction métaphysique d'où il n'y a aucun résultat pratique à tirer, puisque alors elle équivaut à dire que l'homme ne désire que ce qu'il désire. S'il parle de l'intérêt réfléchi, calculé, par lequel l'homme se compare aux autres et se préfère, il est faux que les hommes, même les plus corrompus, se conduisent toujours par ce principe. Il est faux que les sentiments moraux n'influent pas sur leurs jugements, sur leurs actions, sur leurs affections. La preuve en est qu'ils ont besoin d'effort pour vaincre leur sentiment lorsqu'il est en opposition avec leur intérêt; la preuve en est qu'ils ont des remords; la preuve en est que cet intérêt qu'ils poursuivent aux dépens de l'honnêteté est souvent fondé sur un sentiment honnête en lui-même et seulement mal réglé; la preuve en est qu'ils sont touchés des romans et des tragédies, et qu'un roman dont le héros agirait conformément aux principes d'Helvétius leur déplairait beaucoup. Ni nos idées ni nos sentiments ne sont innés, mais ils sont naturels, fondés sur la constitution de notre esprit et de notre âme, et sur nos rapports avec tout ce qui nous environne.

« Je sais qu'il y a des hommes très-peu sensibles et qui sont en même temps honnêtes, tels que Hume, Fontenelle, etc.; mais tous ont pour base de leur honnêteté la justice et même un certain degré de bonté. Aussi reproché-je bien moins à Helvétius d'avoir eu peu de sensibilité que d'avoir cherché à la représenter comme une bêtise ridicule ou comme un masque d'hypocrite; de n'avoir parlé que d'exalter les passions sans fixer la notion d'aucun devoir et sans établir aucun principe de justice...

« J'oublie encore l'affectation avec laquelle il vous raconte les plus grandes horreurs de toute espèce, les plus horribles barbaries, et toutes les infamies de la plus vile crapule, pour déclamer contre les moralistes hypocrites ou imbéciles qui en font, dit-il, l'objet de leurs prédications, sans voir que ce sont des effets nécessaires de telle ou telle législation donnée...

« Partout Helvétius ne trouve de grand que les actions éclatantes ; ce n'est assurément point par cette façon de voir qu'on arrive à de justes idées sur la morale et le bonheur.

« Je ne peux lui savoir gré de ses déclamations contre l'intolérance du clergé ni contre le despotisme, 1° parce que je n'aime pas les déclamations ; 2° parce que je ne vois nulle part dans son livre que la question de l'intolérance soit traitée de manière à adoucir ni le clergé ni les princes, mais seulement de manière à les irriter; 3° parce que, dans ses déclamations contre le despotisme, il confond toutes les idées, il a l'air d'être ennemi de tout gouvernement, et que partout encore il affecte de désigner la France, ce qui est la chose du monde la plus gauche, la plus propre à attirer sur soi l'éclat de la persécution, qui ne fait pas grand mal à un homme riche, et à en faire tomber le poids réel sur beaucoup d'honnêtes gens de lettres qui reçoivent le fouet qu'Helvétius avait mérité; tandis qu'après la *Comédie des philosophes* à laquelle il avait presque seul fourni matière, il faisait sa cour à M. de Choiseul, protecteur de la pièce et de Palissot, et l'engageait à lui faire l'honneur d'être parrain de son enfant.

« Quand on veut attaquer l'intolérance et le despotisme, il faut d'abord se fonder sur des idées justes ; car les inquisiteurs ont intérêt d'être intolérants et les vizirs et sous-vizirs ont intérêt de maintenir tous les abus du gouvernement. Je hais le despotisme autant qu'un autre ; mais ce n'est point par des déclamations qu'il faut l'attaquer, c'est en établissant d'une manière démonstrative les droits des hommes. Et puis il faut distinguer dans le despotisme des degrés ; il y a une foule d'abus du despotisme auxquels les princes n'ont point d'intérêt ; il y en a d'autres qu'ils ne se permettent que parce que l'opinion publique n'est pas fixée sur leur injustice et sur leurs mauvais effets. On méritera bien mieux des nations en attaquant ces abus avec clarté, avec courage, et surtout en intéressant l'humanité, qu'en disant des injures éloquentes. Quand on n'insulte pas, il est rare qu'on offense…

« Il n'est pas une forme de gouvernement qui n'ait des inconvénients auxquels les gouvernements eux-mêmes voudraient pouvoir porter remède, ou des abus qu'ils se proposent presque tous de réformer au moins dans un autre temps. On peut donc les servir tous en traitant des questions de bien public, solidement, tranquillement, non pas froidement, non pas avec emportement non plus, mais avec cette chaleur intéressante qui naît d'un sentiment profond de justice et d'amour de l'ordre. Il ne faut pas croire que persécuter soit un plaisir. Voyez combien J.-J. Rousseau a inspiré d'intérêt malgré ses folies, et combien il serait respecté si son amour-propre avait été raisonnable… Avec le ton d'honnêteté, on peut tout dire, et encore plus quand on y joint le poids de la raison, et quelques légères précautions peu difficiles à prendre. Je sais gré à Rousseau de presque tous ses ouvrages; mais quel cas puis-je faire d'un déclamateur comme Helvétius, qui dit des injures véhémentes, qui répand des sarcasmes amers sur les gouvernements en général, et qui en déplorant les malheurs de sa patrie où le despotisme est, dit-il, parvenu au dernier degré d'oppression et la nation au dernier degré de corruption et de bassesse, ce qui n'est pas du tout vrai, va prendre pour ses héros le roi de Prusse et la Czarine? Je ne vois dans tout cela que de la vanité, de l'esprit de parti, une tête exaltée; je n'y vois ni amour de l'humanité ni philosophie.

« En voilà plus long sur Helvétius que je ne croyais vous en écrire en commençant; mais je ne suis pas fâché d'avoir fait ma profession de foi à son égard. Je suis, je vous l'avoue, indigné de l'entendre louer avec une sorte de fureur, qui me paraît une énigme, que le seul esprit de parti peut expliquer... »

J'ai peut-être un peu trop multiplié les citations; mais elles donneront de la force et du charme aux arguments que je vous ai présentés moi-même, et vous dédommageront des trop nombreux passages que j'ai dû emprunter à Helvétius pour le faire connaître.

CINQUIÈME LEÇON. — SAINT-LAMBERT

Transition de la morale générale à la morale particulière. — Importance du *Catéchisme universel*. — Saint-Lambert disciple et continuateur d'Helvétius. — Définition de l'homme. — Suppression de la question de la spiritualité de l'âme. — L'instinct réduit à l'habitude. — De la conscience et des deux mobiles que Saint-Lambert lui donne, l'opinion et l'intérêt. — *Dialogues*. Omission de la liberté. — Fausse notion du devoir. — La vertu réduite à une seule de ses applications : la disposition à contribuer au bonheur des autres. Que la bienfaisance n'est ni la seule ni la plus difficile des vertus. — Si l'orgueil n'est un vice que parce qu'il peut nuire aux autres et à nous-mêmes. — *Préceptes*. Que Saint-Lambert a méconnu le vrai fondement des devoirs envers nous-mêmes et des devoirs envers les autres. — Fausse notion de la justice. — Préceptes en contradiction avec le principe de l'intérêt. — *De l'examen de soi-même*. — Nouvelles contradictions. — Conclusion.

Il ne suffisait point de poser, comme l'a fait Helvétius, les principes de la morale sensualiste : il fallait appliquer ces principes aux diverses circonstances de la vie humaine. Après la morale générale devait venir la morale particulière, après Helvétius Saint-Lambert.

C'est une histoire de la philosophie et non des philosophes que nous avons entreprise. Ce sont les rapports des systèmes, leur liaison, leur généalogie que nous tenons à mettre en lumière; mais les détails biographiques sont étrangers à notre objet. Il suffira donc de vous dire que Saint-Lambert, né dans les premières années du dix-huitième siècle, atteignit les premières années du dix-neuvième, et qu'après s'être fait un nom parmi les poëtes agréables de cette époque très-médiocrement poétique, il termina sa longue carrière par un traité de morale complet et détaillé.

Cet écrit mérite toute l'attention de l'histoire, sinon par sa valeur propre, du moins à cause du bruit qu'il a fait. Lorsque le gouvernement consulaire fonda les prix décennaux pour les ouvrages récents qui auraient honoré la nation dans les diverses branches des connaissances humaines, l'une des classes de l'Institut décerna le prix de morale au livre de Saint-Lambert.

Voici en quels termes le rapporteur, M. Suard, motive et explique cette décision : « Il y a une morale tout humaine qui n'est fondée que sur la nature de l'homme et ses rapports inaltérables avec ses semblables, dans les formes de l'état social, et qui par là lui convient dans tous les temps, dans tous les climats, dans tous les gouvernements, dont la vérité et l'utilité sont reconnues également à Pékin et à Philadelphie, à Paris et à Londres. Un seul écrivain, parmi nous, a tenté de composer un ouvrage de ce genre, Saint-Lambert, qui, après soixante ans d'étude et de méditation, a publié, vers la fin de sa carrière, l'ouvrage intitulé : *Principes des mœurs chez toutes les nations*, ou *Catéchisme universel*. C'est un ouvrage supérieur par les divers genres qu'il réunit et par l'universalité des applications qu'on peut en faire, surtout à l'enseignement de la morale. L'auteur fait ressortir les principes de la morale avec beaucoup de simplicité et d'évidence. Il voit dans l'espèce humaine deux êtres distincts dont la différence dans les qualités physiques et morales doit en établir une aussi dans leurs rapports et leurs devoirs respectifs. Saint-Lambert commence son ouvrage par une analyse de l'homme suivie de celle de la femme. Ces deux morceaux sont dictés par la raison la plus saine et la philosophie la plus sage : tous les deux sont écrits dans une forme qui convient au sujet. Le premier est une discussion purement philosophique ; le second est traité en forme de dialogue entre le philosophe Bernier et Ninon de Lenclos. Un troisième chapitre sur la nature et l'emploi de la raison présente le récit d'un voyage supposé chez un peuple d'Asie. Cette variété dans le ton et les formes des différentes parties de l'ouvrage repose l'attention du lecteur, et lui rend la lecture plus agréable et plus facile. Saint-Lambert a réduit tout le cours de morale en questions simples qui se présentent d'elles-mêmes, et en réponses dont la netteté et l'évidence seules forment une espèce de démonstration. C'est un vrai catéchisme ; il peut être enseigné aux enfants qui le comprendront, et il suffira aux hommes de tous les états de la société et dans tous les âges de la vie. L'ouvrage ne se distingue ni par l'originalité ni même par la profondeur des vues ; mais la recherche de ces deux qualités serait plus propre à conduire à l'erreur qu'à la vérité dans un sujet dont les principes ont été si souvent discutés, et où les vérités de détail, déjà connues et non contestées, n'ont plus besoin que d'être enchaînées par une logique précise et lumineuse, et d'être présentées en même temps avec clarté et avec intérêt : c'est là ce qui demande une raison supérieure, un talent rare et de longues méditations. On ne peut pas dire que ce grand objet se trouve rempli dans toute son étendue et sans aucune imperfection dans l'ouvrage de Saint-Lambert, mais c'est avec un degré si peu commun de raison et de talent qu'on ne se permet pas de rechercher ce qu'on pourrait y désirer. La diction de l'auteur a quelque chose de remarquable : il n'affecte ni le style coupé ni ce fréquent emploi de figures et de mouvements qui donnent au style plus de couleur et d'intérêt ; mais partout ses idées semblent prendre la forme qui leur convient le mieux : partout l'expression est nette et précise, le tour est naturel et élégant ; c'est un style enfin propre à former le goût en éclairant la raison. Aucun ouvrage ne fait mieux sentir la vérité de cette maxime : *La clarté est l'ornement des pensées profondes.* »

Les différentes classes de l'Institut ayant été chargées de dresser l'inventaire de tout ce qui s'était fait de grand dans les lettres, dans les sciences et dans les arts pendant les dix dernières années, M. Chénier, en traçant le tableau de la littérature française depuis 1789, célébra encore plus le *Catéchisme universel* que ne l'avait fait M. Suard.

Tableau historique de l'état et des progrès de la littérature française depuis 1789.

—Introduction : « On doit surtout distinguer un livre important de Saint-Lambert qui jadis avait enrichi notre littérature d'un poëme élégant, harmonieux et philosophique. Arrivé près du terme de sa vie, il ne déserta point la bannière adoptée par sa jeunesse. Inaltérable dans ses principes, fuyant l'excès même dans le bien, il n'affecte ni le pieux rigorisme ni l'austérité stoïcienne. Sans détacher la morale du principe social, nécessaire, démontré, d'un Dieu surveillant et protecteur, il la trouve tout entière dans les rapports qui unissent l'homme à l'homme ;

dans nos besoins, dans nos passions, dans cette foule d'intérêts individuels qui, sans cesse armés l'un contre l'autre, mais forcés par la nature à traiter ensemble, viennent former, en se ralliant, l'intérêt général des sociétés. »

Chap. II : « Le *Catéchisme universel* de Saint-Lambert n'est qu'une section de son grand ouvrage, intitulé *Principes des mœurs chez toutes les nations*, et divisé en six parties. La première, qui a pour titre *Analyse de l'homme*, est plutôt de l'idéologie que de la morale proprement dite. L'auteur y explique la nature des sens, celle des sensations les plus habituelles, et l'origine des passions considérées en général. L'analyse de la femme est l'objet de la seconde partie, qui présente une composition moins sévère : c'est une suite d'entretiens de mademoiselle de Lenclos avec Bernier, élève du philosophe Gassendi et voyageur assez renommé. Dans la partie suivante, intitulée la *Raison ou Ponthiamas*, trois mandarins chinois, supposés fondateurs de la colonie de Ponthiamas, enseignent aux citoyens de leur république les éléments de la philosophie rationnelle et font l'éducation d'un peuple de sages. La quatrième partie est consacrée au Catéchisme universel : c'est de beaucoup la meilleure de l'ouvrage; peut-être même est-elle sans défaut. Une idée saine et lumineuse y éclate : les vices sont des passions nuisibles à nous et aux autres; les vertus sont encore des passions, mais des passions utiles à l'homme ou à ses semblables. L'auteur définit, dénombre, caractérise avec sagacité les passions vicieuses et les passions vertueuses. L'introduction, les six dialogues, les préceptes, le chapitre sur l'examen de soi-même; tout est sagement pensé, noblement écrit. On a donc bien fait d'imprimer à part le *Catéchisme universel*, il est à lui seul un livre classique ; mais peut-être eût-on mieux fait d'y joindre le commentaire qui forme la cinquième section de l'ouvrage entier. Là sont développés les principes du Catéchisme, et d'ingénieuses fictions, des récits piquants, des contes agréables rendent sensible et facile l'application de ces principes. L'analyse historique de la société compose la sixième partie ; c'est encore de la morale, mais de la morale publique dans ses rapports avec la politique générale et avec l'histoire des plus célèbres sociétés civiles... Si nous considérons maintenant le livre de Saint-Lambert dans l'ensemble de son exécution, nous y louerons d'abord, non la chaleur des mouvements, l'énergie des expressions, mais la pureté continue, la politesse exquise et l'élégante souplesse du style. Les diverses parties pourraient être plus intimement liées entre elles, mais elles sont homogènes quant au fond de la doctrine, et cette doctrine, qui n'est ni trop relâchée ni trop sévère, n'a d'autre bases que la nature de l'homme et d'autre objet que son bonheur. Une chose est surtout digne de remarque : la raison ne plie devant aucun préjugé dans cette belle production qui fait honneur à la fin du xviiie siècle.... Il convenait à ce vieillard honorable de proclamer en expirant la vérité qu'avait choisie sa jeunesse, de rester fidèle aux hommes illustres dont il avait été l'élève et l'ami, de respecter enfin dans les souvenirs du xviiie siècle une gloire qu'il avait vue croître et qu'il avait lui-même augmentée. »

Ces deux morceaux, en attestant la haute importance que l'école philosophique du xviii° siècle attachait au livre de Saint-Lambert, nous épargnent la peine d'en donner une analyse détaillée. Vous connaissez maintenant son but, son caractère, ses diverses parties. Il nous reste à mettre à nu ses vrais principes et à en apprécier la valeur, comme il appartient à la justice de l'histoire, aussi éloignée du panégyrique que de la satire.

Commençons par rectifier un jugement de M. Chénier. Selon lui, Saint-Lambert, bien qu'il trouve la morale tout entière dans les rapports qui unissent l'homme à l'homme, *ne la détache pas du principe social, nécessaire, démontré, d'un Dieu surveillant et protecteur*. Nous aurions bien voulu rencontrer ce principe dans l'ouvrage de Saint-Lambert ; mais nous l'y avons cherché en vain. Un silence profond, évidemment systématique, règne sur ces deux grandes questions de Dieu et d'une autre vie. Il n'y a pas même une seule objection contre ces deux croyances ; il n'en est pas plus fait mention que si jamais elles n'étaient tombées dans une tête ou dans un cœur d'homme. Le nom de Dieu est à peine prononcé une ou deux fois comme par inadvertance. La pensée de l'auteur est manifeste. Il est clair qu'il relègue ces deux croyances parmi ces superstitions arbitraires qui, tenant à telle circonstance d'éducation, de temps et de lieu, n'entrent point dans l'ordre des connaissances naturelles, constantes, invariables, sur lesquelles doit reposer le Catéchisme universel. C'est là une erreur contraire aux faits les plus certains. La croyance à un Dieu, *surveillant et protecteur*, comme le dit M. Chénier, est un fait naturel et universel. N'en tenir aucun compte est une tyrannie exercée sur les faits par l'esprit de système ; ce n'est plus exprimer la nature humaine, telle qu'elle est réellement, c'est la mutiler arbitrairement, c'est faire violence à l'expérience, c'est bâtir une hypothèse, c'est céder, sans s'en douter, aux préjugés et aux superstitions d'une école.

Il ne faut pas se faire volontairement illusion : la philosophie de Saint-Lambert est sans Dieu, et elle n'excède pas les limites de ce monde. Saint-Lambert continue Helvétius. Il est impossible de se ressembler et de différer davantage. Ils se ressemblent par les principes, ils diffèrent entièrement par la forme. Helvétius est impétueux et passionné ; Saint-Lambert est réfléchi et méthodique. Le livre de l'*Esprit* est l'œuvre d'un jeune homme qui affirme au delà de ce qu'il sait et même de ce qu'il croit. Le *Catéchisme* est le testament d'un vieillard qui y a déposé ses dernières et invariables convictions. Le style de l'un, toujours animé, quelquefois brillant, est rempli de négligences ; celui de l'autre, dépourvu d'éclat et de chaleur, est d'une élégance soutenue. Il y a plus de verve dans Helvétius, et plus d'esprit dans Saint-Lambert. Le premier est plus près de Diderot, le second est un imitateur de Voltaire.

Saint-Lambert était un des amis particuliers d'Helvétius. C'est lui qui publia le poëme du *Bonheur* après la mort de l'auteur, avec une préface où il égale ce poëme à celui de Lucrèce, et se moque « des moralistes modernes soumis à la superstition », variante très-légère des *moralistes hypocrites* d'Helvétius. « C'est, dit l'éditeur, par le sacrifice des plaisirs qu'il nous propose de mériter ce bonheur qu'ils ont placé au delà de la vie. Chez eux, le présent n'est rien, l'avenir est tout; et dans les plus belles parties du monde, la science du salut a été cultivée aux dépens du bonheur. »

Outre cette préface, Saint-Lambert mit en tête du poëme du *Bonheur* un *Essai sur la vie et les ouvrages d'Helvétius*, qu'il inséra depuis dans ses œuvres philosophiques comme un *hommage rendu à l'amitié et au mérite*. On y trouve une analye et une apologie du livre de l'*Esprit*. Après avoir mis le poëme du *Bonheur* sur le même rang que celui de la *Nature*, il était juste ou du moins très-conséquent d'élever le livre de l'*Esprit* au-dessus des ouvrages de Descartes. « Il ne s'est point fait d'ouvrage où l'homme soit vu plus en grand et mieux observé dans les détails. On a dit de Descartes qu'il avait créé l'homme : on peut dire d'Helvétius qu'il l'a connu. Il est le premier qui ait fondé la morale sur la base inébranlable de l'intérêt personnel. »

Dans le *Discours préliminaire* du *Catéchisme universel*, qui contient une revue rapide et superficielle des divers systèmes de morale, Saint-Lambert, après avoir sacrifié tous les moralistes anciens à Épicure, sacrifie les modernes à Hobbes et à Helvétius.

« Hobbes, dit-il page 23, est le premier qui ait eu des idées claires sur cette portion de liberté accordée à notre âme. On a beaucoup censuré son opinion sur le droit de nature ; elle me paraît encore la plus vraie qu'il y ait sur cette matière, c'est-à-dire qu'il n'y a point de droit de nature. »

Qu'en dites-vous, jeunes gens qui fréquentez cet auditoire, et qui y apportez un sincère, un vif amour de la grande cause de la liberté et des droits du genre humain? Il n'y a qu'un défaut à votre généreux enthousiasme, c'est que l'homme n'est pas libre, et qu'il ne possède naturellement aucun droit.

« Helvétius est le premier moraliste qui ait fait usage des principes de Locke, et il les emploie sans pédanterie et sans obscurité ; il s'attache à montrer les effets des trois causes principales de nos erreurs : nos passions, parce qu'elles nous font voir les objets sous une seule face; l'ignorance des faits, et l'abus des mots. En traitant de cette dernière cause de nos erreurs, il renvoie à Locke, mais c'est après avoir été plus loin que lui. Il donne sur la vertu des notions plus claires et plus justes qu'on n'en avait eu jusqu'à lui ; il résulte de ses principes que ce qui a le plus retardé les progrès des mœurs, c'est l'habitude d'attacher l'idée de vertus à des actions, à une conduite qui ne sont utiles à personne, et de séparer les intérêts particuliers de l'intérêt général. »

Saint-Lambert se présente donc lui-même comme un disciple d'Helvétius. Aussi toute la partie générale de son ouvrage reproduit-elle la doctrine du maître.

Abordons cet ouvrage. En voici le commencement, et ce commencement contient le livre tout entier ; Saint-Lambert nous dit ce que c'est que l'homme, et quelle est son unique loi.

Analyse de l'homme, introduction, p. 53 : « L'homme, en entrant dans le monde, n'est qu'une masse organisée et sensible; il reçoit de tout ce qui l'environne et de ses besoins cet esprit qui sera peut-être celui d'un Locke ou d'un Montesquieu, ce génie qui maîtrisera les éléments et mesurera les cieux.

« L'homme est sensible au plaisir et à la douleur ; ces sentiments sont la source de ses connaissances et de ses actions ; plaisir, douleur, voilà ses maîtres, et l'emploi de sa vie sera de chercher l'un et d'éviter l'autre. »

Ailleurs, Saint-Lambert dit expressément, p. 65, « que la nature crée notre âme » au moyen des objets qui frappent nos sens et nous donnent successivement toutes nos idées.

Helvétius avait fait de la spiritualité de l'âme une question obscure qui ne peut être résolue qu'à l'aide du calcul des probabilités. Saint-Lambert supprime la question elle-même. *Ponthiamas*, p. 286 : « Sages citoyens de Ponthiamas, nous ne cherchons pas à connaître si notre âme est la vie même ou une portion de la vie, si elle est matière subtilisée ou esprit pur, si elle est simple ou composée, une faculté ou le résultat de nos facultés. Ces questions et beaucoup d'autres du même genre, agitées souvent chez des bonzes ou des lettrés qui avaient beaucoup de loisir, ne doivent pas occuper un peuple dont les moments sont remplis par les vrais plaisirs et les vrais devoirs. » En conséquence de ce beau précepte, Saint-Lambert n'agite pas la question de la spiritualité de l'âme, il fait mieux, il la décide ; il prend cette masse organisée et sensible qu'on appelle le corps, et il dit : Voilà tout l'homme.

Ainsi, sachons-le bien, l'âme est un mot dont on se sert, et dont se sert l'auteur lui-même, sans y attacher aucun sens précis et déterminé; en réalité, tout dans l'homme se réduit au corps. On comprend alors le mépris de Saint-Lambert pour ces moralistes, égarés par la superstition, qui s'inquiètent des destinées d'un être qui n'existe pas.

Après avoir dit que la nature crée l'âme, il faut bien soutenir qu'il n'y a point d'instincts propres à l'homme, et que l'instinct est seulement l'habitude. *De l'instinct de l'homme*, p. 124 : « C'est l'habitude qui forme l'instinct de l'homme. » Cependant les objections ne manquaient pas. Rousseau, dans une note de la profession de foi du *Vicaire savoyard*, avait fait voir l'absurdité de cette opinion déjà mise en avant par Condillac, au *Traité des Animaux*, et trop paradoxale pour n'avoir pas été adoptée par Helvétius. Saint-Lambert ajoute donc : « Il y a sans doute en nous des mouvements qui, dans l'enfance, préviennent toute expérience et toute réflexion. L'enfant saisit avidement le sein de sa mère et en presse le bouton de manière à en faire sortir le lait, sans qu'on lui ait appris l'art de teter ; l'œil se ferme à l'éclat d'une lumière trop vive ou à l'approche d'un corps étranger ; les cris de la douleur que jette l'homme qui m'intéresse le moins me déchirent ; mais il y a bien peu de ces sentiments et de ces mouvements. »

Comment, il y en a bien peu ! Mais il ne s'agit point du nombre de ces mouvements instinctifs ; il s'agit de savoir s'il y en a un seul, car en ce cas il est faux de dire que « l'habitude forme l'instinct de l'homme. »

Voici l'étrange conclusion de notre philosophe : « Plusieurs des émotions dont nous ne connaissons pas les causes, certaines sympathies, certaines aversions, sont vraisemblablement les effets de certaines liaisons d'idées formées dès l'enfance. » Mais si vous ne connaissez pas les causes de ces émotions, de quel droit affirmez-vous qu'elles sont vraisemblablement les effets de certaines liaisons d'idées?

Même témérité et même incertitude dans le chapitre *De la conscience*, sect. xxv, p. 133. « Qu'est-ce que la conscience? » s'écrie Saint-Lambert, comme s'il voulait lutter avec le grand et admirable passage de Rousseau que nous avons cité. « Qu'est-ce que la conscience? C'est le sentiment triste et agréable que nous éprouvons d'après le jugement que nous portons de nos actions. Tantôt la conscience est pour nous ce bonheur de l'Olympe auquel les dieux avaient associé Hercule, et tantôt ce vautour qui rongeait le cœur de Prométhée. Elle est la plus aimable des compagnes ou la plus terrible des furies. »

Si la conscience dépend du jugement que nous portons de nos actions, les lois de la conscience sont celles qui président à ce jugement. Or, selon Saint-Lambert, nous jugeons nos actions sur deux règles : la première est l'opinion des autres, la seconde est la prévoyance ou le souvenir des suites agréables ou fâcheuses que ces actions ont pour nous.

« Puisque la conscience est l'effet du jugement que nous portons de nos actions, et que l'opinion dicte souvent nos jugements, il s'ensuit que les actions que nous nous reprochons le plus sont celles que l'opinion condamne, et que nous nous reprochons rarement celles qu'elle ne condamne pas...

« Cependant il est très-vrai qu'indépendamment de l'opinion la conscience nous reproche celles de nos actions qui pourraient avoir pour nous des suites fâcheuses. Elle n'est guère, dans l'enfance, que la crainte du fouet, ou l'espérance des dragées ; et, dans tous les âges, elle n'est guère que la prévoyance des chagrins qui suivront nos fautes, ou l'espérance du prix attaché à nos vertus. »

Oui, certes, nous comptons fort l'opinion des autres, et nous faisons grande attention aux suites utiles ou funestes que nos actions peuvent avoir pour nous ; mais n'y a-t-il pas encore d'autres motifs de juger, d'autres règles sur lesquelles nous jugeons nous-mêmes nos actions bonnes ou mauvaises? Telle est la vraie question. N'y a-t-il pas des cas où, malgré l'opinion de tout ce qui nous entoure, malgré les suites évidemment funestes qu'une action doit avoir pour nous, nous la déclarons bonne? Entre mille exemples, prenons celui de Régulus Il jugea que pour acquitter sa promesse il devait aller chercher la mort à Carthage. Est-ce d'après les deux motifs proposés par Saint-Lambert? Non ; l'opinion de Rome et celle du Sénat l'autorisaient à ne se pas tant piquer de tenir parole à un ennemi sans foi, et il savait bien qu'à Carthage la mort était certaine. Le système de Saint-Lambert se brise devant cet exemple ; et il y en a mille autres semblables, obscurs ou célèbres.

L'opinion est un conseiller qu'il ne faut pas mépriser, mais qu'il est indigne d'un homme de cœur de suivre aveuglément. D'abord l'opinion est bien variable ; elle change avec les lieux, avec les temps, et dans le même temps et dans le même lieu elle n'a pas la moindre stabilité. Quelle mesure serait-ce donc de la qualité morale des actions, quel fondement d'un catéchisme universel! Et puis, je vous prie, comment constater l'opinion? Où est-elle? Est-ce l'opinion de notre famille qu'il faut consulter, ou celle de nos voisins, ou l'opinion de notre pays, ou celle du genre humain? Mais qui nous représente l'opinion d'un pays, et comment reconnaître l'opinion du genre humain? Pour savoir si je dois tenir ma parole, me faut-il donc faire une enquête sur l'opinion de mon pays ou sur celle du genre humain à cet égard? C'est m'imposer une grande érudition et une grande critique, c'est me plonger dans une incertitude sans bornes. Faudra-t-il compter les suffrages ou les peser? Prenez-y garde : la passion donnera aisément du poids à l'opinion qui lui sera favorable, et nous tombons dans les honteuses folies du probabilisme.

L'autre règle de Saint-Lambert n'est pas meilleure. Cette règle est le calcul des suites pour nous utiles ou fâcheuses de nos actions, à savoir l'intérêt. Et, encore une fois, il est vrai que l'intérêt, ainsi que l'opinion, nous détermine très-souvent à agir; mais il ne s'ensuit pas que l'intérêt soit la loi unique que nous reconnaissions, la loi suprême de la conscience. Le contraire même est certain. L'intérêt et la conscience sont ordinairement aux prises. L'intérêt nous entraîne en dépit de la conscience; et la conscience est précisément ce qui nous éclaire sur le bien et sur le mal véritable, en dépit de l'intérêt. De là le remords. Saint-Lambert, dans son système, devrait réduire le remords d'avoir mal fait au regret de n'avoir pas réussi, et le respect de la vertu à l'admiration du calcul heureux. C'est confondre les faits les plus différents ; c'est fouler aux pieds l'observation la plus vulgaire et la plus sûre [1].

Saint-Lambert, dans un moment de distraction, et entraîné par le préjugé universel, écrit ces lignes, p. 149 : « L'homme vertueux jouit du sentiment de sa supériorité et du témoignage de sa conscience. Caton avait plus d'ennemis dans Rome que Clodius ; cependant il ne régnait pas dans l'âme de Clodius le calme qui régnait dans l'âme de Caton : celui-ci dans Utique même, et au moment de se donner la mort, n'aurait pas voulu être à la place de César. »

Rien de plus vrai, mais rien aussi de plus accablant pour le système qui ploie la conscience et la vertu sous l'opinion et l'intérêt. Si l'opinion et l'intérêt sont les seuls mobiles de nos actions et de nos jugements, le calme de Caton est inexplicable. Il eût dû porter envie à César ; car César avait pour lui l'opinion et la fortune. Mais c'est Saint-Lambert qui est ici inconséquent, ce n'est pas Caton. Caton n'était pas un disciple d'Épicure. Il suivait un autre maître, une autre philosophie, cette philosophie qui dit aux héros et aux martyrs :

> Summum crede nefas animam præferre pudori
> Et propter vitam vivendi perdere causas.

C'est cette philosophie, et non pas celle d'Helvétius et de Saint-Lambert, qui a fait dire à Caton mourant :

> Victrix causa Diis placuit, sed victa Catoni.

---

[1] Du Vrai, du Beau et du Bien, leç. xi°, *Premières données du sens commun*, et leç. xii° *de la Morale de l'intérêt*.

Je ne conçois pas comment Saint-Lambert a eu la maladresse d'invoquer un pareil souvenir. C'est une justice à rendre à Helvétius, qu'il choisit bien mieux ses exemples : il ne cite guère que des tyrans et des courtisanes.

Mais arrivons au fameux *Catéchisme universel*. C'est là, dans les applications, que paraîtra plus à découvert le caractère des principes de Saint-Lambert.

Le Catéchisme se divise en trois parties. La première, composée de six *dialogues*, contient les notions et définitions d'où la morale entière doit sortir. La seconde, sous la forme de *préceptes*, traite de nos différents devoirs. La troisième, intitulée : *De l'examen de soi-même*, est un retour réfléchi sur les préceptes et les notions compris dans les deux premières parties.

Le *Catéchisme universel* n'est fait ni pour des enfants en bas âge, ni pour des hommes, mais pour des adolescents de douze à quinze ans. Il est suivi d'un long *commentaire* destiné aux parents et aux maîtres. L'ouvrage entier, comme son nom l'indique, est supposé renfermer les principes véritables des mœurs qui conviennent en tout temps et en tout lieu, et qui conviendront davantage à l'humanité à mesure qu'elle fera partout de plus grands progrès. C'était, pour Saint-Lambert et ses amis, le code futur de la morale universelle.

Nous nous bornerons au catéchisme proprement dit, qui contient ce qu'il y a de plus original et de plus caractéristique dans l'entreprise de Saint-Lambert.

Commençons par les *dialogues*.

Dial. 1. — 1re *demande.* « Qu'est-ce que l'homme? — *Réponse.* Un être sensible et raisonnable. »

Cette définition est incomplète. Il y manque un élément important et essentiel, la volonté libre. A quoi servirait à l'homme la raison, s'il n'y avait point en lui une puissance capable de la suivre, et pour cela de résister souvent à la sensibilité? Toute l'école de Saint-Lambert abolit la liberté, tantôt en la confondant avec le désir et par conséquent avec la sensibilité, tantôt avec la raison et les motifs qu'elle nous propose. Mais le désir qui nous tente, et la raison qui nous éclaire et nous oblige, ne sont pas la force propre que nous possédons de nous résoudre pour l'un ou pour l'autre. Les mouvements des passions et les idées de l'entendement sont également involontaires; aussi nous n'en répondons point. Nous ne répondons que de l'action proprement dite, de celle à laquelle nous avons consenti, que nous avons librement voulue. C'est ce consentement, c'est cette volonté libre qui fait de notre action une action morale; laquelle nous est imputable, est bonne ou mauvaise, juste ou injuste, vicieuse ou vertueuse. L'homme n'est un être moral qu'à la condition d'être un être libre. Ainsi, dès le début du Catéchisme, manque, dans la définition de l'homme, le fondement même de la moralité.

Nous pourrions nous arrêter là et fermer le *Catéchisme universel*, à peine après l'avoir ouvert; car les *préceptes* qui viendront à la suite de ces *définitions*, et l'*examen de soi-même* à la suite des *préceptes*, sont fort inutiles dès qu'ils ne s'adressent plus à un être naturellement pourvu de la force nécessaire pour lutter contre le désir et la passion, les vaincre ou les modérer.

Poursuivons toutefois par curiosité.

2ᵉ *demande*. « Comme sensible et raisonnable, que doit-il faire ? — *Réponse*. Chercher le plaisir, éviter la douleur. »

Voilà ce que l'homme *doit* faire ; voilà le devoir concentré dans la fuite de la douleur et la recherche du plaisir. Ce principe posé, je demande tout de suite à Saint-Lambert comment il prouvera à son élève que ce soit un devoir pour lui de faire des actions, qui passent généralement pour des devoirs, que Saint-Lambert admet comme tels, et qui, loin de faire aucun plaisir à l'homme, le contrarient et lui causent plus ou moins de douleur. Saint-Lambert répondra-t-il qu'il est dans l'intérêt bien entendu de se résigner à certaines peines présentes pour en éviter de plus grandes dans l'avenir, ou pour se ménager de futurs plaisirs ? A la bonne heure, s'il ne s'agit que de sacrifices momentanés. Mais supposons qu'il se faille condamner à une pauvreté perpétuelle et se priver à jamais des jouissances de la vie, incompatibles avec la pauvreté, que devient ici ce balancement habile des petits maux par de plus grands biens ? Saint-Lambert nous renverra-t-il aux plaisirs de l'intelligence ? Mais ces plaisirs-là ne sont pas à l'usage de tout le monde. A ceux de la conscience ? Mais la conscience consiste à faire son devoir, et le devoir c'est de fuir la douleur et de chercher le plaisir.

Si la loi unique de l'homme est de fuir la douleur et

de rechercher le plaisir, en vertu de quelle loi Saint-Lambert fera-t-il un devoir à un citoyen d'aller à la frontière risquer sa vie pour la sécurité des autres? Il n'y a plus ici de compensation possible; tous les calculs tombent devant la mort. Je ne cesserai de le répéter[1] : la mort à vingt ans, à la place de tous les plaisirs de la vie, voilà l'épreuve à laquelle il faut mettre tous les systèmes de morale. Celui de l'intérêt, avec la fameuse distinction de l'intérêt bien ou mal entendu, y succombe. Nulle subtilité ne peut persuader à l'amour-propre qu'il lui convienne d'accepter un sacrifice qui n'admet pas de compensation.

Ainsi la première définition du Catéchisme ôte le fondement de toute moralité, et la seconde, en corrompant le devoir à sa source, explique aisément tous les vices, mais laisse la vertu inexplicable.

D. « Quels sont ceux qui s'aiment bien? — R. Ceux qui ne séparent pas leur bonheur du bonheur des autres hommes. »

Fort bien, quand notre bonheur peut s'accorder avec celui des autres hommes; mais, quand le bonheur des autres hommes exclut le nôtre, que faut-il faire pour s'aimer bien? évidemment sacrifier le bonheur des autres pour assurer le nôtre, qui est notre premier intérêt, et par conséquent notre premier devoir.

D. « Qu'est-ce que la vertu? — R. C'est une disposition habituelle à contribuer au bonheur des autres. »

D'abord, pour être conséquent, il faudrait ajouter :

---

[1] Voyez plus haut la note de la p. 155.

pourvu que le bonheur des autres contribue ou ne nuise point à notre bonheur. De plus, cette définition de la vertu la concentre dans une seule de ses applications, et elle en supprime le caractère général et essentiel. Là est le vice fondamental de la morale du xviii° siècle. Cette morale est une réaction exagérée contre la morale un peu mystique de l'âge précédent qui, justement occupée de perfectionner l'homme intérieur, est souvent tombée dans un ascétisme qui n'est pas seulement inutile aux autres, mais qui est contraire à la vie humaine bien ordonnée Par peur de l'ascétisme, la philosophie du xviii° siècle oublie le soin de la perfection intérieure et ne considère que les vertus utiles à la société. C'est retrancher bien des vertus, et les meilleures. Je prends, par exemple, l'empire sur soi-même. Comment en faire une vertu, quand on définit la vertu *une disposition à contribuer au bonheur des autres*? Dira-t-on que l'empire sur soi-même est utile aux autres? Mais cela n'est pas toujours vrai; souvent cet empire s'exerce dans la solitude de notre âme sur des mouvements intérieurs et tout personnels, et c'est là qu'il est et le plus pénible et le plus sublime. Fussions-nous dans un désert, ce nous serait encore un devoir de résister à nos passions, de nous commander à nous-mêmes et de gouverner notre vie comme il appartient à un être raisonnable et libre. La bienfaisance est une adorable vertu, mais ce n'est ni la vertu tout entière ni même son emploi le plus difficile[1]. Que d'auxiliaires n'avons-nous pas, quand il s'agit

---

[1] Sur ce point essentiel, voyez DU VRAI, DU BEAU ET DU BIEN, leç. xi°, *morale privée et morale publique*, p. 381, etc.

de faire du bien à nos semblables : la pitié, la sympathie, la bienveillance naturelle! Mais résister à l'orgueil, à l'envie, combattre au fond de notre âme un désir naturel, légitime en lui-même, coupable seulement dans son excès, souffrir et lutter en silence, c'est la tâche la plus rude de l'homme vertueux. J'ajoute que les vertus utiles aux autres ont leur garantie la plus sûre dans ces vertus personnelles et intérieures que le xviii° siècle a méconnues. Qu'est-ce que la bonté, la générosité, la bienfaisance sans l'empire sur soi-même, sans la force de l'âme attachée à la religion du devoir? Ce ne sont peut-être que des mouvements d'une belle nature placée en d'heureuses circonstances. Otez ces circonstances, et peut-être les effets disparaîtront ou diminueront. Mais quand un homme qui se sait raisonnable et libre comprend qu'il est de son devoir de demeurer fidèle à la liberté et à la raison, quand il s'applique à se gouverner lui-même et à poursuivre sans cesse la perfection de sa nature à travers toutes les circonstances, vous pouvez compter sur cet homme; il saura au besoin être utile aux autres, parce qu'il n'y a pas de vraie perfection pour lui sans justice et sans charité. Du soin de la perfection intérieure vous pouvez tirer toutes les vertus utiles, mais la réciproque n'est pas toujours vraie. On peut être bienfaisant sans être vertueux; on n'est pas vertueux sans être bienfaisant.

Dial. II.—*D.* « Qu'est-ce que l'orgueil?—*R.* C'est une opinion exagérée de notre mérite, accompagnée de mépris pour les autres.—*D.* Pourquoi est-il un vice?—*R.* Parce qu'il nuit à nous et aux autres. »

Non; le mépris des autres est un vice en lui-même; il ne nous est pas permis de mépriser nos semblables, quand même ce mépris ne porterait préjudice ni à eux ni à nous. Le sentiment de l'égalité commune et de la fraternité humaine est bon en soi, n'eût-il d'autre effet que d'améliorer l'âme qui l'éprouve. De même il ne nous est pas permis de haïr nos semblables, non-seulement parce que cette haine nous rend odieux à la société, mais aussi, mais surtout parce qu'elle est un sentiment coupable envers des êtres dont les fautes, souvent partagées par nous, ne doivent nous inspirer qu'un retour mélancolique sur l'humanité et sur nous-mêmes.

Nous pourrions suivre à travers les autres dialogues ce même défaut de ne considérer les vertus et les vices, que dans leurs conséquences utiles ou funestes.

Nous le retrouvons dans la seconde partie du Catéchisme, dans les *Préceptes*. Sur onze chapitres, un seul est consacré aux devoirs de l'homme envers lui-même, et ce chapitre n'a pas deux pages.

Les *Préceptes*, chap. 1er. — *Des devoirs de l'homme envers lui-même.* — « Si tu vivais seul, dans une île abandonnée, l'amour-propre t'ordonnerait d'exercer tes membres pour conserver tes forces et rester en état de te défendre contre les animaux ou d'en faire ta proie.

« Tu choisirais d'abord des aliments agréables, et bientôt tu choisirais des aliments sains, parce que tu craindrais des plaisirs qui seraient suivis de la douleur.

« Si tu te livrais imprudemment à ces plaisirs, tu aurais une conscience qui te dirait que tu fais ton mal, et tu serais affligé.

« Si tu prenais l'habitude d'agir sans réfléchir, tu aurais à craindre toute la nature en toi, et tu ne goûterais pas le repos.

« Si tu sentais que tu as perfectionné ta raison assez pour distinguer ce qui serait utile ou dangereux pour toi, tu serais content de toi. »

Oui, mais ajoutez bien vite : la tempérance, le courage, l'activité, la prudence, ne nous sont pas seulement utiles ; elles répondent à l'excellence de notre nature ; elles sont conformes à la raison, à l'ordre et au bien ; dès lors elles composent autant de devoirs à remplir, on n'est plus libre de les pratiquer ou de ne les pratiquer pas, comme on est libre de chercher ou de ne pas chercher le plaisir, le bonheur, la fortune ou la gloire ; elles imposent une obligation. Dans le système de Saint-Lambert, la morale individuelle tout entière, étant dictée par le seul intérêt, ne contient pas un seul précepte obligatoire.

Les dix autres chapitres : *Des devoirs envers les autres hommes*, sont empreints de ce double vice, ou d'offrir des préceptes équivoques quand Saint-Lambert se pique d'une fidélité rigoureuse au principe de l'intérêt, ou des préceptes excellents, mais qui doivent leur grandeur et leur beauté à leur manifeste inconséquence.

Indiquons les premiers :

Chap. III, pag. 53 : « Êtes-vous jeune ou vieux, riche ou pauvre, puissant ou faible, ignorant ou éclairé ? Mortel, vous devez à tous les mortels d'être juste. »

Et pourquoi faut-il être juste ? Écoutons Saint-Lambert :

« Vous désirez que les autres ne vous offensent ni dans vos biens, ni dans votre personne, ni dans votre honneur ; respectez donc leurs biens, leur personne, leur honneur. »

Et ailleurs, pag. 21, Saint-Lambert avait défini la justice : « Une disposition à nous conduire envers les autres comme nous désirons qu'ils se conduisent envers nous. »

Mais ce n'est pas seulement parce que nous désirons que les autres nous respectent que nous devons les respecter ; nous les devons respecter parce qu'ils sont respectables en eux-mêmes, dans leur personne, dans leur honneur, et par conséquent aussi dans leurs biens ; et ils sont respectables parce qu'ils sont des hommes et non des choses, parce qu'ils sont des êtres intelligents et libres, d'une nature excellente qui a en elle une dignité inviolable à la passion. Oui, l'homme est digne de respect ; voilà pourquoi nous le devons respecter ; le désir d'un autre d'être respecté par nous, et notre désir de l'être par lui, n'est le fondement ni de son devoir ni du nôtre. Quand même, à force de magnanimité ou d'humilité, nous serions parvenus à n'éprouver pas le désir de n'être point offensés dans notre honneur, les autres n'auraient pas pour cela le droit de nous offenser ; quand nous nous serions mis, par exemple, au-dessus de la calomnie dirigée contre nous, nous n'aurions pas acquis le droit de calomnier les autres, et ils n'auraient pas celui de nous calomnier ; quand nous serions assez généreux ou assez riches pour nous laisser dérober avec indifférence la moitié de notre fortune, nul autre n'aurait le droit de nous dérober une obole. Il y a plus : quand un autre aurait le désir de nous servir comme un esclave, sans conditions et sans limites, d'être pour nous une chose à notre usage, un pur instrument, un bâton, un vase, et quand nous aurions l'ardent désir de nous servir de lui en cette manière, et de le laisser se servir de nous en la même façon, cette réciprocité de désirs ne nous autoriserait ni l'un ni l'autre à cet absolu sacrifice, parce que le désir ne peut jamais être le titre d'un droit, parce qu'il y a quelque chose en nous qui est au-dessus de tous les désirs, partagés ou non partagés, à savoir, le devoir et le droit, la justice. C'est à la justice qu'il appartient d'être la règle de nos désirs, et non pas à nos désirs d'être la règle de la justice. L'humanité tout entière oublierait sa dignité, elle consentirait à sa dégradation, elle tendrait les mains à l'esclavage, que la tyrannie n'en serait pas plus légitime ; la justice éternelle protesterait contre un contrat, qui, fût-il appuyé sur les désirs réciproques les plus authentiquement exprimés et convertis en lois solennelles, n'en est pas moins nul de plein droit, parce que, comme l'a très-bien dit Bossuet, il n'y a pas de droit contre le droit, c'est-à-dire point de contrats, de conventions, de lois humaines contre la loi des lois, la loi naturelle. C'est cette loi naturelle, cette justice, indépendante des désirs souvent insensés et toujours mobiles des hommes, que Saint-Lambert et son école n'ont pas connues[1].

Voici maintenant des préceptes que nous admirons,

---

[1] Ici encore, voyez DU VRAI, DU BEAU, DU BIEN, leç. xv°, p. 382, etc.

mais que nous sommes embarrassés à concilier avec le principe de l'intérêt, la loi du désir et la philosophie de la sensation.

« Servez l'homme dans celui dont vous ne pouvez aimer la personne. »

A merveille! Mais au nom de quel principe imposerez-vous silence, sans nul intérêt, aux répugnances de vos sens et de votre âme? Serait-ce donc qu'il y a dans l'homme pris en lui-même quelque chose de grand et de sacré que nous devons toujours respecter et servir? Mais Saint-Lambert ne nous avait jamais parlé d'un pareil élément dans l'humanité.

Et encore, pag. 50 : « Dites-vous : Mes biens ne sont pas à moi seul ; ils sont à l'État et à moi. Dites-vous : Ma vie n'est pas à moi, elle est à l'État et à moi.

« Si vous y éprouvez (dans votre patrie) de grandes injustices, il vous est permis de la quitter, mais il ne vous est jamais permis de la quitter pour la combattre.

« La nature vous défend de rendre à votre patrie des services que vous croyez funestes au genre humain.

« La patrie vous défend de souhaiter pour vos parents, vos amis ou vous-mêmes, des places que d'autres ont mieux méritées. »

Je ne me lasserais point de transcrire de pareilles maximes, qui honorent la raison et l'âme de Saint-Lambert. Ce sont là les maximes qu'il faut inculquer à la jeunesse, car elles forment les citoyens et les hommes vertueux dans tous les pays et dans tous les temps :

> Hæc maribus Curiis et decantata Camillis
> Nenia.

Mais en vérité elles nous jettent bien loin de la doctrine d'Helvétius et de Saint-Lambert. Par quelle métamorphose l'égoïsme le plus subtilement entendu, s'il s'arrête dans les limites de ce monde, peut-il jamais devenir le dévouement, et tenir de bonne foi ce patriotique langage : Ma fortune et ma vie ne sont pas à moi seul ; elles sont à l'État comme à moi ?

La troisième partie du Catéchisme est l'*Examen de soi-même*, pratique excellente recommandée par les stoïciens et popularisée avec tant d'autres par le christianisme. Mais il y a bien ici de plus fortes contradictions que dans les *Préceptes*. L'examen sur soi-même est un moyen pour le jeune catéchiste de revenir sur ce qui lui a été enseigné dans les *Définitions* et dans les *Préceptes*. Or, ni dans les uns ni dans les autres, l'idée ni le nom de Dieu ne se trouvent. Et tout à coup, dans l'*Examen*, Saint-Lambert nous parle de l'Être suprême, que dis-je ? d'une invocation régulière et périodique à l'Être suprême. Pag. 91 : « Au lieu de l'usage de faire répéter à l'enfant, le soir et le matin, de longues prières qu'il ne peut comprendre, qu'après une courte invocation, un hommage à l'Être suprême, il se rappelle ce qu'il a fait de bien et de mal dans la journée. » On ne peut le dissimuler à Saint-Lambert : si son ami Helvétius avait lu les lignes précédentes, il aurait bien pu ranger leur auteur parmi les moralistes hypocrites ; pour nous, il nous est impossible de ne pas le mettre parmi les dialecticiens peu conséquents.

Nous ne nous engagerons pas dans le *Commentaire sur le Catéchisme*, commentaire bien plus étendu que le texte, et qui le développe surtout à l'aide d'exemples et de petites histoires plus ou moins intéressantes. Il y a un chapitre sur la *Superstition*, considérérée comme *la crainte des puissances invisibles*. On y retrouve tout entier le disciple d'Helvétius. Saint-Lambert se complait à recueillir et à développer des plaisanteries un peu vieilles sur les sources de l'amour de Dieu. Il tourne en raillerie les prétendus effets sur l'âme du spectacle de la nature, de ses grands phénomènes, de l'espace infini; il fait à l'enfant un petit cours d'astronomie et de physique, avec cette conclusion, page 326 : « Si je lui ai bien marqué sa place dans l'univers, il ne se croira pas un être assez important pour mériter une attention particulière de la puissance qui régit l'immensité des mondes. » Mais que signifie alors l'invocation à l'Être suprême? Pourquoi l'invoquer s'il est trop grand pour faire attention à nous? Il est évident que Saint-Lambert va trop loin ici ou qu'il ne va pas assez loin. Ou il fallait ne pas rompre ce silence profond, inflexible, gardé sévèrement sur Dieu dans toute la partie doctrinale du Catéchisme, ou, si l'on voulait bien admettre un Dieu, par condescendance pour les préjugés qui nous dominent encore, il fallait que ce fût un Dieu réel et sérieux qui, nous ayant faits, ne dédaigne pas de prendre garde à son ouvrage. En vérité, celui de Saint-Lambert ne vaut pas la peine d'une inconséquence. Ce n'est qu'un reste ou un simulacre des superstitions qu'il foudroie.

Tel est ce fameux *Catéchisme universel*, qui, au commencement de ce siècle, jeta autant d'éclat ou fit autant de bruit que le livre de l'*Esprit* au milieu du siècle précédent. Mais ces deux ouvrages, empreints du même caractère, enfants tous deux de la même philosophie, eurent un sort bien différent : l'un fut condamné, supprimé, brûlé par arrêt du parlement ; l'autre obtint les suffrages du plus grand corps littéraire de la nation ; il a été solennellement couronné comme le meilleur livre de morale. C'est qu'en 1806, et même encore en 1808, la philosophie qui avait produit Saint-Lambert et Helvétius était toute-puissante. Maîtresse de l'opinion, du gouvernement, de l'Institut, de l'enseignement même, disposant de toutes les voix de la renommée, elle proscrivait à son gré quiconque ne fléchissait pas le genou devant elle, et portait aux nues ceux qui la servaient. Elle fit donc d'Helvétius et de Saint-Lambert de grands moralistes. Pour nous, nous osons en porter le même jugement que Rousseau et Turgot, et, appuyés sur notre conscience, sur celle du genre humain, sur le génie de nos institutions et sur l'esprit obscur encore mais à nos yeux déjà manifeste du dix-neuvième siècle, nous ne cesserons d'appeler la jeunesse qui nous écoute à une autre morale, à une autre philosophie.

SIXIÈME LEÇON. — HOBBES

DROIT NATUREL

Politique de la philosophie de la sensation. — Hobbes. — Revue générale de sa philosophie. Sa métaphysique et sa morale. — Principes de droit naturel d'après le traité *Du citoyen*. — Du premier livre intitulé : *la liberté*. Hypothèse de l'état de nature. Droit égal de tous sur tout. Nécessité de la guerre universelle. Droit de la force. Légitimité de la conquête et du despotisme. — Réfutation. Que Hobbes a eu tort de débuter par la question de l'origine du droit au lieu d'en constater les caractères actuels. — Qu'il s'est trompé sur cette origine. — Que l'homme est naturellement fait pour la société. — Comment l'homme passe de l'état de la nature à la société à l'aide d'un certain nombre de lois que Hobbes appelle lois de la droite raison. — Première loi : que pour obtenir la paix il ne faut pas retenir le droit qu'on a sur toutes choses. — Du droit de propriété. Quel en est le vrai principe. — Des donations, des contrats et des serments. — Deuxième loi : qu'il faut garder la foi à tous sans exception. — Fausse théorie qui fait consister l'injustice dans la violation d'un contrat. — Un mot des autres lois sur lesquelles Hobbes s'appuie.

Nous nous sommes proposé de suivre dans ses développements la philosophie de la sensation au xviiie siècle, depuis ses premiers principes jusqu'à ses dernières conséquences. Locke, Condillac, Helvétius, Saint-Lambert représentent les différents moments du progrès continu de l'école sensualiste. Locke et Condillac en sont les métaphysiciens, Helvétius et Saint-Lambert les moralistes. Helvétius s'arrête à la morale générale : Saint-Lambert descend jusqu'aux règles les plus minutieuses de la morale particulière. La philosophie de la sensation n'avait plus qu'à passer dans le droit civil et politique ; elle l'a fait. Vers la fin du xviii° siècle, ont paru de toutes parts des écrits politiques qui ont appliqué les principes de la philosophie régnante à la société et au gouvernement. Mais ici s'élève une difficulté insurmontable. Les auteurs des plus célèbres de ces écrits vivent encore, par exemple, MM. Godwin[1] et Bentham[2] en Angleterre, pour ne pas même citer de noms français. A Dieu ne plaise que nous songions à troubler dans leurs derniers jours des vieillesses honorées qui s'achèvent en silence, et à instituer une polémique contre des contemporains! C'est ici une chaire d'histoire qui a le droit de faire comparaître devant son tribunal le passé, non le temps présent. Nous remonterons donc le cours des siècles, et nous chercherons dans un autre temps le modèle d'une doctrine politique qui serve de fidèle corollaire à la morale d'Helvétius et de Saint-Lambert. La philosophie de la sensation n'est pas d'hier. Du temps de Locke, et même quelque temps avant lui, s'était déjà rencontré un

---

[1] Godwin, auquel la littérature doit le roman célèbre de *Caleb Williams*, est aussi l'auteur d'un ouvrage qui fit grand bruit dans son temps et se peut considérer comme le code du despotisme démocratique. La *Justice politique* parut en 1793 et Godwin n'est mort qu'en 1856.

[2] Nous ne confondons pas Bentham avec Godwin. Bentham est un assez grand publiciste dont les vues particulières sont souvent aussi saines qu'ingénieuses. Mais souvent aussi il s'égare dans des combinaisons déplorables, telles que celle des mariages à terme, et plusieurs autres de ce genre, qui l'ont mis à la tête du parti radical, fort différent, comme on sait, du parti libéral. Bentham vivait encore en 1819, justement respecté en Angleterre, et même en France, où il avait trouvé un interprète admirable dans M. Dumont, de Genève, l'ancien secrétaire de Mirabeau. Il est mort en 1832 à quatre-vingt-quatre ans. Nous avons déjà rencontré et combattu le principe célèbre de sa philosophie morale et politique, le plus grand intérêt du plus grand nombre, comme fondement de toute justice et de tout bien, DU VRAI, DU BEAU ET DU BIEN, leç. xiii°, p. 525.

homme qui, devançant Locke et Condillac, Helvétius et Saint-Lambert, avait tiré de leurs principes, plus nettement et plus hardiment exposés, les conséquences sociales et politiques qu'ils contenaient, avec la plus rare intrépidité de logique. L'école sensualiste n'a cessé de célébrer Hobbes, et avec raison, car on peut dire qu'il l'exprime tout entière dans son esprit général et dans ses plus grandes applications. Ce sera donc dans Hobbes que nous irons chercher les résultats auxquels elle aboutit nécessairement, quand elle se pique d'être conséquente et de ne mêler à ses principes aucun principe étranger. Plusieurs fois, nous avons montré qu'elle doit nier et nie en effet la liberté et les droits les plus sacrés; nous allons la voir accepter ou plutôt revendiquer hautement le despotisme, qu'elle qu'en soit la forme, monarchique ou démocratique, toujours dans le prétendu intérêt de la société et de l'État.

Il nous sera impossible de ne pas consacrer plusieurs leçons à la doctrine sociale et politique qui sort légitimement de la philosophie de la sensation, c'est-à-dire à l'exposition de la politique de Hobbes; mais, avant d'entreprendre cette exposition, il faut dire un mot de sa métaphysique et de sa morale, et en constater le vrai caractère, afin de faire paraître le lien intime qui unit les différentes parties de sa philosophie[1]. On verra ainsi, comme en abrégé dans un seul homme, tout le développement du sensualisme.

Suivant Hobbes, « la philosophie a pour objet tout

---

[1] Sur Hobbes et sa place dans l'histoire de la philosophie, voyez notre ESQUISSE D'UNE HISTOIRE DE LA PHILOSOPHIE, II° série, t. II, leç. XI.

« corps qui se forme et possède quelque qualité. » *Computatio sive logica*, cap. I, § 8.

C'est bien là la définition de la physique ; mais est-ce celle de la philosophie? Dans ce cas, la philosophie est essentiellement matérialiste.

Au nom de cette définition, Hobbes exclut de la philosophie, et renvoie à la théologie, toute recherche de la nature et des attributs de Dieu, parce que Dieu, étant supposé éternel, ne peut ni se composer ni se diviser, c'est-à-dire se former. *Ibid*.

De là cette sorte d'athéisme assez spécieux, où une fausse mysticité conspire quelquefois avec le scepticisme, et qui, sans se donner la peine d'établir que Dieu n'est pas, se borne à soutenir que nous ne pouvons savoir quel il est. *De la nature humaine*, chap. XI, § 2 et 3.

Puisque Dieu est pour nous sans qualités, évidemment il nous est inintelligible, et surpasse toutes nos idées et toutes nos recherches.

Il n'y a réellement que des corps, et voici la définition de ce qu'on appelle esprit. *Ibid*. chap. XI, § 4 : « Par le mot *esprit*, nous entendons un corps naturel d'une telle subtilité qu'il n'agit point sur les sens, mais qui remplit une place, comme pourrait la remplir l'image d'un corps visible. Ainsi la conception que nous avons d'un *esprit* est celle d'une figure sans couleur; dans la figure nous concevons la dimension; par conséquent concevoir un esprit, c'est concevoir quelque chose qui a des dimensions. » — *Ibid*. § 5 : « Nous qui sommes des chrétiens, nous disons que l'âme humaine est un esprit ; mais il est impossible de le savoir, c'est-à-dire d'en avoir une évidence naturelle; car, comme on a dit dans le chap. vi, § 3, toute évidence est conception; et par le chap. iii, § 1, toute conception est imagination et vient des sens. »

Telle est, en effet, la psychologie de Hobbes; c'est celle d'Aristote et celle d'Épicure combinées. Rappelons-en les traits principaux, d'après le traité *De la nature humaine*.

Ibid. chap. i, § 4 : « La nature de l'homme est la somme de ses facultés naturelles. » — *Ibid.* § 5 : « Deux espèces des facultés, celles du corps et celles de l'esprit. » — *Ibid.* § 6 et 7 : « Trois facultés du corps, la faculté *nutritive*, la faculté *motrice*, et la faculté *générative* ».... « Deux facultés de l'esprit, *concevoir* et *se mouvoir*. » Bien entendu que ces deux dernières facultés sont corporelles comme les premières, mais que seulement elles dépendent d'une matière plus subtile et plus intérieure.

La faculté de concevoir ou de connaître se décompose pour Hobbes en trois facultés élémentaires, la sensation, la mémoire et l'imagination.

Dans le traité *Du corps*, chap. xxv, Hobbes explique parfaitement ce que c'est que la sensation, et qu'elle est le fondement de toute la connaissance. Voyez si ce n'est pas ici déjà le système de la sensation transformée.

Ibid., § 1 : « La sensation (*sensio*) est le principe de la connaissance, et tout savoir en dérive. »

Ibid., § 2 : « La sensation elle-même n'est pas autre chose qu'un mouvement de certaines parties qui existent

SIXIÈME LEÇON. — HOBBES. DROIT NATUREL

à l'intérieur de l'être sentant, et ces parties sont celles des organes à l'aide desquels nous sentons. »

Ibid., § 3 : « Le sujet de la sensation est l'être sentant, à savoir, l'animal. »

Hobbes rencontre sur sa route, mais il n'accueille pas cette opinion presque adoptée par Helvétius[1], que tous les corps sentent.

Ibid., § 5 : « Je sais, dit-il, qu'il y a eu des philosophes, et très-savants, qui ont prétendu que tous les corps étaient doués de sentiment. » Hobbes rejette cette doctrine. Selon lui, toute sensation vraie entraîne la mémoire.

Ibid., § 1 : « La *mémoire* consiste à sentir que l'on a senti, » *sentire se sensisse, meminisse est*.

Ibid., § 7 : « Quant à l'imagination, c'est la sensation continuée, mais affaiblie. » Hobbes a-t-il devancé Condillac et Helvétius, ou Helvétius et Condillac ont-ils copié Hobbes[2] ?

De la nature humaine, chap. III, § 1 : « Comme une eau stagnante, mise en mouvement par une pierre qu'on y aura jetée ou par un coup de vent, ne cesse pas de se mouvoir aussitôt que la pierre est tombée au fond ou dès que le vent cesse ; de même l'effet qu'un objet a produit sur le cerveau ne cesse pas aussitôt que cet objet cesse d'agir sur les organes. C'est-à-dire que, quoique la sensation ne subsiste plus, son image ou sa conception reste, mais plus confuse lorsqu'on est éveillé… C'est cette conception obscure et confuse que nous nommons *fantaisie* ou *imagination*. Ainsi l'on peut définir l'imagi-

---

[1] Plus haut, p. 136.
[2] Plus haut, p. 77, et surtout p. 132.

nation une conception qui reste et qui s'affaiblit peu à peu à la suite d'un acte des sens. »

Quant à la puissance de la liaison des idées et à la puissance des signes, il en est question partout dans les écrits de Hobbes. Personne n'a plus dit que le raisonnement est un calcul ; c'est même le nom qu'il a donné à sa logique : *Computatio sive logica*.

Nous le demandons : en rencontrant dans les ouvrages si répandus du philosophe anglais cette théorie de la connaissance, Condillac avait-il à faire de grands frais d'invention pour arriver à celle qui porte son nom ?

Passons maintenant à cette autre faculté de l'esprit que Hobbes appelle la faculté motrice, et voyons quelle part il fait à la volonté et à la liberté.

De la nature humaine, chap. vii, § 1 : « On a fait voir.... que les conceptions et les imaginations ne sont réellement rien que du mouvement excité dans une substance intérieure de la tête ; ce mouvement ne s'arrêtant point là, mais se communiquant au cœur, doit nécessairement aider ou arrêter le mouvement que l'on nomme vital. Lorsqu'il l'aide ou le favorise, on l'appelle *plaisir*, *contentement*, *bien-être*, et ce n'est en réalité qu'un mouvement dans le cœur, de même que la conception n'est qu'un mouvement dans la tête ; alors les objets qui produisent ce mouvement sont appelés *agréables*, *délicieux*, etc. Ce mouvement agréable est nommé *amour* relativement à l'objet qui l'excite. Mais lorsque ce mouvement affaiblit ou arrête le mouvement vital, on le nomme *douleur*. Et relativement à l'objet qui le produit, on le désigne sous le nom de *haine*. »

Ibid., § 2 : « Ce mouvement dans lequel consiste le plaisir ou la douleur est encore une sollicitation ou une attraction qui entraîne vers l'objet qui plaît ou qui porte à s'éloigner de celui qui déplaît. Ce mouvement se nomme appétit ou *désir* quand l'objet est agréable, *aversion* lorsque l'objet déplaît naturellement, *crainte* relativement au déplaisir que l'on attend. »

Nous avons vu Condillac tirer du désir toutes les facultés de la volonté. C'était encore là un emprunt qu'il faisait non pas à Locke, mais à Hobbes :

Ibid., chap. xii, § 1 : « Nous avons déjà expliqué de quelle manière les objets extérieurs produisent des conceptions, et ces conceptions le désir ou la crainte, qui sont les premiers mobiles cachés de nos actions; car, ou les actions suivent immédiatement la première appétence ou désir, comme lorsque nous agissons subitement, ou bien à notre premier désir il succède quelque conception du mal qui peut résulter pour nous d'une telle action, ce qui est une crainte qui nous retient ou nous empêche d'agir. A cette crainte peut succéder une nouvelle appétence ou désir, et à cette appétence une nouvelle crainte qui nous ballotte alternativement; ce qui continue jusqu'à ce que l'action se fasse ou devienne impossible à faire par quelque accident qui survient..... L'on nomme *délibération* ces désirs et ces craintes qui se succèdent les uns aux autres... » — *Ibid.*, § 2 : « Dans la délibération, le dernier désir, ainsi que la dernière crainte, se nomme *volonté*. »

De la nature humaine, chap. xii, § 6 : « Comme vouloir faire est désir, et vouloir ne pas faire est crainte, la cause du désir ou de la crainte est aussi la cause de notre volonté... »

Hobbes prononce assez souvent le mot de *liberté*; mais il faut bien savoir qu'il n'entend par là que la liberté de nos membres, l'absence d'obstacles à notre action. La liberté dont parle Hobbes est tout entière dans l'exécution et nullement dans la résolution, laquelle résulte fatalement de la puissance des motifs et de l'influence des passions.

Du corps, ch. xxv, § 12 : « La délibération est une suite de mouvements divers... »

« Le désir et la répugnance, quand la délibération n'intervient pas, s'appellent seulement aversion et désir. Quand la délibération a lieu, son dernier acte, si c'est un désir, c'est vouloir, et si c'est une répugnance, c'est ne vouloir pas; de sorte que la volonté et le désir sont une seule et même chose, considérées sous des aspects différents. »

« Ce qui se passe dans l'homme, quand il veut, ne diffère point de ce qui se passe dans les autres animaux lorsqu'ils désirent, sauf la délibération. »

« La liberté de vouloir ou de ne pas vouloir n'est pas plus grande dans l'homme que dans les autres animaux. En effet, dans celui qui désire, la cause du désir le précède, en telle sorte que le désir ne peut pas ne pas suivre, c'est-à-dire qu'il suit nécessairement. Une liberté, telle qu'elle soit, libre de nécessité, ne convient donc pas plus à la volonté des hommes qu'à celle des brutes. »

Au reste, Hobbes professe ouvertement le fatalisme dans son petit traité *De la liberté et de la nécessité*, et dans ses *Questions sur la liberté, la nécessité et le hasard*, en réponse au docteur Bramhall.

Enfin Helvétius n'a pas même le mérite d'avoir inventé le paradoxe que la différence des esprits vient de la différence des passions; c'est encore une idée de Hobbes. *De la nature humaine*, chap. x, § 1 et 2 : « La différence des degrés de connaissance ou de science qui se trouvent dans les hommes est trop grande pour pouvoir être attribuée aux différentes constitutions de leur cerveau... Si la différence dans les facultés était due au tempérament naturel du cerveau, je n'imagine pas de raison pourquoi cette différence ne se manifesterait pas d'abord et de la façon la plus marquée... Ainsi la différence des esprits tire son origine de la différence des passions et des fins différentes auxquelles elles conduisent. »

Voici, selon Hobbes, la définition du bien et du mal; c'est précisément celle de Locke, de Condillac, d'Helvétius et de Saint-Lambert. *De la nature humaine*, chap. vii, § 3 : « Chaque homme appelle *bon* ce qui est agréable pour lui-même, et mal ce qui lui déplaît. Ainsi chaque homme différant d'un autre par son tempérament ou sa façon d'être, il en diffère sur la distinction du bien et du mal; et il n'existe point une bonté absolue considérée sans relation, car la bonté que nous attribuons à Dieu même n'est que sa bonté relativement à nous. Comme nous appelons *bonnes* ou *mauvaises* les choses qui nous plaisent ou nous déplaisent, nous appelons bonté ou méchanceté les facultés par lesquelles elles produisent ces effets. »

Ibid., ch. vii, § 4 : « L'appétit ou le désir étant le commencement du mouvement animal qui nous porte vers quelque chose qui nous plaît, la cause finale de ce mouvement est d'en atteindre la fin, que nous nommons aussi le *but;* et lorsque nous atteignons cette fin, le plaisir qu'elle nous cause se nomme *jouissance.* Ainsi le bien et la fin sont la même chose envisagée diversement. »

La fin de l'homme est donc de tendre à tout ce qui doit lui donner du plaisir, et le bien est tout entier dans la jouissance qui suit l'accomplissement de cette fin.

Telles sont la métaphysique et la morale de Hobbes. Nous les avons rappelées pour deux motifs, d'abord pour montrer le vrai système qu'une logique sévère tire du principe de la sensation, et pour établir ensuite que ce système, devenu si célèbre au dix-huitième siècle, sous la plume de Condillac, d'Helvétius et de leurs amis, n'a pas la moindre originalité, et qu'un siècle avant eux Hobbes le fournit accompli et achevé. C'est donc, encore une fois, un système étranger, transporté de toutes pièces d'Angleterre en France.

Voyons maintenant quelle politique en dérive.

C'est dans le livre *Du citoyen* que se trouve la politique de Hobbes. Ce livre a trois parties : la *liberté*, l'*empire*, la *religion*. Les deux premières seules tombent sous notre examen. La première, la *liberté*, expose l'état des hommes avant l'établissement des lois et du gouvernement. C'est, à parler notre langage moderne, un traité de droit naturel.

Il n'est pas vrai, selon Hobbes, que l'homme ait une disposition naturelle à la société. *Liberté*, chap. i, § 2,

traduction de Sorbière, disciple et ami de Hobbes :
« La plupart de ceux qui ont écrit touchant les républiques, supposent ou demandent comme une chose qui ne leur doit pas être refusée, que l'homme est un animal politique, ζῶον πολιτικόν, selon le langage des Grecs, né avec une certaine disposition naturelle à la société. Sur ce fondement-là, ils bâtissent la doctrine civile, de sorte que, pour la conservation de la paix et pour la conduite de tout le genre humain, il ne faut plus rien, sinon que les hommes s'accordent et conviennent de l'observation de certains pactes et conditions, auxquels alors ils donnent le titre de lois. Cet axiome, quoique reçu si communément, ne laisse pas d'être faux, et l'erreur vient d'une trop légère contemplation de la nature humaine. Car, si l'on considère de plus près les causes pour lesquelles les hommes s'assemblent et se plaisent à une mutuelle société, il apparaîtra bientôt que cela n'arrive que par accident, et non pas par une disposition nécessaire de la nature..... C'est une chose tout avérée que l'origine des plus grandes et des plus durables sociétés ne vient point d'une réciproque bienveillance que les hommes se portent, mais d'une crainte mutuelle qu'ils ont les uns des autres. »

Ainsi la crainte est le fondement de la société. Et d'où vient cette crainte?

« La cause de la crainte mutuelle dépend en partie de l'égalité naturelle de tous les hommes, en partie de la réciproque volonté qu'ils ont de nuire; ce qui fait que nous ne pouvons attendre des autres ni nous procurer à nous-mêmes quelque sûreté; car si nous considérons les hommes faits, et prenons garde à la fragilité de la structure du corps humain (sous les ruines duquel toutes les facultés, la force et la sagesse qui nous accompagnent, demeurent accablées), et combien aisé il est au plus faible de tuer l'homme du monde le plus robuste, il ne nous restera point de sujet de nous fier à nos forces, comme si la nature nous avait donné par là quelque supériorité sur les autres. Ceux-là sont égaux qui peuvent choses égales. Or, ceux qui peuvent ce qu'il y a de plus grand et de pire, à savoir, ôter la vie, peuvent choses égales. Tous les hommes sont donc naturellement égaux; l'inégalité qui règne maintenant a été introduite par la loi civile. » *Ibid.*, § 3.

Outre l'égalité naturelle, Hobbes assigne encore pour cause à la crainte mutuelle que s'inspirent les hommes, la volonté réciproque de se nuire.

Ibid., § 4 : « La volonté de nuire en l'état de nature est aussi en tous les hommes; mais elle ne procède pas toujours d'une même cause, et n'est pas toujours également blâmable. Il y en a qui, reconnaissant notre égalité naturelle, permettent aux autres tout ce qu'ils se permettent à eux-mêmes; et c'est là vraiment un effet de modestie et de juste estimation de ses forces. Il y en a d'autres qui, s'attribuant une certaine supériorité, veulent que tout leur soit permis et que tout l'honneur leur appartienne. En ceux-ci donc la volonté de nuire naît d'une vaine gloire et d'une fausse estimation de ses forces; en ceux-là elle procède d'une nécessité inévitable de défendre son bien et sa liberté contre l'insolence de ces derniers. »

Ibid., § 6 : « Mais la plus ordinaire cause qui excite les hommes au désir de s'offenser et de se nuire les uns aux autres est que, plusieurs recherchant en même temps une même chose, il arrive fort souvent qu'ils ne peuvent pas la posséder en commun, et qu'elle ne peut pas être divisée. Alors il faut que le plus fort l'emporte, et c'est au sort du combat à décider la question de la vaillance. »

La guerre universelle est donc inévitable. Il y a plus : elle est légitime et juste en elle-même.

Ibid., § 7 : « Parmi tant de dangers auxquels les désirs naturels des hommes nous exposent tous les jours, il ne faut pas trouver étrange que nous nous tenions sur nos gardes, et nous avons malgré nous à en user de la sorte. Il n'y a aucun de nous qui ne se porte à désirer ce qui lui semble bon, et à éviter ce qui lui semble mauvais, surtout à fuir le pire de tous les maux de la nature, qui sans doute est la mort. Cette inclination ne nous est pas moins naturelle qu'à une pierre celle d'aller au centre lorsqu'elle n'est pas retenue; il n'y a donc rien à blâmer ni à reprendre, il ne se fait rien contre l'usage de la droite raison, lorsque par toute sorte de moyens on travaille à sa conservation propre, on défend son corps et ses membres de la mort ou de la douleur qui la précède. Or tous avouent que ce qui n'est pas contre la droite raison est juste et fait à très-bon droit. »

La légitimité du but entraîne la légitimité des moyens.

Ibid., § 8 : « Ce serait en vain qu'on aurait droit de tendre à une fin, si on n'avait aussi le droit d'employer tous les moyens nécessaires pour y parvenir; il s'ensuit que, puisque chacun a droit de travailler à sa conservation, il a pareillement droit d'user de tous les moyens et de faire toutes les choses sans lesquelles il ne se pourrait point conserver. »

Hobbes démontre aisément que celui dont le salut est en question est le seul juge des moyens nécessaires à sa conservation.

Ibid., § 9 : « Mais de juger si les moyens desquels quelqu'un se servira, et si les actions qu'il fera pour la conservation de sa vie ou de ses membres, sont absolument nécessaires ou non, c'est à celui du salut duquel il s'agit : il en est le plus compétent juge selon le droit de nature. Et pour vous le montrer : si c'est une chose qui choque la droite raison que je juge du danger qui me menace, établissez-en donc juge quelque autre. Cela étant, puisqu'un autre entreprend de juger de ce qui me regarde, pourquoi, par la même raison, et selon l'égalité naturelle qui est entre nous, ne jugerais-je point réciproquement de ce qui le touche ? Je me trouve donc fondé en la droite raison, c'est-à-dire dans le droit de nature, si j'entreprends de juger de son opinion, d'examiner combien il importe à ma conservation que je la suive. »

Encore une fois, tout ce qu'il plaît d'appeler instinct social, sympathie, bienveillance naturelle, sont des chimères. L'individu n'a qu'un seul instinct, une seule fin, une seule loi naturelle, son intérêt propre, l'intérêt de sa conservation d'abord, ensuite celui de son plus grand bien.

Des intérêts différents mis en présence les uns des

autres produisent non-seulement une crainte mutuelle, mais une hostilité nécessaire, une guerre universelle des hommes entre eux dans l'état de nature.

« L'état naturel des hommes, dit Hobbes, *ibid.*, § 13, avant qu'ils eussent formé des sociétés, était une guerre perpétuelle; et non-seulement cela, mais une guerre de tous contre tous. »

Hobbes prouve sans peine qu'un pareil état est intolérable. *Ibid.*, § 14 : « Il est aisé de juger combien la guerre est mal propre à la conservation du genre humain, ou même de quelque homme que ce soit en particulier. Mais cette guerre doit être naturellement d'une éternelle durée, en laquelle il n'y a pas à espérer, à cause de l'égalité des combattants, qu'aucune victoire la finisse; car les vainqueurs se trouvent toujours enveloppés dans de nouveaux dangers, et c'est une merveille de voir mourir un vaillant homme chargé d'années et accablé de vieillesse. »

Il faut sortir de cette situation, il en faut sortir à tout prix; et, pour y parvenir; il faut reconnaître le droit de la force, le droit de la conquête et la légitimité de la servitude.

Ibid., § 15 : « On cherche des compagnons qu'on s'associe de vive force ou par leur consentement. La première façon s'exerce quand le vainqueur contraint le vaincu à le servir par la crainte de la mort ou par les chaînes dont il le lie. La dernière se pratique lorsqu'il se fait une alliance pour le mutuel besoin que les parties ont l'une de l'autre, d'une volonté franche et sans souffrir de contrainte. Le vainqueur a droit de contraindre le vaincu, et le plus fort d'obliger le plus faible, s'il n'aime mieux perdre la vie, à lui donner des assurances pour l'avenir qu'il se tiendra dans l'obéissance. »

Hobbes passe de là aux précautions que doit prendre le vainqueur envers le vaincu, le plus fort envers le plus faible. Ces précautions sont indispensables, car le droit et la nécessité de se garantir naissent du danger que l'on court. Ce danger vient de ce que tous ont conservé le sentiment de l'égalité qui est entre tous. Or, dès que le vaincu ou le plus faible pourrait se venger du vainqueur, il le ferait en vertu de ce sentiment de l'égalité, s'il n'était enchaîné d'avance par les précautions de ses adversaires.

La conclusion définitive, *ibid.*, § 15, est « qu'en l'état naturel des hommes, une puissance assurée et qui ne souffre point de résistance confère le droit de régner et de commander à ceux qui ne peuvent pas résister; de sorte que la toute-puissance possède immédiatement et essentiellement le droit de faire tout ce que bon lui semble. »

Toutes ces propositions, fidèlement tirées du premier chapitre du traité *Du citoyen*, composent, dans leur enchaînement rigoureux, une théorie à laquelle il est impossible de répondre si on en accepte le principe. Si l'homme n'a pas d'autre instinct, d'autre fin, d'autre loi que son intérêt propre, ce droit de l'intérêt propre engendre en effet le droit de la guerre, et le droit de la guerre engendre à son tour le droit de la force, de la conquête, du despotisme, quel qu'il soit.

Cette théorie soulève trois questions principales :

1° Est-il en général d'une sage méthode de commencer par rechercher l'origine du droit, de la société, du gouvernement, pour en trouver les vrais fondements?

2° En particulier, l'origine assignée par Hobbes au droit, à la société, au gouvernement, est-elle l'origine véritable?

3° La société est-elle le résultat d'un accident, ou n'est-elle pas naturelle à l'homme?

1° Les questions d'origine ont, il faut l'avouer, un vif attrait pour l'esprit humain. L'ancienne physique, négligeant l'observation des phénomènes du monde, se posa d'abord le problème de son origine, et elle n'enfanta que des hypothèses. Non-seulement l'origine véritable des choses lui échappa; mais, comme de l'origine qu'elle supposait elle prétendait déduire la réalité actuelle, elle méconnut et défigura cette réalité. C'est en descendant des hauteurs de ces spéculations stériles et dangereuses sur l'origine des choses à l'observation des faits, que la physique moderne a produit après deux mille ans toutes les merveilleuses et solides découvertes que chaque jour la même méthode augmente. La question de l'origine des idées n'a pas été un moindre obstacle aux progrès de la vraie science de l'esprit humain. Cette science n'a été définitivement constituée que le jour où l'on reconnut la nécessité d'étudier les idées telles qu'elles sont aujourd'hui dans l'esprit de tous les hommes, comme on étudie les faits de la nature, de constater leurs caractères certains, et de là d'induire leurs lois avant de s'enquérir de leur mystérieuse origine. Nous avons sérieusement insisté sur ce point dans l'examen de la psychologie de Locke et de Condillac[1]; nous n'y attachons pas une moindre importance dans le droit naturel.

C'est faire fausse route que de rechercher l'origine du droit avant d'en avoir constaté la nature et le caractère. Pour reconnaître en quoi consiste l'idée du juste et du droit, telle qu'elle est dans l'esprit et dans l'âme, il suffit d'interroger la conscience et dans soi-même et dans les autres. Mais la conscience est muette, le raisonnement chancelle faute de données solides, l'expérience nous fait défaut et cède la place à une érudition hasardeuse ou à l'esprit d'hypothèse, lorsque nous essayons de remonter jusqu'au berceau des sociétés : l'état primitif du monde est un sujet perpétuel de conjectures opposées.

2° C'est ici qu'on peut se donner le spectacle de la puissance de la méthode. Telle méthode, tels résultats. Qu'un philosophe étudie d'abord l'idée du droit en elle-même, avec les caractères certains sans lesquels nous ne pouvons la concevoir, il reconnaît infailliblement que, s'il y a des droits qui dérivent des lois positives, et particulièrement des conventions et des contrats, il est des droits aussi qui ne dérivent d'aucun contrat, puisque les contrats les prennent pour principes et pour règles, d'aucune convention, puisqu'ils servent de fondement à toutes les conventions pour que ces conventions soient réputées justes, des droits que la société consacre et développe, mais qu'elle ne fait pas, des droits inviolables

---

[1] Sur cette question de méthode, voyez plus haut, leç. Ire, p. 8; leç. II, p. 49 et 50; leç. IIIe, p. 73.

aux caprices de la volonté générale ou particulière, qui appartiennent essentiellement à la nature humaine et qui sont sacrés comme elle. Mais Hobbes, au lieu de chercher en quoi consiste actuellement l'idée du droit, remonte à son origine; et, comme il trouve à l'origine des choses l'humanité dans l'état où nous voyons aujourd'hui l'enfant, c'est-à-dire sous l'empire des besoins physiques, s'efforçant de se conserver et d'être le moins mal possible, recourant à la force pour satisfaire ses besoins et ses désirs, Hobbes, parce qu'il rencontre la force dans le berceau de l'humanité, en conclut que la force est tout, qu'elle est l'origine du droit, le seul droit primitif, et partant le seul droit réel. Autant d'erreurs. Aussi loin que nous pouvons remonter dans la nuit des temps, en nous appuyant sur des monuments certains, nous trouvons l'idée du droit contemporaine et distincte de celle de la force. Sans doute la force est à l'origine de toute institution et de tout gouvernement. Mais n'y a-t-il eu que la force? si rien ne s'est fait sans elle, rien non plus ne s'est fait par elle seule. Il n'y a pas eu de gouvernement au monde si violent et si tyrannique, qui n'ait tâché d'emprunter ses titres à la raison, à la justice ou à la religion; il n'en est pas un qui ait osé réclamer au nom de la force toute seule le respect et l'obéissance des peuples. Les conquérants mêmes font consacrer dans les temples le pouvoir conquis sur les champs de bataille. Prenez la première guerre que l'histoire raconte, et vous verrez les deux partis inscrivant sur leur drapeau le nom de la justice. Les peuplades les moins civilisées qui aient pu être découvertes possédaient l'idée de tel ou tel droit, vrai ou faux, extravagant ou raisonnable, image grossière de cette justice éternelle qui éclaire les rapports des hommes, dès qu'ils savent qu'ils sont des hommes et ce que c'est qu'être des hommes.

5° Est-il bien vrai aussi que les hommes ne s'associent, comme Hobbes l'assure, « que par accident et non par une disposition nécessaire de la nature? » Où sont les expériences qui donnent le droit d'affirmer que l'homme n'est pas né pour la société? Prenez garde que l'homme que vous faites passer par un certain état naturel, avant de l'initier à la société, n'est qu'un être de raison. Avez-vous jamais surpris la nature humaine se développant autre part que dans la société? La différence des temps, des lieux, des races, a revêtu le principe social des formes les plus diverses; mais le principe est demeuré le même; s'il a semblé s'éclipser à chaque révolution qui s'est opérée, s'il a menacé parfois de se perdre sous les ruines des sociétés qui s'écroulaient, il a toujours reparu avec la même puissance. Les sauvages du nouveau monde et des îles de l'Océan sont en société. Leurs sociétés grossières sont ou des débris ou des commencements de sociétés meilleures. Comment, dit quelque part Montesquieu, l'homme est partout en société, et on demande s'il est né pour la société! En vérité, la question est absurde. Qu'est-ce qu'un fait qui se reproduit dans toutes les vicissitudes de la vie de l'humanité, sinon une loi de l'humanité? Le fait universel et permanent de la société nous atteste le principe universel et permanent de la sociabilité. Ce principe éclate dans tous nos penchants, dans nos sentiments, dans nos croyances. Nous aimons la société pour les avantages qu'elle procure; mais nous l'aimons aussi pour elle-même, et nous la recherchons indépendamment de tout calcul. La solitude nous attriste : elle n'est pas moins mortelle à la vie de l'être moral que le vide absolu à la respiration de l'être physique. Que deviendrait, sans la société, l'un des principes les plus puissants de notre âme, la sympathie, qui établit entre tous les hommes une communion de sentiment par laquelle chacun vit en tous et tous vivent en chacun? Qui serait assez aveugle pour ne pas voir là un appel énergique de la nature humaine à la société? Et l'attrait des sexes, leur union, l'amour des parents pour les enfants, ne fondent-ils pas une sorte de société naturelle qui s'accroît et se développe par la puissance des mêmes causes qui l'ont produite? Nous l'avons déjà dit[1] : si le besoin et l'instinct commencent la société, c'est la justice qui la cimente et qui l'achève. En présence d'un homme, l'homme reconnaît son semblable; comme il se sait lui-même un être intelligent et libre, et à ce titre ayant droit d'être respecté, il admet irrésistiblement dans son semblable le même droit, et là est le vrai fondement du devoir et du droit, c'est-à-dire de la justice, indépendante de la force. Divisés par l'intérêt, rapprochés par le sentiment, les hommes se respectent au nom de la justice. Ajoutons qu'ils s'aiment en vertu de la charité naturelle[2]. Égaux en droit aux yeux

---

[1] Du Vrai, du Beau et du Bien, leç. xv*, p. 392.
[2] *Ibid.*, p. 397.

de la justice, la charité nous inspire de nous considérer comme des frères, et de nous porter les uns aux autres secours et consolation. Chose admirable! Dieu n'a pas laissé à notre sagesse ni même à notre expérience le soin de former et de conserver la société : il a voulu que la sociabilité fût une loi de notre nature, et une loi tellement impérieuse, qu'aucune tendance à la singularité, aucun égoïsme, aucun dégoût même, ne pussent prévaloir contre elle. Il fallait toute la puissance de l'esprit de système pour faire dire à Hobbes que la société est un accident, et un incroyable accès de mélancolie pour arracher à Rousseau cette parole extravagante, que la société est un mal.

Nous avons exposé et apprécié les principes renfermés dans le premier chapitre du traité *Du citoyen;* arrivons aux chapitres qui suivent, reconnaissons comment l'homme va, selon Hobbes, de l'état de nature à l'état social, de la guerre à la paix.

Selon lui, ce passage s'opère à l'aide des *lois de nature* que dicte la droite raison. Mais qu'entend-il par la *droite raison?*

Du citoyen, première section, chap. II, § 1 : « Puisque tous accordent que ce qui n'est point fait contre la droite raison est fait justement, nous devons estimer injuste tout ce qui répugne à cette même droite raison (c'est-à-dire tout ce qui contredit quelque vérité que nous avons découverte par une bonne et forte ratiocination sur des principes véritables). Or nous disons que ce qui est fait contre le droit est fait contre quelque loi. Donc la droite raison est notre règle, et ce que nous nommons la loi naturelle; car elle n'est pas moins une partie de la nature humaine que les autres facultés et puissances de l'âme. Afin donc que je recueille en une définition ce que j'ai voulu rechercher en cet article, je dis que la loi de nature est ce que nous dicte la droite raison touchant les choses que nous avons à faire ou à omettre pour la conservation de notre vie et des parties de notre corps. »

La fin de cette citation rappelle trop bien la philosophie générale de l'auteur, pour qu'on puisse être embarrassé de cette droite raison dont il nous parle. Les mots peuvent bien faire hésiter un moment le lecteur et lui inspirer quelque doute; mais, pour peu qu'on y réfléchisse, toute erreur est impossible. Il n'y a rien ici qui ne soit très-conforme à la métaphysique de Hobbes. Voici du reste une explication décisive. *Ibid. Remarque* : « Par la droite raison en l'état naturel des hommes je n'entends pas, comme font plusieurs autres, une faculté infaillible, mais l'acte propre et véritable de la ratiocination que chacun exerce sur ses actions d'où il peut rejaillir quelque dommage ou quelque utilité pour les autres hommes. » Il ajoute un peu plus loin, pour éclaircir encore sa pensée : « Je nomme véritable le raisonnement qui est fondé sur de vrais principes et élevé en bon ordre Car toute l'infraction des lois naturelles vient du faux raisonnement ou de la sottise des hommes qui ne prennent pas garde que les devoirs et les services qu'ils rendent aux autres retournent sur eux-mêmes et sont nécessaires à leur propre conservation. »

On le voit : la droite raison de Hobbes n'est que le

raisonnement appliqué aux actions qui peuvent devenir utiles ou nuisibles aux autres hommes, et par suite à nous-mêmes. Or le raisonnement repose sur des principes qu'il ne fait pas; et ces principes du raisonnement sont ceux que Hobbes a tirés de son hypothèse de l'état de nature. Voilà les *vrais principes* d'où un *vrai raisonnement* doit déduire les lois de nature. La droite raison est tout entière dans ce procédé, et jamais Hobbes n'a songé à cette faculté supérieure par laquelle l'esprit s'élève à l'aperception immédiate des principes nécessaires du vrai, du beau et du bien, sans égard à notre intérêt propre. Il faudrait bouleverser tout ce système si simple, si un, si bien lié, pour y introduire une telle faculté. Nous n'avons pas affaire à un homme tel que Locke, dans lequel le sens commun est toujours là pour retenir l'esprit de système et arrêter la logique. Ce qui caractérise Hobbes, ce qui fait son originalité, est une foi absolue dans ses principes, la rigueur et l'audace du raisonnement. Nous pourrons plus d'une fois l'accuser et le convaincre d'erreur, même d'absurdité, mais jamais d'inconséquence.

Examinons de près ces lois de nature à l'aide desquelles Hobbes entreprend de faire passer les hommes de l'état naturel à l'état social.

Première loi. « La première et fondamentale loi de nature, *ibid.*, chap. II, § 2, est qu'il faut chercher la paix, si on peut l'obtenir, et rechercher le secours de la guerre, si la paix est impossible à acquérir. Je mets celle-ci la première, parce que toutes les autres en dérivent et nous enseignent les moyens d'acquérir la paix ou de nous préparer à la défense. »

Sortir de l'état de guerre est donc la première loi de nature. Mais quel est le moyen de substituer la paix à la guerre? Hobbes va nous le dire.

Ibid., § 3 : « C'est une des lois naturelles qui dérivent de cette loi fondamentale, qu'il ne faut pas retenir le droit qu'on a sur toutes choses, mais qu'il en faut quitter une partie, et la transporter à autrui. Car, si chacun retenait le droit qu'il a sur toutes choses, il s'ensuivrait nécessairement que les invasions et les défenses seraient également légitimes (étant une nécessité naturelle que chacun tâche de défendre son corps et ce qui sert à sa conservation), et par ainsi on retomberait dans une guerre continuelle. Il est donc contraire au bien de la paix, c'est-à-dire à la loi de nature, que quelqu'un ne veuille pas céder de son droit sur toutes choses. »

Cette proposition est une conséquence rigoureuse du premier principe du droit naturel de Hobbes. S'il est vrai que naturellement chacun ait droit sur tout, comme c'est de ce droit que naît la guerre, le premier pas à faire hors de la guerre doit être l'abandon d'une partie de ce droit. Mais l'état de nature, tel que notre philosophe l'a conçu, est faux et imaginaire; il n'est pas vrai que naturellement tous les hommes aient droit sur tout.

Hobbes exagère à dessein le droit de propriété pour nous en demander ensuite le sacrifice.

Selon lui, chacun a le droit de s'approprier toutes choses. Seulement, s'il me prend fantaisie de disposer de telle ou telle partie de cet immense domaine, je rencontre mon voisin qui m'arrête au nom du même droit; une lutte s'engage entre nous, et, nulle idée de devoir réciproque et de respect commun ne venant tempérer la férocité de ce prétendu droit de tous sur tout, la lutte n'aura de terme que par la mort de l'un des combattants; car il ne suffit pas au plus fort d'avoir obtenu la victoire, si son ennemi a toujours le droit, le désir et les moyens de se venger. C'est pour prévenir cette lutte sans fin que Hobbes prescrit à chacun le sacrifice d'une partie de son droit de propriété, pour sauver le reste.

Il est difficile aujourd'hui de reconnaître le fondement de nos droits. Une longue habitude nous porte à croire que les lois, qui depuis un temps immémorial protégent nos droits, les constituent; que, par conséquent, si nous avons le droit de posséder, et s'il est interdit de nous ravir notre propriété, nous en sommes redevables aux lois qui ont déclaré la propriété inviolable. Mais en est-il réellement ainsi?

Si la loi établie reposait sur elle-même, si elle n'avait point sa raison dans quelque principe supérieur, elle serait le seul fondement du droit de propriété, et l'esprit satisfait ne chercherait pas à remonter plus haut. Mais toute loi suppose des principes qui en ont suggéré l'idée, qui la maintiennent et qui l'autorisent. S'arrêter à la loi écrite, c'est s'arrêter à la lettre; c'est se conduire en jurisconsulte, non en philosophe.

Quelques publicistes ont prétendu asseoir le droit de propriété sur un contrat primitif. Mais ce contrat primitif à son tour quelle en est la raison? Il en est du contrat primitif comme de la loi écrite. Ce n'est après tout qu'une loi aussi, que l'on suppose primitive. Ainsi, quand un prétendu contrat serait la raison de la loi écrite, il resterait à chercher la raison du contrat. La théorie qui fonde le droit de propriété sur un contrat primitif ne résout donc pas la difficulté, elle la recule.

Il y a plus. Qu'est-ce qu'un contrat? Une stipulation entre deux ou plusieurs volontés. D'où il suit que le droit de propriété est aussi mobile que l'accord des volontés. Un contrat fondé sur cet accord ne peut assurer au droit de propriété une inviolabilité qui n'est pas en lui. Il a plu à la volonté des contractants de décréter l'inviolabilité de la propriété. Un changement de la même volonté peut amener et justifier une autre convention par laquelle le droit de propriété cesse d'être inviolable et peut subir les plus graves modifications.

Comprendre ainsi le droit de propriété, le faire reposer sur un contrat ou sur une législation arbitraire, c'est le détruire. La loi écrite n'est pas le fondement du droit: sinon, il n'y a de stabilité ni dans le droit ni dans la loi elle-même. Au contraire, la loi écrite a son fondement dans le droit qui lui préexiste, qu'elle traduit et qu'elle consacre; elle met la force à son service en échange du pouvoir moral qu'elle lui emprunte.

Après les jurisconsultes et les publicistes, qui fondent le droit de propriété sur les lois et les lois sur un contrat primitif, nous rencontrons les économistes, qui, préoccupés de l'importance du travail et de la production, y placent le principe du droit de propriété. Chacun, disent-ils, a un droit naturel, inviolable et exclusif, sur ce qui est le fruit de son propre travail. Le travail est naturellement productif; le résultat de la production appartient au producteur; il est impossible à un homme de ne pas distinguer ses produits de ceux de tout autre, et d'attribuer à son voisin le moindre droit sur ce qu'il sait avoir produit lui-même. Cette théorie est déjà plus profonde que la précédente; mais elle est encore incomplète. Il y a certainement un rapport entre la production et le droit de propriété, et nous ferons voir en quoi consiste ce rapport. Mais, pour produire, il me faut une matière quelconque; je ne produis qu'à l'aide de quelque chose que je possède déjà. Si cette matière sur laquelle je travaille ne m'appartient point, à quel titre les produits obtenus m'appartiendraient-ils? Il suit de là que la propriété préexiste à la production, et que celle-ci suppose un droit antérieur, qui d'analyse en analyse se résout dans le droit de premier occupant.

La théorie qui fonde le droit de propriété sur une occupation primitive touche à la vérité, elle est même vraie, mais elle a besoin d'être expliquée. Qu'est-ce qu'occuper? c'est faire sien, c'est s'approprier. Il y avait donc, avant l'occupation, une propriété première que nous étendons par l'occupation; cette propriété première au delà de laquelle on ne peut remonter, c'est notre personne. Cette personne, ce n'est pas notre corps; notre corps est à nous, il n'est pas nous. Ce qui constitue la personne, c'est essentiellement, nous l'avons établi depuis longtemps[1], notre activité volontaire et libre, car c'est dans la conscience de cette libre énergie

---

[1] Du Vrai, du Beau et du Bien. leç. xiv°, p. 356, et leç. xv,°, page 384. Voyez aussi l'*Argument des lois*, t. VIII, de notre traduction de Platon.

que le moi s'aperçoit et s'affirme. Le moi, voilà la propriété primitive et originelle, la racine et le modèle de toutes les autres. C'est de celle-là que toutes les autres viennent; elles n'en sont que des applications et des développements. Le moi est saint et sacré par lui-même; voilà déjà une propriété évidemment sainte et sacrée. Pour effacer le titre des autres propriétés, il faut nier celle-là, ce qui est impossible; et si on la reconnaît, par une conséquence nécessaire, il faut reconnaître aussi toutes les autres qui ne sont que celle-là manifestée et développée. Notre corps n'est à nous que comme le siége et l'instrument de notre personnalité, et il est après cette personnalité notre propriété la plus intime. Tout ce qui n'est pas une personne, c'est-à-dire tout ce qui n'est pas doué d'une activité intelligente et libre, c'est-à-dire encore doué de conscience, est une chose. Le droit est dans la personne et non dans les choses, quelles qu'elles soient. Les personnes n'ont point de droit sur les personnes; elles ne peuvent les posséder et en user à leur gré; fortes ou faibles, elles sont sacrées les unes aux autres. Les choses sont sans droit : les personnes peuvent en user, en abuser même.

La personne a donc le droit d'occuper les choses, et en les occupant elle se les approprie. Une chose devient par là propriété de la personne, elle lui appartient à elle seule, et nulle autre personne n'y a plus de droit. C'est ainsi qu'il faut entendre le droit de premier occupant. Ce droit est le fondement de la propriété hors de nous, mais il suppose lui-même le droit de la personne sur les choses, et en dernière analyse celui de la personne, comme étant la source et le principe de tout droit.

La personne humaine, intelligente et libre, et qui à ce titre s'appartient à elle-même, se répand successivement sur tout ce qui l'entoure, se l'approprie et se l'assimile, d'abord son instrument immédiat, le corps, puis les diverses choses inoccupées dont elle prend possession la première, et qui servent de moyen, de matière ou de théâtre à son activité. Ainsi doit être expliqué le droit de premier occupant, après lequel vient le droit qui naît du travail et de la production.

Le travail et la production ne constituent pas, mais confirment et développent le droit de propriété. L'occupation précède le travail, mais elle se réalise surtout par le travail. Tant que l'occupation est toute seule, elle a quelque chose d'abstrait en quelque manière, d'indéterminé aux yeux des autres, et le droit qu'elle fonde est obscur; mais quand le travail s'ajoute à l'occupation, elle la déclare, la détermine et lui donne une autorité visible et certaine. Alors en effet, au lieu de mettre simplement la main sur une chose qui n'appartenait encore à personne, au lieu d'y toucher pour ainsi dire en passant, nous y imprimons notre caractère, nous nous l'incorporons, nous l'unissons à notre personne. C'est là ce qui rend respectable et sacré aux yeux de tous la propriété sur laquelle a passé le travail libre et intelligent de l'homme Usurper la propriété qu'il possède en qualité de premier occupant est une action injuste; mais arracher à un travailleur la terre qu'il a arrosée de ses sueurs est aux yeux de tous un crime manifeste.

Le principe du droit de propriété est la volonté efficace et persévérante, le travail sous la condition d'une première et légitime occupation. Viennent ensuite les lois; mais tout ce qu'elles peuvent faire, c'est de proclamer le droit qui existait avant elles dans la conscience du genre humain; elles ne le fondent pas, elles le garantissent. Les lois n'ont pas le pouvoir magique que leur attribuent les philosophes de l'école de Hobbes. Elles promulguent les droits, mais elles ne leur donnent pas naissance; elles ne pourraient les violer sans être injustes, et sans cesser de mériter le beau nom de lois, c'est-à-dire des décisions de l'autorité publique dignes de paraître obligatoires à la conscience de tous. Cependant, bien que les lois n'aient d'autre vertu que de déclarer ce qui est avant elles, nous y plaçons souvent le fondement du droit et de la justice, au grand détriment de la justice elle-même et du sentiment du droit. Le temps et l'habitude dépouillent la raison de son autorité naturelle pour la transporter à la loi. Qu'arrive-t-il alors? Ou bien nous lui obéissons, même quand elle est injuste, ce qui n'est pas un très-grand mal, mais nous ne songeons point à la réformer peu à peu, n'ayant aucun principe supérieur qui nous permette de la juger : ou bien nous la changeons sans cesse, dans une impuissance invincible de rien fonder, faute de connaître la base immuable sur laquelle il faut asseoir le droit écrit. Dans l'une et l'autre hypothèse, tout progrès est impossible, parce que les lois ne sont pas rapportées à leur véritable principe, qui est la raison, la conscience, la justice souveraine et absolue.

En résumé, Hobbes a le double tort d'avoir érigé en principe de droit naturel, que tous ont droit sur tout, et de faire ensuite honneur à je ne sais quelle loi de nature des restrictions qu'elle apporte à ce droit chimérique. Non, tous n'ont pas droit sur tout, mais chacun a droit sur ce qui n'est à personne, et n'a aucun droit sur ce qu'un autre possède avant lui.

Hobbes n'a pas mieux connu le principe du droit de donation que celui du droit de propriété. Il reconnaît et définit ce droit, *ibid.*, ch. II, § 8; mais il ne le rattache pas à la racine du droit de propriété; il ne l'établit pas sur le droit même de la personne. Je puis me dépouiller de ma fortune pour la faire passer en des mains étrangères. Pourquoi? parce que je suis un être libre. J'ai fait ma propriété d'une chose inoccupée par l'exercice de ma libre volonté; ma possession a été confirmée par l'exercice persistant et continu de ma volonté; le même pouvoir, qui a le droit de conserver ce qu'il avait le droit d'acquérir, peut évidemment s'en dessaisir au même titre. Tel est le fondement naturel du droit de donation. En conséquence, supposez qu'en faisant une donation je n'aie pas agi en toute liberté, la donation est nulle, et j'ai conservé tous mes droits à ce que je possède. Hobbes, qui n'admet pas dans l'homme une activité volontaire et libre[1], ne peut au fond reconnaître légitimement aucun droit. Aussi s'est-il gravement mépris sur le caractère des conventions extorquées par la crainte.

« Les conventions, dit-il, ont-elles la force d'obliger
« ou non? Par exemple, si j'ai promis à un voleur, pour

---

[1] Plus haut, p. 219 et 220.

« racheter ma vie; de lui compter mille écus dès le len-
« demain, et de ne le citer point en justice, suis-je obligé
« de tenir ma promesse? » *Ibid.*, § 16. A cela, il répond
affirmativement, parce qu'il lui semble qu'un pacte ne
peut pas être annulé par cela seul qu'en le contractant
on a obéi à la crainte. « Car, dit-il, il s'ensuivrait par la
même raison que les conventions sous lesquelles les
hommes se sont assemblés, ont fait des lois et ont formé
une société civile, seraient aussi de nulle valeur (vu que
c'est par la crainte de s'entre-tuer que les uns se sont
soumis au gouvernement des autres), et que celui-là
aurait peu de jugement qui se fierait à relâcher un prisonnier qui promet de lui envoyer sa rançon. Il est
vrai, à parler généralement, que les pactes obligent
quand ce qu'on a reçu par la convention est une chose
bonne, et quand la promesse est une chose licite. Or il
est permis pour racheter sa vie de promettre et de donner de son bien propre tout ce qu'on veut en donner à
qui que ce soit, même à un voleur. On est donc obligé
aux pactes mêmes faits avec violence, si quelque loi
civile ne s'y oppose, et ne rend illicite ce qu'on aura
promis. »

Ici Hobbes redoute plus la contradiction que l'absurdité. La société qu'il a imaginée, étant fondée sur la
force et sur la violence et ne pouvant se maintenir que
par la crainte, pour se montrer conséquent au principe
de sa doctrine, il a dû aller jusqu'à soutenir qu'une convention extorquée est obligatoire. Comme si la crainte
avait jamais fondé un droit, et comme si la force brutale
pouvait agir sur la conscience! Il est possible que la

crainte m'arrache une promesse et me contraigne à l'exécuter; mais que j'y aperçoive un devoir et une obligation morale, jamais! Le voleur, n'ayant pas le droit de m'assassiner, n'avait pas le droit d'exiger de moi une rançon pour racheter ma vie. Je fais très-bien de payer la rançon pour racheter ma vie, tant que je crains pour ma vie; mais cette crainte passée, l'engagement fondé sur elle ne subsiste point. Il n'en est pas ainsi d'un prisonnier dont la liberté appartient légitimement au vainqueur, j'entends dans une guerre juste et conforme au droit. Le vainqueur a droit d'exiger une rançon, et par conséquent le prisonnier a le devoir de tenir l'engagement contracté. Ce qui oblige, ce n'est pas seulement la convention, c'est la justice de cette convention, et la première condition d'une convention juste est la liberté des deux contractants. Hobbes, qui sacrifie tout à la stabilité, aurait dû comprendre que le règne de la loi est mal assuré par un sentiment qui naît et s'évanouit avec les circonstances. L'amour est un principe meilleur que la crainte; mais il est trop mobile aussi, et varie au gré de mille causes extérieures. La justice seule avec le devoir qui y est attaché ne change point; elle seule peut donc fonder solidement l'empire des lois et de la paix.

C'est encore dans cette mensongère utilité de la crainte que Hobbes trouve l'origine du serment. « Le serment, dit-il, § 20, a été introduit afin que l'on craignît davantage de violer sa foi... le serment est un discours qui s'ajoute à une promesse, et par lequel celui qui promet proteste qu'il renonce à la miséricorde de Dieu s'il manque à sa parole. » *Ibid*. On ne peut nier que la crainte des peines dont Dieu dispose et qu'il réserve à l'infidélité n'ait sa légitime efficacité; mais le sérment a une vertu plus relevée et plus pure. Il imprime à la promesse un caractère de solennité majestueuse, en prenant à témoin de la sincérité de celui qui parle celui qui voit le fond des cœurs. Il n'ajoute pas à l'obligation qu'impose la simple parole donnée et reçue; mais il consacre cette obligation en la rapportant à la source suprême de toute obligation morale, en élevant la pensée vers le type immortel de toute justice et de toute sainteté. Il est donc par là profondément utile et respectable, même indépendamment de la crainte qui peut s'y mêler, mais qui ne le constitue pas.

Hobbes lui-même semble avoir reconnu cela; car il ajoute : « De cette définition du serment, il est aisé de remarquer qu'un pacte nu et simple n'oblige pas moins que celui auquel on ajoute le serment en confirmation. Car le pacte est ce qui nous lie, et le serment regarde la punition divine, laquelle nous aurions beau appeler à notre secours, si l'infidélité n'était de soi-même illicite, ce qu'elle ne serait pas en effet si le pacte n'était pas obligatoire. » *Ibid*; § 22.

Ces paroles : « L'infidélité est de soi-même illicite, » etc. renferment un aveu précieux de la part de Hobbes. Il confesse donc que le pacte est saint par lui-même et non par la crainte qui l'a dicté.

Ainsi se termine le second chapitre du premier livre. Le troisième contient toutes les autres lois de nature. Nous allons les parcourir rapidement.

Chap. III, § 2 : « *Deuxième loi de nature*. Il faut garder les conventions qu'on a faites et tenir sa parole...... Il n'y a en ceci aucune exception à faire des personnes avec lesquelles nous contractons, comme si elles ne gardent point leur foi aux autres, ou même n'estiment pas qu'il faille la garder, et sont entachées de quelque autre grand défaut.... Il faut ou garder la foi promise à qui que ce soit sans exception, ou ne pas la promettre, c'est-à-dire ou déclarer ouvertement la guerre, ou maintenir une paix assurée et inviolable. »

La raison répugne à reconnaître comme obligatoires les contrats où l'une des parties est de mauvaise foi, aussi bien que les contrats extorqués par la crainte. Quel est l'homme de sens qui voudrait faire un pacte, s'il ne comptait que ce pacte oblige également les deux parties? Si donc il est nécessaire, pour qu'un contrat soit équitable, qu'il soit obligatoire pour l'une et pour l'autre partie, il s'ensuit, ce semble, que si l'une d'elles, le contrat une fois passé, manifeste l'intention de s'y soustraire, l'obligation cesse pour l'autre, et le contrat ne subsiste plus. Cela se déduit rigoureusement de la définition même du contrat telle que l'a donnée Hobbes. Il veut, et avec raison, chap. III, § 5, qu'il y ait accord entre les deux volontés pour que le contrat soit valide; donc il est absurde de soutenir qu'on est obligé de tenir un contrat imposé par la crainte, puisque, si on a été forcé d'accepter ce pacte, il n'y a pas eu accord vrai entre les deux volontés; donc encore il est absurde de soutenir qu'il faut être fidèle au pacte, quand même celui avec qui on a contracté y manquerait, car dans ce cas aussi l'une des deux volontés fait défaut. La théorie que nous combattons serait en vérité trop commode pour les fripons, et elle mettrait la probité à la merci de la mauvaise foi. Vous en voyez la portée politique. Ce que veut Hobbes, c'est que les sujets gardent la foi promise, alors même que les gouvernements la violeraient. Regardez au bout de toutes les maximes de Hobbes, vous y apercevrez toujours la paix à tout prix, même au prix du plus pesant despotisme. Je sais bien qu'on peut abuser aussi de la théorie contraire, et que, sous le faux semblant que l'autre partie est de mauvaise foi, on se peut soi-même refuser aux obligations imposées par le contrat. Mais tout ne peut-il devenir prétexte de mal faire à ceux que n'inspire pas le sentiment du devoir? Le sophiste trouvera toujours moyen d'échapper à la loi ; c'est en vain que vous voudrez l'enfermer dans la lettre, il se jouera de la lettre comme de l'esprit. Mais n'enchaînez pas l'homme de bien dans un cercle inflexible. Laissez quelque chose à l'appréciation de la conscience. Il est beau de savoir être victime : on n'est jamais tenu d'être dupe.

Voici une autre proposition qui n'est ni moins fausse ni moins dangereuse que les précédentes : « Faire injure, dit Hobbes, ch. III, § 5, c'est proprement fausser sa parole, ou redemander ce qu'on a donné. » « Le mot d'injure, dit-il un peu plus loin, signifie la même chose qu'une action ou une omission injuste, et toutes deux emportent une infraction de quelque accord. » *Ibid.* Il appelle l'érudition à l'appui de sa définition : « Chez les Latins, le nom d'injure avait été donné à cette sorte d'action ou d'omission, à cause qu'elle est faite *sine jure*, hors de tout droit. » *Ibid*. Mais Cicéron n'aurait jamais admis cette définition, lui qui partout distingue le *jus scriptum* et le *jus non scriptum*, le droit écrit et celui que la conscience nous révèle.

Hobbes a bien ses raisons pour définir ainsi l'injustice. Il veut avant tout sortir de l'état de guerre qui est, selon lui, l'état naturel; il ne le peut que par une convention, le principe de l'état de nature étant le droit de tous sur toute chose. De là l'importance capitale du contrat dans le droit naturel de Hobbes. Puisque tout droit social repose sur une convention primitive, il est nécessaire non-seulement que toute violation d'un contrat soit une injustice, mais que réciproquement toute injustice soit la violation de quelque contrat. Nous ne saurions protester avec trop d'énergie contre cette définition de l'injustice. L'injustice est la violation d'un droit, non pas seulement d'un droit légal ou de convention, mais d'un droit naturel, prescrit par la raison et par la conscience. La loi écrite, la convention, le contrat, n'est que la forme du droit : c'est la raison, c'est la conscience qui en fait le fond et l'autorité. Cela est si vrai, qu'un contrat inique n'oblige pas; et quand on reste fidèle à une convention, c'est à la justice réalisée par cette convention qu'on reste fidèle. Mais vous jugerez encore mieux la définition de l'injustice proposée par Hobbes, si vous la suivez dans les conséquences qu'il en a tirées avec son intrépidité ordinaire.

La première de ces conséquences, c'est qu'on peut bien causer du dommage à une personne avec laquelle on n'aurait pas contracté, mais qu'on ne saurait lui faire injustice. Voici les propres paroles de notre philosophe : « De là il s'ensuit qu'on ne peut faire tort à une personne, si on n'avait point auparavant contracté avec elle, si on ne lui avait, par quelque pacte, donné ou promis quelque chose. C'est pourquoi on met bien souvent de la différence entre le dommage et l'injure. » *Ibid.*, chap. III, § 4.

Il y a, en effet, une grande différence entre le dommage et l'injure, mais, non pas celle que suppose Hobbes. Le dommage, c'est le mal fait à un autre, considéré matériellement, et indépendamment de l'intention de l'agent; l'injustice, c'est le mal fait à un autre avec intention, c'est la violation volontaire du droit d'un autre, que ce droit soit écrit ou ne soit pas écrit dans un contrat. Du moment que j'ai l'intention de nuire à un autre, je suis injuste, qu'il y ait ou non un contrat, une convention, et même une loi.

Hobbes ajoute : « Si celui qui a reçu le dommage se plaignait de l'injure, l'autre pourrait lui répondre : Pourquoi vous plaignez-vous de moi? Suis-je tenu de faire selon votre fantaisie plutôt que selon la mienne, puisque je n'empêche pas que vous fassiez à votre volonté, et que la mienne ne vous sert pas de règle? Ce qui est un discours auquel je ne trouve rien à redire, lorsqu'il n'est point intervenu de pactes précédents. » *Ibid.*, § 4.

Et nous, nous croyons que le premier pourrait répondre à son tour : Je ne demande point que vous fassiez selon ma fantaisie, mais je vous demande de ne pas vous conduire au gré de la vôtre; je demande que vous vous soumettiez comme moi à la règle de la justice, que votre conscience vous révélera, si vous la voulez consulter. Je demande à être respecté dans ma personne et dans mes biens selon mon droit, comme je reconnais le devoir de vous respecter également. Je ne m'indignerais point du dommage que vous me faites, si je voyais que vous n'avez pas eu l'intention de me le causer; c'est cette intention qui me révolte, non-seulement parce qu'elle me nuit, mais parce qu'elle m'outrage dans mes droits et dans ma dignité. Vous voulez me traiter comme une chose ou une bête, je veux être traité comme un homme. Nous n'avons fait aucun pacte, il est vrai, mais je ne tiens pas d'un pacte ma qualité d'homme, la dignité et les droits qui y sont attachés; ou plutôt il y a un pacte immortel qui n'est écrit nulle part, mais qui se fait sentir à toute conscience non corrompue, ce pacte qui lie tous les êtres intelligents, libres et sujets au malheur, par les liens sacrés d'un commun respect et d'une charité commune.

Autre conséquence non moins fausse de cette même définition de l'injure et de l'injustice : « C'est une fort ancienne maxime, dit Hobbes, qu'on ne fait point injure (ou injustice) à celui qui veut la recevoir. » *Ibid.*, § 7. En effet, dans le système de Hobbes, si c'est la violation seule d'un contrat qui fait l'injustice, il n'y a pas eu envers moi d'injustice dès que j'y ai consenti. Mais c'est là une erreur profonde. Pour qu'un contrat soit juste, il ne suffit pas qu'il y ait accord entre deux volontés, il faut que ces deux volontés n'aient rien voulu que de juste. Il faut surtout que chacune des deux parties jouisse de sa raison, de sa liberté, et ne s'engage à rien qui les outrage. Si, à la faveur de l'ignorance, de la passion, d'une folie momentanée, vous m'arrachez le sacrifice, non-seulement de mes plus chers intérêts, mais de mes droits les plus sacrés, le contrat est nul, parce que le vrai principe de la légitimité d'un contrat, c'est le respect des droits des deux contractants; l'accord des volontés n'en est que la condition, il est vrai, indispensable. Le sens commun en a toujours jugé ainsi. Si un homme nous proposait une convention qui infailliblement amènerait sa ruine, qui de nous accepterait une pareille proposition? Il en est de même des conventions qu'il est aussi coupable de proposer que d'accepter. Ainsi le pacte, même volontaire, qui lie l'esclave au maître, est un crime à la fois et pour l'esclave qui livre à un autre des droits qui lui sont des devoirs à lui-même, et pour le maître qui traite comme une chose un être que Dieu a élevé au rang de personne. Tout pacte de l'homme corrompu au corrupteur est infâme; la conscience d'un être moral est sacrée; elle ne peut devenir l'objet d'un trafic sans une monstrueuse profanation.

J'omets à dessein les dix-huit lois de nature qui suivent, parce que la justice en est évidente. Par exemple: « En la vengeance ou imposition des peines, il ne faut pas regarder au mal passé, mais au bien à venir. » *Ibid.*, § 11.

« Ceux qui s'entremettent pour procurer la paix doivent jouir d'une sûreté inviolable. » *Ibid.*, § 19.

« Personne ne peut être juge de sa propre cause. » *Ibid.*, § 21.

« Les arbitres ne doivent point espérer de récompense des parties. *Ibid.*, § 22.

« On ne fait aucun pacte avec un arbitre. » *Ibid*. § 24.

Tel est le premier livre du traité *Du citoyen*, appelé la *liberté;* il contient la description de l'état des hommes en liberté, le droit naturel de Hobbes, avec les maximes de la droite raison que nous venons de parcourir, et qui conduisent l'homme de l'état naturel à l'état social, du règne de la liberté au règne de la loi, à l'*Empire*. C'est là le sujet du second livre et de la prochaine leçon.

SEPTIÈME LEÇON. — HOBBES.

DROIT CIVIL.

De l'Empire. Nécessité, selon Hobbes, d'une autorité souveraine. — Des divers droits inhérents à la souveraineté. Droit de contrainte, droit de justice et droit de guerre. Droit de faire et de publier les lois. Droit de nomination à tous les emplois. Droit d'examen des doctrines enseignées. Droit d'inviolabilité. Que le souverain n'est pas tenu aux lois de l'État. Qu'il est maître de toute propriété. Qu'il peut sur les particuliers ce que chaque particulier peut sur lui-même. Enfin qu'il ne peut être révoqué. — Réfutation. Distinction du droit civil et du droit politique. Danger de leur confusion. Que cette confusion vient d'une méthode vicieuse qui s'occupe de l'ordre politique avant d'avoir déterminé l'ordre civil. — Rousseau et le *Contrat social.* — Qu'il ne peut y avoir de pouvoir absolu sur la terre. — Vrai sens de la souveraineté du peuple. — Que cette souveraineté n'est pas plus absolue que celle d'un roi. — Que l'idée d'absolu ne convient qu'à la raison et à la justice. — C'est la raison et la justice que nous respectons dans tous les pouvoirs et dans leurs décisions. — Que la loi est mal définie par Rousseau : l'expression de la volonté générale, et que la définition de Montesquieu est meilleure. — Que la volonté par elle-même ne peut être un principe d'obligation. — Que l'ordre civil doit comprendre et consacrer le droit naturel tout entier. — Principe général de l'ordre civil : mélange de justice et de charité.

Comment l'homme passe-t-il de l'état de nature à l'état social ? Par la raison et par les vérités qu'elle découvre à l'homme, vérités naturelles que Hobbes appelle lois de nature. Nous les avons fait connaître. Ce sont des espèces d'axiomes, tous fondés sur le besoin de la paix, et destinés à l'assurer.

Mais ces vérités seraient impuissantes à maintenir la paix parmi les hommes, sans l'existence d'une force capable de dominer toutes les forces individuelles et de conserver la société. Cette force, c'est un gouvernement, c'est la souveraineté, c'est l'*Empire*, comme parle

Hobbes. Ainsi s'élève et se forme, non plus seulement l'état social, mais l'état social organisé, réglé, garanti, agissant et se soutenant par une autorité et par des lois, c'est-à-dire ce qu'on appelle la société civile. Hobbes, pour nous conduire à la société civile et à l'*Empire* qui en est le fondement et le faîte, commence par établir que la raison toute seule ne peut contenir la passion, et que les lois de nature sont insuffisantes à protéger la paix.

Quel sera donc le remède à cette continuelle violation des lois naturelles par la force? Hobbes montre d'abord que ce ne peut être l'association des bons citoyens.

« Puisqu'il est nécessaire, dit-il, chap. v, § 5, pour l'entretien de la paix, de mettre en usage les lois de nature, et que cette pratique demande préalablement des assurances certaines, il faut voir d'où c'est que nous pourrons avoir cette garantie. Il ne se peut rien imaginer pour cet effet que de donner à chacun de telles précautions et de le laisser prémunir d'un tel secours, que l'invasion du bien d'autrui soit rendue si dangereuse à celui qui la voudrait entreprendre que chacun aime mieux se tenir dans l'ordre des lois que de les enfreindre... Le consentement de deux ou de trois personnes ne peut causer des assurances bien fermes... Contre une si petite ligue il s'en trouverait aisément une plus forte ennemie qui serait pour entreprendre sur l'espérance d'une victoire infaillible. C'est pourquoi il est nécessaire, afin de prendre de meilleures assurances, que le nombre de ceux qui forment une ligue défensive soit si grand, qu'un petit surcroît qui surviendra aux ennemis ne soit pas considérable et ne leur rende pas la victoire infaillible. »

§ 4 : « Mais, quelque grand que soit le nombre de ceux qui s'unissent pour leur défense commune, ils n'avanceront guère s'ils ne sont pas d'accord des moyens les plus propres, et si chacun veut employer ses forces à sa fantaisie. »

L'unique remède à l'anarchie et à la guerre, selon Hobbes, c'est l'abandon de tout droit et de tout pouvoir de la part des citoyens entre les mains d'une seule volonté, soit d'un seul homme, soit d'une seule assemblée. § 6 : « Puis donc que la conspiration de plusieurs volontés tendantes à une même fin ne suffit pas pour l'entretènement de la paix, et pour jouir d'une défense assurée, il faut qu'il y ait une seule volonté de tous, qui donne ordre aux choses nécessaires pour la manutention de cette paix et de cette commune défense. Or cela ne se peut faire si chaque particulier ne soumet sa volonté propre à celle d'un certain autre, ou d'une certaine assemblée, dont l'avis sur les choses qui concernent la paix générale soit absolument suivi, et tenu pour celui de tous ceux qui composent le corps de la république. »

Pour le moment Hobbes s'inquiète peu que le pouvoir tombe entre les mains d'un seul ou de plusieurs, pourvu que là où il réside il soit absolu.

§ 7 : « Cette soumission de la volonté de tous les particuliers à celle d'un homme seul ou d'une assemblée arrive lorsque chacun témoigne qu'il s'oblige à ne pas résister à la volonté de cet homme ou de cette cour à laquelle il s'est soumis; et cela en promettant qu'il ne lui refusera point son secours ni l'usage de ses moyens contre quelque autre que ce soit. »

§ 8 : « Celui qui soumet sa volonté à celle d'un autre lui fait transport du droit qu'il a sur ses forces et sur ses facultés propres; de sorte que, tous les autres faisant la même concession, celui auquel on se soumet en acquiert de si grandes forces, qu'elles peuvent faire trembler tous ceux qui se voudraient désunir et rompre les liens de la concorde. »

§ 9 : « L'union qui se fait de cette sorte forme le corps d'un État, d'une société, et, pour le dire ainsi, d'une personne civile; car, les volontés de tous les membres de la république n'en formant qu'une seule, l'État peut être considéré comme si ce n'était qu'une seule tête. Aussi a-t-on coutume de lui donner un nom propre. »

§ 11 : « Cet homme ou cette assemblée, à la volonté de laquelle tous les autres ont soumis la leur, a la puissance souveraine, exerce l'empire, a la suprême domination. Cette puissance de commander et ce droit d'empire consiste en ce que chaque particulier a cédé toute sa force à cet homme ou à cette cour qui tient les rênes du gouvernement. Ce qui ne peut être arrivé d'autre façon qu'en renonçant au droit de résister. »

Voilà la souveraineté établie. Mais il faut l'armer et lui donner les droits qui lui sont inhérents et sans lesquels elle ne serait qu'un fantôme d'empire.

Le premier droit est celui de contraindre. Ce droit est le principe même de l'État.

Chap. VI, § 5 : « Il ne suffit pas, pour avoir cette assurance, que chacun de ceux qui doivent s'unir comme citoyens d'une même ville promette à son voisin, de parole ou par écrit, qu'il gardera les lois contre le meurtre, le larcin, et autres semblables : car qui est-ce qui ne connaît la malignité des hommes, et qui n'a fait quelque fâcheuse expérience du peu qu'il y a à se fier à leurs promesses, quand on s'en rapporte à leur conscience? Il faut donc pourvoir à la sûreté par la punition, et non par le seul lien des pactes et des contrats.»

Le droit de contraindre comprend le droit de punir, d'imposer une peine : c'est ce que Hobbes nomme l'*épée de justice*. Elle n'appartient qu'au souverain. § 6 : « Il est nécessaire pour la sûreté de chaque particulier, et aussi pour le bien de la paix publique, que ce droit de se servir de l'épée, en l'imposition des peines, soit donné à un seul homme ou à une assemblée. Il faut nécessairement avouer que celui qui exerce cette magistrature ou le conseil qui gouverne avec cette autorité ont dans la ville une souveraine puissance très-légitime; car celui qui peut infliger des peines telles que bon lui semble a le droit incontestable des autres à faire tout ce qu'il veut, et que j'estime le plus absolu de tous les empires et la plus haute de toutes les souverainetés.»

Le souverain tient déjà l'épée de justice, ou le droit de punir; Hobbes lui remet encore l'*épée de guerre*, ou le droit de disposer de la force armée et de faire à son gré la guerre ou la paix. § 7 : « Personne ne peut contraindre les autres à prendre les armes ni à soutenir les frais de la guerre, qui n'ait le droit de punir les réfractaires. Ainsi je conclus que, suivant la constitution essentielle de l'État, les deux épées de guerre et de justice sont entre les mains de celui qui y exerce la souveraine puissance.»

Hobbes attribue au souverain le droit de faire et de

publier les lois qu'il définit « ordonnances et édits publiés par le souverain pour servir dorénavant de règle aux actions des particuliers.» § 9.

A tous ces droits il ajoute celui de nommer à tous les emplois civils et militaires. § 10.

Il ne pouvait oublier le droit d'interdire la propagation des doctrines morales et religieuses qui peuvent nuire à l'obéissance due au souverain. §11 : « Il est certain que toutes les actions volontaires tirent leur origine et dépendent nécessairement de la volonté : or la volonté de faire ou de ne pas faire une chose dépend de l'opinion qu'on a qu'elle soit bonne ou mauvaise, et de l'espérance ou de la crainte qu'on a des peines ou des récompenses; de sorte que les actions d'une personne sont gouvernées par ses opinions particulières. D'où je recueille, par une conséquence évidente et nécessaire, qu'il importe grandement à la paix générale de ne laisser proposer et introduire aucune opinion ou doctrine qui persuadent aux sujets qu'ils ne peuvent pas en conscience obéir aux lois de l'État, c'est-à-dire aux ordonnances du prince ou du conseil à qui on a donné la puissance souveraine, ou qu'il leur est permis de résister aux lois, ou bien qu'ils doivent appréhender une plus grande peine s'ils obéissent que s'ils s'obstinent à la désobéissance. En effet, si la loi commande quelque chose sous peine de mort naturelle, et si un autre vient la défendre sous peine de mort éternelle, avec une pareille autorité, il arrivera que les coupables deviendront innocents, que la rébellion et la désobéissance seront confondues, et que la société civile sera toute renversée. Car nul ne peut servir deux maîtres.

Puisque tout le monde accorde à l'État de juger quelles sont les choses qui peuvent contribuer à son repos et à sa défense, et qu'il est manifeste que certaines opinions servent beaucoup à l'un et à l'autre, il s'ensuit que c'est au public à juger de ce qui en est, c'est-à-dire à celui qui gouverne seul la république, ou à l'assemblée qui exerce une puissance souveraine. »

L'attribut indispensable de la souveraineté est l'inviolabilité. § 12 : « De ce que chaque particulier a soumis sa volonté à la volonté de celui qui possède la puissance souveraine dans l'État, en sorte qu'il ne peut pas employer contre lui ses propres forces, il s'ensuit manifestement que le souverain doit être injusticiable, quoi qu'il entreprenne. »

Hobbes ne le dissimule point : la souveraineté qu'il appelle au secours de la société contre l'anarchie est une souveraineté absolue. § 13 : « En une cité parfaite, dit-il, il faut qu'il y ait une certaine personne qui possède une puissance suprême, la plus haute que les hommes puissent raisonnablement conférer et même qu'ils puissent recevoir : or cette sorte d'autorité est celle qu'on nomme *absolue;* car celui qui a soumis sa volonté à la volonté de l'État, en sorte qu'il peut faire toutes choses impunément et sans commettre d'injustice, établir des lois, juger les procès, punir les crimes, se servir, ainsi que bon lui semble, des forces et des moyens d'autrui, de vrai il lui a donné le plus grand empire qu'il soit possible de donner. »

Hobbes n'hésite point à tirer toutes les conséquences du principe avoué du pouvoir absolu. La première es que « le souverain n'est pas tenu aux lois de l'État.» En effet, les lois ne sont que la volonté même du souverain, c'est-à-dire lui-même, et nul n'est obligé envers soi-même. § 14.

Une conséquence extrême, mais rigoureuse, du même principe, c'est que nul n'a rien à soi qui ne relève du souverain, et qu'au fond il est le maître comme l'arbitre de toute propriété. Rien de plus certain s'il n'y a point de propriété naturelle qui soit légitime, et si chaque citoyen tient ce qu'il possède des mains de la société, de l'État et du souverain. Hobbes l'a déjà déclaré, et il le répète ici : « Comme il a été prouvé ci-dessus qu'avant l'établissement de la société civile toutes choses appartiennent à tous, et que personne ne peut dire qu'une chose est sienne si affirmativement qu'un autre ne se la puisse attribuer avec même droit, car là où tout est commun il n'y a rien de propre, il s'ensuit que la propriété des choses a commencé lorsque la société civile a été établie, et que ce qu'on nomme propre est ce que chaque particulier peut retenir à soi sans contrevenir aux lois, et avec la permission de l'État, c'est-à-dire de celui à qui on a commis la puissance souveraine. Cela étant, chaque particulier peut bien avoir en propre quelque chose à laquelle aucun de ses concitoyens n'osera toucher et n'aura point de droit, à cause qu'ils vivent tous sous les mêmes lois; mais il n'en peut pas avoir la propriété en telle sorte qu'elle exclue toutes les protestations du législateur, et qu'elle empêche les droits de celui qui juge sans appel de tous les différends, et dont la volonté a été faite la règle de toutes les autres.» § 15.

Le souverain dispose des particuliers avec la même plénitude d'autorité que chaque particulier dispose de sa propre personne en dehors de la société civile. § 18 : « Il est manifeste qu'en toute société civile il se trouve un certain homme ou une certaine cour et assemblée qui a sur les particuliers une aussi grande et aussi juste puissance que chacun en a hors de la société sur sa propre personne, ce qui revient à une autorité souveraine et absolue. »

On dit que le souverain est la tête de la société civile; cette comparaison n'exprime point assez la puissance du souverain; il faut plutôt le comparer à l'âme. § 19 : « L'âme est ce qui donne à l'homme la faculté de vouloir, de même le souverain est celui duquel dépend la volonté de toute la république. Je comparerais à la tête le premier ministre duquel le souverain se sert au gouvernement de l'État, car c'est à la tête de donner conseil et à l'âme de commander. »

Enfin, et c'est là le dernier des droits du souverain, il ne peut être légitimement révoqué. On se souvient que, parmi les lois de nature de Hobbes, il en est une qui rend encore obligatoire à l'une des parties un contrat que l'autre partie ne respecte pas. Hobbes aurait pu citer cette loi pour y appuyer l'irrévocabilité du contrat qui lie les sujets au souverain. Une simple minorité ne pourrait briser ce contrat; une majorité, pas davantage; car, tous ayant contracté, leur volonté ne peut être remplacée par une simple majorité. L'unanimité même n'y suffirait pas. Car, tous les particuliers ayant transféré le droit d'user de leurs forces pour leur bien propre au souverain sans réserve aucune, cette donation une fois faite ne leur laisse plus le droit de la retirer, et le souverain ne peut perdre sa puissance « s'il ne consent lui-même à ce qu'elle lui soit ôtée. » § 20.

Nous verrons plus tard quelle est la meilleure forme de la souveraineté, selon Hobbes, et s'il vaut mieux la confier à un homme ou à un pouvoir collectif. Mais, en attendant la monarchie ou la république, voilà la tyrannie la plus absolue qui ait jamais été établie. On conçoit qu'un tel système, destiné d'abord à sauver et à servir Charles Ier, ne déplut point à Cromwell[1], dès qu'il fut en possession de la souveraineté. Il n'y a point de despotisme, quelle que soit sa forme, qui n'y trouve son compte, la république au moins autant que la royauté. Le système est complet et achevé, admirablement lié dans toutes ses parties, ayant pour fin, non l'intérêt du tyran, mais celui de l'État, et s'appuyant sur des principes incontestables au point de vue de la philosophie de la sensation, à savoir l'intérêt personnel comme unique mobile d'action, l'inimitié naturelle des hommes, la guerre universelle, et pour obtenir la paix la nécessité de faire donation absolue de sa volonté entre les mains d'un souverain, tel qu'on vient de le décrire, monarque ou assemblée.

Il n'y a qu'un moyen d'arrêter ce système, c'est d'en renverser les principes, et d'en mettre d'autres à leur place qui soutiennent d'autres conséquences et engendrent un autre système.

---

[1] IIe série, t. IIe, leç. xie.

Que vient de faire Hobbes? Un gouvernement, et un gouvernement un, simple, absolu. Et quelle est la fin avouée de ce gouvernement? Le maintien de la société civile et des lois établies pour faire régner la paix entre les citoyens. Mais quelles sont ces lois, destinées à faire régner la paix entre les hommes, quel est cet ordre civil que le gouvernement doit maintenir? N'est-il pas étrange de commencer par le gouvernement qui est le moyen, au lieu de commencer par l'ordre civil pour lequel le gouvernement est institué? N'est-il pas évident qu'il faut déterminer d'abord ce que l'ordre civil doit être, pour déterminer ensuite quel gouvernement est nécessaire pour maintenir et assurer cet ordre?

Selon nous, le premier principe de la vraie science politique est la distinction de l'ordre civil et de l'ordre politique proprement dit, et la subordination de celui-ci à celui-là. En suivant le procédé contraire, on s'expose à deux erreurs funestes : 1° on risque fort de se tromper sur l'ordre politique qu'il faut établir, puisqu'on le compose sans savoir à quoi il est destiné; 2° puis, après avoir rêvé tel ordre politique, on façonne un ordre civil à son image, libéral ou servile, selon le caractère de la souveraineté qu'on a imaginée et l'idéal politique qu'on s'est formé; comme ces systèmes arbitraires de métaphysique que nous avons vus s'imposer à la nature humaine, et la plier à leur usage au lieu de l'exprimer fidèlement; ou comme ces systèmes préconçus de médecine, qui, appliqués ensuite à l'économie animale, la troublent au lieu de la seconder. De même que la vraie médecine est fondée sur la connaissance de l'économie animale, c'est-à-dire sur la physiologie, et la métaphysique sur la psychologie, de même la science du gouvernement repose sur une connaissance approfondie de la société civile.

Or, qu'est-ce que la société civile ? Nous l'avons vu : ce n'est pas le sacrifice du droit naturel, c'est, au contraire, sa consécration; c'est la reconnaissance officielle des droits et des devoirs naturels des hommes entre eux, c'est-à-dire des droits et des devoirs fondés, non sur cet état hypothétique appelé l'état de nature, mais sur la nature même de l'homme. Ces droits et ces devoirs, la raison universelle les découvre, et la conscience universelle les déclare saints et sacrés. La société civile les recueille, elle ne les crée point : ce sont eux bien plutôt qui l'engendrent et qui la maintiennent, et constituent sa beauté, sa grandeur et sa force.

Tel droit naturel, tel ordre civil; puis tel ordre civil, tel gouvernement.

Partez-vous d'un droit naturel où l'individu soit sans droits, la société civile ne peut être pour vous qu'un ordre arbitraire dont l'unique ciment est la crainte. Un tel ordre civil exige un gouvernement qui ne saurait être trop fort; monarchique ou républicain, ce gouvernement doit être absolu. Partez-vous, au contraire, d'un ordre naturel et civil, où les hommes apportent des droits que les citoyens ne peuvent perdre, il est évident que le souverain, quel qu'il soit, n'aura pas tout droit, et que son pouvoir ne pourra être absolu en toutes choses.

La distinction de l'ordre civil et de l'ordre politique est donc de la plus haute importance, et il y a là une question de méthode qui, bien ou mal résolue, entraîne les plus graves conséquences, consacre ou anéantit la liberté, affermit ou abolit les droits de la personne humaine, développe ou efface toute idée de droit, et met la force au service de la justice ou le nom sacré de la justice au service de la force.

Ouvrez les écrits des plus grands publicistes, lisez Hobbes, Spinoza[1], Rousseau, vous y trouverez la consécration formelle du despotisme, despotisme monarchique chez Hobbes et Spinoza, despotisme républicain chez Rousseau; et cela, parce que tous les trois commencent par poser un pouvoir souverain auquel ils livrent la société civile. L'État de Spinoza est comme son Dieu; la cité du philosophe est l'image fidèle de son système : les individus viennent se perdre dans l'État, comme les êtres s'abîment dans la substance infinie. D'un autre côté, nous venons de le voir, Hobbes courbe toutes les volontés sous un despotisme de fer. La fausse méthode suivie par l'un et par l'autre est certainement une des causes de cette déplorable erreur. Je ne dis pas que ce soit la seule; mais celle-là aussi a exercé une funeste influence sur ces deux grands esprits, dont le commun caractère est une conséquence à toute épreuve.

On ne peut supposer à Rousseau d'arrière-pensée de tyrannie. Il n'était point conduit au pouvoir absolu par ses théories métaphysiques et morales : il est spiritualiste, c'est-à-dire profondément pénétré du sentiment

---

[1] Sur Spinoza, voyez II° série, t. II, Esquisse d'une histoire générale de la philosophie, leç. XI°.

de la liberté et de la dignité humaine. Mais deux grands vices de méthode l'ont égaré. D'abord, comme tous les publicistes de son temps, Montesquieu excepté, il prend l'origine des sociétés pour le point de départ de toutes ses recherches; puis il s'occupe de l'ordre politique avant d'avoir établi l'ordre naturel et civil qu'il s'agit de maintenir et de développer, grâce à un gouvernement approprié à cette fin. Rousseau imagine un état primitif où l'homme, n'étant plus sauvage sans être encore civilisé, vivait heureux et libre sous l'empire des lois de la nature. Cet âge d'or de l'humanité, venant à disparaître, emporte tous les droits de l'individu, qui entre nu et désarmé dans ce que nous appelons l'état social. Mais l'ordre ne peut régner sans lois, et puisque les lois naturelles ont péri dans le naufrage des mœurs primitives, il faut en créer de nouvelles. La société se forme à l'aide d'un contrat dont le principe est l'abandon par chacun et par tous de leurs forces et de leurs droits individuels au profit de la communauté, de l'État, instrument de toutes les forces, dépositaire de tous les droits. Nous arrivons ainsi à la souveraineté de Hobbes, et le grand souci, le grand effort de Rousseau, est de déterminer à qui appartiendra cette souveraineté. Ajoutez à ces pentes fatales les habitudes puisées à Genève, dans une petite communauté où les habitants diffèrent à peine les uns des autres par un peu plus ou un peu moins de fortune, ce trompeur exemplaire d'une démocratie de quelques milliers d'âmes, celui des républiques de l'antiquité, et surtout de la république de Platon, qu'il ne pouvait comprendre, et vous avez le secret des déplorables extravagances du *Contrat social*. Le *Contrat social*, c'est le *Traité du citoyen* retourné. Les principes semblent différer à des yeux inattentifs; ils se confondent dans la même conclusion. L'État pour Hobbes, nous le verrons plus tard, ce sera un homme, un monarque, un roi; pour Rousseau, l'État est la collection des citoyens, qui tour à tour sont considérés comme sujets et comme gouvernants; en sorte qu'au lieu du despotisme d'un sur tous, on a le despotisme de tous sur chacun. La loi n'est point l'expression plus ou moins fidèle de la justice naturelle, elle est l'expression de la volonté générale. Cette volonté générale est seule libre; les volontés particulières ne le sont pas. L'une possède tous les droits, les autres n'ont que les droits que leur confère ou plutôt que leur prête la première. La force, dans le *Traité du citoyen*, est le fondement de la société, de l'ordre, des lois, des droits et des devoirs que les lois seules instituent. Dans le *Contrat social*, la volonté générale joue le même rôle, remplit la même fonction. D'ailleurs, la volonté générale ne diffère guère en soi de la force. En effet, la volonté générale, c'est le nombre, c'est-à-dire la force encore. Ainsi, des deux côtés, la tyrannie sous des formes diverses. Rousseau étouffe l'homme dans le citoyen, et, sans s'en douter, comme Hobbes et les partisans du despotisme, il livre les droits sacrés de l'humanité à ce qu'il appelle avec Hobbes la volonté générale, idole chimérique, substituée à la sainte image de la liberté et de la justice, qui dicte ses arrêts le glaive à la main, et qui a mis dans la bouche de l'auteur de la *Profession de foi du vicaire savoyard* ces tristes paroles, *Contrat social*,

l. IV, chap. VIII : « Il y a une profession de foi purement civile dont il appartient au souverain de fixer les articles, non pas précisément comme dogmes de religion, mais comme sentiments de sociabilité, sans lesquels il est impossible d'être bon citoyen ni sujet fidèle. Sans pouvoir obliger personne à les croire, il peut bannir de l'État quiconque ne les croit pas; il peut le bannir, non comme impie, mais comme insociable, comme incapable d'aimer sincèrement les lois, la justice, et d'immoler au besoin sa vie à son devoir. Que si quelqu'un, après avoir reconnu publiquement ces mêmes dogmes, se conduit comme ne les croyant pas, qu'il soit puni de mort; il a commis le plus grand des crimes, il a menti devant les lois. » Rousseau est tombé dans cette étrange théorie, parce qu'il n'a pas compris qu'il y a des droits que tout citoyen tient de sa nature d'homme; que l'État ne les peut retirer, parce que ce n'est pas lui qui les confère; que, par exemple, le droit de penser librement, sous la condition de respecter les croyances de ses semblables, fait partie de ces droits imprescriptibles, inviolables, supérieurs à toute forme politique. Et pourquoi Rousseau n'a-t-il pas compris cette suprême vérité? Parce qu'il s'est perdu d'abord dans la question de l'origine de la société, et ensuite parce qu'il a confondu la société, qui est la fin, avec le gouvernement, qui n'est que le moyen; l'ordre civil, qui est saint et sacré, avec l'ordre politique, toujours un peu arbitraire.

Cette confusion est, au point de vue scientifique, le principe des erreurs de Hobbes et le fondement de toutes les tyrannies.

Oubliant qu'il est des droits pour le maintien desquels le pouvoir est fait et contre lesquels par conséquent le pouvoir est nul, Hobbes confère la souveraineté absolue à un homme ou à une assemblée.

Nous, nous pensons que sur la terre l'absolue souveraineté n'appartient à aucun pouvoir humain, ni monarque, ni conseil, ni roi, ni peuple.

En effet, pour qu'un souverain, quel qu'il soit, fût absolu, il ne suffirait pas de lui attribuer, comme l'a fait Hobbes, l'inviolabilité et l'irrévocabilité : il faudrait lui attribuer encore une qualité que Hobbes, tout hardi qu'il est, n'a point osé lui conférer, une qualité sans laquelle le pouvoir absolu n'est qu'une tyrannie odieuse et insensée, je veux dire l'infaillibilité. Un pouvoir ne peut être légitimement absolu qu'autant qu'il serait infaillible et impeccable, et qu'il n'en pourrait émaner jamais que des commandements raisonnables et justes. Mais supposez votre souverain chargé des attributs les plus formidables, supposez-le manquant une fois, une seule fois, à la raison et à la justice, et vous commandant, non pas seulement une absurdité, mais un crime, soit envers les autres, soit envers vous-même : que ferez-vous? Entre la conscience qui refuse l'obéissance et le souverain, peuple ou roi, qui la commande absolument, qui suivrez-vous? Le roi, le peuple? Il y a donc pour vous quelque chose au-dessus de la raison et de la justice! Ou, si vous préférez la conscience, et vous le devez, ce souverain que Hobbes a mis sur nos têtes, peuple ou roi, n'est donc pas absolu. Et, s'il ne l'est pas dans ce cas, il peut ne l'être pas dans un autre; et tout cet échafaudage d'absolue souveraineté, construit à si grands frais de dialectique, tombe devant une autre souveraineté, à laquelle Hobbes et Rousseau n'ont jamais pensé, l'invisible souveraineté de la raison et de la justice. De là le grand mot de Bossuet, qu'on ne saurait trop opposer à la tyrannie : Il n'y a point de droit contre le droit.

A défaut du gouvernement, serait-ce la société elle-même qui serait souveraine? Soit: mais c'est dans un sens qu'il faut bien expliquer.

Quand nos pères ont proclamé la souveraineté nationale, ils revendiquaient un droit incontestable : ils déclaraient que la société n'appartient en droit à personne, à nul individu et à nulle famille, qu'elle n'appartient qu'à elle-même.

Mais le principe de la souveraineté nationale n'a jamais voulu dire que la nation fût souveraine en ce sens qu'elle pût tout ce qu'elle voudrait, et que sa volonté, pour n'être plus enchaînée, fût absolue. Non : si la souveraineté absolue n'appartient pas à un seul homme, elle n'appartient pas davantage à une nation, à moins que cette nation ne soit infaillible. Il est absurde à l'auteur du *Contrat social* de conférer à la volonté générale ce qu'il refuse à une volonté particulière, car après tout cette volonté générale n'est que la collection des volontés particulières, et il n'y a pas plus dans l'une que dans les autres. Toute volonté humaine, particulière ou générale, est faillible en soi; et, le jour où elle s'égare, le jour où la volonté générale, en la supposant sincère et vraie, et non pas mensongère et controuvée, commande un crime, ce crime ne devient pas plus légitime sous le talisman de la volonté du peuple que sous celui de la volonté du monarque; il demeure crime, et doit être repoussé. Les nations peuvent être aussi injustes que les rois. La Révolution française s'est plus d'une fois égarée dans des folies criminelles. Honneur à ceux qui ont refusé de la suivre dans ses égarements après avoir applaudi à ses principes, et qui lui ont résisté au nom même de ses principes! Honneur à ceux qui, au péril de leur tête, ont défendu les droits revendiqués et consacrés par la Révolution, quand elle osa les outrager! La volonté générale en délire n'est rien devant la volonté d'un seul homme, appuyée sur la raison et la justice. Comme nous l'avons déjà dit, le nombre n'est que la force, et la force, revêtue même d'un appareil légal, ne peut prétendre au respect qui n'est dû qu'au droit. Les peuples, comme les rois, sont tenus d'avoir raison et d'être justes. Leur souveraineté ne change point la folie en raison et l'injustice en justice : légitime quand elle est avec le droit, elle cesse de l'être dès qu'elle a le droit contre elle; elle n'est donc pas absolue.

Mais enfin, me dira-t-on, il faut bien qu'il y ait quelque part un pouvoir qui décide en dernier ressort et qui ait le dernier mot en toutes choses. Je réponds par cette question : Supposez-vous que ce pouvoir aura toujours raison, ou qu'il pourra avoir tort? Si vous supposez qu'il a toujours raison, ce pouvoir est la souveraineté même de la raison et de la justice. Lui donnez-vous la décision et, comme on dit, le dernier mot, même alors qu'il aurait tort? Vous mettez alors quelque chose au-dessus de la raison et du droit, vous imposez l'obéissance à la folie, au crime peut-être. Sachez-le bien : reconnaître la nécessité d'un tel pouvoir, où que vous le placiez, c'est reconnaître la nécessité de la tyrannie sur la terre. Toute la question ne serait plus que de la mettre ici ou là. Je proteste, au nom de la liberté et de la conscience du genre humain, contre une telle doctrine.

Cependant l'idée d'absolu est dans la pensée de l'homme : on ne peut l'en chasser. Oui, sans doute, et nous l'avons cent fois établi nous-même contre l'empirisme et la philosophie de la sensation. N'est-il pas étrange que ce soit cette même philosophie qui, n'admettant rien que de relatif dans l'ordre intellectuel et moral, repoussant tous droits et tous devoirs absolus, dès qu'il s'agit de pouvoir et d'autorité, cherche un pouvoir absolu, une autorité absolue, une souveraineté absolue! Ce mot d'absolu revient sans cesse sous la plume de Hobbes. Appliquer une pareille notion à aucun pouvoir humain, c'est la corrompre et la dégrader, c'est ériger une tyrannie monstrueuse à la fois et chimérique, et abolir la vraie souveraineté en l'enlevant à ce qui seul la possède légitimement, je veux dire à la raison, à la vérité, à la justice.

Rappelez-vous l'enseignement constant et fidèle de ces trois années. Combien de fois n'avons-nous pas distingué les principes en contingents et nécessaires, en relatifs et absolus! Et quels sont ces principes universels, nécessaires, absolus? Nous les avons, l'an passé, parcourus avec vous dans les régions du vrai, du beau et du bien. Il ne s'agit ici que du bien. Le bien, c'est une vérité absolue, obligatoire à la volonté. La volonté n'est

pas le fondement du bien, c'est le bien qui est la loi de
la volonté[1]. De là une obligation absolue, des devoirs
absolus et tout ensemble des droits absolus[2]. Ces devoirs et ces droits ne sont pas artificiels, mais naturels,
ils dérivent de la nature de l'homme. Ils sont imposés à
la volonté avec leur caractère propre, c'est-à-dire absolument, en tout temps, en tout lieu, en toute condition.
Toute volonté les doit respecter; nulle volonté ne prévaut
contre eux. La volonté est obligée envers eux, elle leur
est assujettie; et, comme ils s'appellent d'un seul mot la
justice, il faut dire que la volonté est sujette de la justice,
que la justice est souveraine, et absolument souveraine.
Voilà l'absolue souveraineté, il n'y en a point d'autre.

Le genre humain ne reconnaît que celle-là ; il fléchit
le genou devant elle, parce qu'elle exprime à ses yeux
cette souveraine justice, sœur de cette vérité souveraine et de cette souveraine beauté dont l'idéal et l'éternel principe se nomme Dieu[3].

Au fond c'est la justice et la raison que nous respectons, quand nous respectons le pouvoir quel qu'il soit,
un ou collectif, roi ou peuple, leurs lois et leurs décisions. Si l'on nous demande pourquoi nous respectons
telle loi, telle décision, émanée du monarque ou d'une
assemblée, nous répondons : C'est parce qu'elle nous paraît raisonnable et juste. Qu'on nous démontre que cette
loi n'est ni juste ni raisonnable, à l'instant même elle
perd son titre à notre respect; et, si nous lui obéissons

---

[1] Du Vrai, du Beau et du Bien, leç. xiv°.
[2] Ibid., leç. xv°.
[3] Ibid., leç. xvi°.

en certains cas, lorsqu'elle ne prescrit rien qui révolte trop notre conscience, c'est encore par respect pour la raison et la justice, parce qu'il nous paraît conforme à la justice et à la raison de supporter un désordre momentané plutôt que de mettre en péril l'ordre général ; de sorte qu'en obéissant à une décision peu juste nous témoignons encore de notre respect pour une justice supérieure qui nous oblige dès que nous la concevons. Nous condamnons le roi ou le peuple qui ont pris cette décision ; notre obligation ne se rapporte donc ni au roi ni au peuple : elle remonte plus haut ; son objet véritable et direct est toujours la justice.

Qu'est-ce, en effet, ne craignons pas de le dire aux partisans du pouvoir absolu et de ce qu'ils appellent avec une insolente impiété le droit divin des rois ; qu'est-ce qu'un roi considéré en lui-même ? Un homme faible, passionné, misérable comme nous, assis sur un trône, c'est-à-dire, comme parle Napoléon, sur trois ou quatre morceaux de bois recouverts d'un peu de velours. Il n'y a pas là de quoi fort en imposer à un être raisonnable. Mais, quand on vient à penser que l'inviolabilité de cet homme qu'on appelle le Roi prévient toutes les ambitions, assure la durée du gouvernement, et garantit la paix et la liberté publique, alors la scène change à nos yeux ; nous n'apercevons plus les misères attachées à l'individu, et nous nous inclinons avec respect devant celui qui nous est le symbole de l'ordre universel.

Et qu'est-ce aussi qu'un peuple, je vous prie, un conseil, un parlement ? Une foule, c'est tout dire. Et plus cette foule est nombreuse, plus elle est peuple, et plus c'est un être déraisonnable, emporté par la passion, divisé avec lui-même, et perpétuellement inconséquent. Voilà la majesté du peuple ; elle n'est ni au-dessus ni au-dessous de celle d'un roi. Elle aussi, elle a ses flatteurs et ses courtisans qui la servent en tremblant. Vous êtes tenté de détourner les yeux avec dégoût. Non, ne succombez pas à cette première vue. Regardez au-dessus de cette foule, vous y verrez la sainte image de la patrie se servant comme elle peut de ces instruments infidèles.

Transportez-vous devant les tribunaux, devant ces personnages qui font métier de juger leur semblables, et qui vivent de ce métier. Ce sont eux qui ont condamné Socrate à boire la ciguë et envoyé Bailly à l'échafaud. Il leur est échappé plus d'une erreur, plus d'un crime ; mais enfin ils représentent la justice comme elle peut être représentée par des hommes.

La patrie, l'ordre, la justice, voilà ce qui commande véritablement le respect des pouvoirs humains qui en sont les interprètes.

Et ces pouvoirs eux-mêmes sentent bien que leur autorité est empruntée. Ils s'appliquent à donner à leurs lois, à leurs jugements, à leurs actes, l'autorité de la raison et de la justice. En général, ils cherchent de bonne foi ce qu'il y a de mieux à faire, de plus juste, de plus raisonnable; ils en appellent sans cesse à la justice, à la raison, comme à ce qui oblige définitivement. Ils proclament donc eux-mêmes qu'il y a au-dessus d'eux une souveraineté invisible, mais réelle et universellement acceptée, qu'il s'agit d'exprimer le moins mal possible pour se faire écouter et obéir de l'espèce humaine.

Prenez une des ordonnances que vous lisez souvent dans le *Moniteur*. L'autorité légale de cette ordonnance est dans la signature royale et le contre-seing ministériel ; mais où est son autorité morale ? n'est-ce pas dans ses dispositions mêmes, surtout dans les considérants, dans les motifs de raison et de justice qui sont allégués ? J'entends quelquefois blâmer l'usage des considérants et des préambules pour les ordonnances. Je suis d'un avis bien différent. Sans doute, quand le dispositif est fondé, il s'explique de lui-même ; mais, à mon sens, il ne faut négliger aucun moyen de faire pénétrer les motifs des lois dans l'esprit et dans l'âme de ceux auxquels elles s'adressent. C'est traiter le peuple comme un être raisonnable, c'est l'éclairer et l'élever, c'est lui montrer qu'il est gouverné par la raison et par la justice [1]. Je ne cesserai de le répéter : tout gouvernement humain ne doit jamais oublier qu'il n'a pas affaire à des bêtes, mais à des hommes. Une loi non comprise est un fait matériel qui contraint et n'oblige pas.

Rousseau a cru faire merveille de définir la loi l'expression de la volonté générale ; il ne se doutait pas qu'il lui ôtait par là ce qui en fait toute la vertu. Si la loi n'exprime que la volonté générale, elle n'exprime qu'un fait, ce fait seulement que tant d'hommes ont voulu ceci ou cela. Soit ; ils l'ont voulu, mais avaient-ils raison de le vouloir, et ce qu'ils ont voulu est-il juste ? voilà ce qu'il

---

[1] Platon recommande cette pratique. Voyez l'argument des *Lois*.

m'importe de savoir. La volonté en elle-même, ni la mienne, ni la vôtre, ni celle de beaucoup, ni même celle de tous, n'est un principe ni une règle ; elle n'exprime par elle-même ni la raison ni la justice. Je dis par elle-même ; car elle peut, par sa conformité avec la raison et la justice, leur emprunter leur autorité et devenir ainsi, mais indirectement, un principe légitime de loi. Montesquieu a tout autrement compris la grandeur et la sainteté de la loi, quand, l'arrachant à la volonté arbitraire des peuples et des rois, il la tire de la nature même des choses et des rapports nécessaires qui en dérivent [1].

Plus vous y penserez, plus vous sentirez que nulle volonté, quelle qu'elle soit, ne peut être un principe d'obligation, de commandement ni d'obéissance. Je ne commande légitimement à une autre volonté qu'autant que j'ai droit sur elle, et je n'ai droit sur elle qu'autant que j'ai la raison pour moi ; c'est donc la raison qui commande par mon entremise, ce n'est pas moi. La fière volonté de l'homme n'obéit qu'à la raison ou à ce qu'elle croit la raison. Elle se révolte contre la force qui lui est étrangère, et elle résiste à la volonté seule ; elle sent instinctivement qu'elle est supérieure à la force, qu'elle est égale à toute volonté, qu'elle ne doit respect et obéissance qu'à la raison. En Dieu lui-même, ce qui commande l'obéissance, ce n'est pas même, à parler rigoureusement, sa volonté[2], et encore moins sa puissance ; c'est sa sagesse, c'est sa justice, dont sa volonté et sa puissance sont les organes.

---

[1] Premiers Essais, cours de 1817, p. 285, etc.
[2] Du Vrai, du Beau et du Bien, leç. xiii°, p. 328-335.

A la rigueur, la souveraineté absolue n'appartient qu'à la raison absolue. Mais la raison absolue n'est pas de ce monde; elle se cache dans le sein de Dieu, où repose avec elle l'absolue souveraineté. Cependant, si la raison absolue ne se révèle pas tout entière ici-bas, elle s'y manifeste plus ou moins; elle éclaire l'homme dès son entrée dans la vie, et elle ne l'abandonne jamais. Nous ne possédons point sa pleine lumière, mais il en arrive jusqu'à nous des rayons détournés et affaiblis. Les traces de la raison éternelle sont partout, bien qu'elle dérobe son essence à nos regards. Il faut recueillir ces traces précieuses : elles mesurent les degrés de la souveraineté.

De toutes les vérités, les moins obscures, grâce à Dieu, sont les vérités morales. Comme elles nous sont plus nécessaires, elles nous sont mieux connues. Ce sont, pour parler le langage de Montesquieu, les *rapports nécessaires* qui lient l'homme envers lui-même, envers les autres hommes et envers Dieu. Ce sont les principes éternels du devoir et du droit. Ces principes élèvent au plus haut degré de dignité la condition humaine. L'homme n'est point un de ces êtres qui se perdent dans la vie universelle; les desseins de Dieu sur lui sont grands, puisqu'il y a mis le devoir et le droit. Mais, si Dieu a fait à l'homme une si noble destinée, comment la société pourrait-elle la contrarier? Non, la société ne diminue pas le droit naturel; elle l'affermit et le développe.

Encore une fois, distinguons bien dans toute société le fond et la forme; la forme, c'est l'ordre politique, qui est variable, relatif à certaines circonstances; le fond, c'est l'ordre civil, qui peut et doit être partout le même. Dans l'oubli de cette distinction est l'erreur égale et profonde des deux écoles qui encore aujourd'hui se disputent la société et la philosophie, l'une qui s'appelle exclusivement monarchique, l'autre exclusivement républicaine, l'école de Hobbes et celle de Rousseau, pour ne citer aucun contemporain. Toutes deux ignorent la vraie société, la société naturelle et légitime, l'ordre immortel qui est la fin et la loi de tout gouvernement; et, dans leurs préjugés, elles immolent la fin au moyen, le fond à la forme, la société à tel ou tel gouvernement, l'ordre civil à tel ou tel ordre politique. L'école politique qui sort de la nouvelle école philosophique fait précisément le contraire; elle met l'idée de l'absolu, non dans ce qui passe, mais dans ce qui dure; non dans la forme du gouvernement, mais dans l'essence de la société.

La maxime fondamentale de la nouvelle école politique et philosophique, c'est que tout ce qui est de droit naturel est d'ordre civil, et que le citoyen c'est l'homme tout entier, avec tous ses droits comme aussi avec tous ses devoirs.

Or, nous l'avons vu : les droits de l'homme ne sont que ses devoirs, et ses devoirs ne sont que ses droits. Mon droit, c'est votre devoir envers moi, et mon devoir envers vous[1], c'est votre droit.

Il est bien entendu qu'il ne s'agit ici que des droits et des devoirs des hommes entre eux, et non des devoirs de chaque homme envers lui-même. Cette classe de de-

---

[1] Du Vrai, du Beau et du Bien, leç. XV°.

voirs ne regarde pas la société, et demeure entre la conscience et Dieu.

Tous nos devoirs sociaux se réduisent, vous le savez, à deux, la justice et la charité. De là deux principes généraux de l'ordre civil, principes différents, mais qui s'accordent et s'appuient, et dans leur sein contiennent tous les autres; le premier est la justice, ou le respect des droits; le second est la charité civile, qui, non-seulement respecte les droits des hommes, mais s'occupe de leur bien-être physique, intellectuel et moral [1].

Mais arrêtons-nous. Nous avons voulu seulement marquer notre pensée et donner une idée de la méthode et de l'esprit qui doivent présider à la politique nouvelle. Oui, il faut, avant tout, rechercher et recueillir les principes qui constituent la règle et le but de toute société digne de ce nom, l'ordre légitime que Dieu a prescrit aux établissements humains, en un mot, la vraie souveraineté. Toutes les autres ne sont qu'empruntées et dérivées, selon qu'elles expriment et réfléchissent plus ou moins celle-là. Vient ensuite la question des formes de l'État ou des gouvernements. Elle occupe les derniers chapitres de l'*Empire*, dont il nous reste à vous rendre compte.

---

[1] De Vr. I, du Beau et du Bien, leç. xve; voyez aussi plus bas l'Appendice.

HUITIÈME LEÇON. — HOBBES

DROIT POLITIQUE

Retour sur la distinction de l'ordre civil et de l'ordre politique. Conquêtes de l'ordre civil jusqu'à la Révolution française et la déclaration des droits de l'homme et du citoyen. — Question politique : Que selon Hobbes le meilleur gouvernement est la monarchie absolue. Principe de Hobbes : Que la souveraineté ne peut être divisée. Exposition des chap. ix et x du livre *De l'Empire*. — Extrémité opposée à celle de la monarchie absolue. — Que tout gouvernement simple incline à la tyrannie. — Vérité et beauté de la monarchie constitutionnelle.

Reportons un moment nos regards en arrière, et revenons sur une distinction qui nous est d'une portée immense, la distinction de l'ordre civil et de l'ordre politique.

Tout homme possède des droits qu'il tient de sa nature et non des institutions humaines; mais il demande à ces institutions leur puissant appui pour faire reconnaître et respecter ces droits. De là l'ordre civil, qui est la consécration du droit naturel.

L'ordre politique est le système des institutions destinées à protéger et à garantir l'ordre civil. Il est donc facile d'établir d'un seul mot la différence entre ces deux parties de la science politique : l'ordre civil est le but même de la société; l'ordre politique est le moyen qui mène la société à son but.

Cette première différence en amène plusieurs autres.

Le but que poursuit la société étant partout et toujours le même, puisque la nature de l'homme ne change pas, l'ordre civil est en soi immuable et universel. Les moyens, au contraire, varient nécessairement suivant les temps, les lieux et les circonstances; de là dans les formes de la société des différences que le vrai publiciste sait comprendre et accepter. Il n'enferme point ses pensées et ses espérances dans tel ou tel ordre politique. Ce n'est pas qu'il soit indifférent aux formes diverses des États, ce serait là un autre excès dont sa raison se doit garder; car il y a des institutions qu'il ne peut pas ne pas préférer comme des moyens plus sûrs et plus efficaces, et d'autres qu'il doit réprouver comme étant contraires à la vraie fin de tout gouvernement. Mais il croit que des gouvernements très-différents et même opposés peuvent faire le bien, selon qu'ils conviennent aux lieux, aux temps, surtout au génie des diverses nations.

A la distinction de l'ordre civil et de l'ordre politique correspond celle des droits civils et des droits politiques.

Chaque homme entre dans la société avec certains droits, tels que le droit d'être respecté dans sa personne, dans sa liberté, dans sa pensée, dans sa propriété, dans son industrie et dans les transactions qui s'y rapportent. Ces droits-là sont antérieurs et supérieurs à tout gouvernement; et telle en est l'autorité, qu'un gouvernement ne peut même pour les violer alléguer la nécessité de sa propre conservation; car, s'il ne peut se sauver qu'au prix d'une pareille infraction, c'est un signe, un signe infaillible, qu'il ne mérite pas de vivre, et repose sur des principes contraires à l'ordre civil, c'est-à-dire à la fin même pour laquelle tout gouvernement est institué. Ces droits ne dérivent d'aucune loi humaine; nous ne les devons ni à notre capacité, ni à notre fortune, ni à notre rang, ni enfin à aucune circonstance particulière; ils n'ont d'autre fondement que la qualité d'homme, d'être libre et raisonnable; à ce titre ils appartiennent à tous les hommes.

Mais, outre ces droits inhérents à la nature humaine, il en est d'autres qui consistent à concourir, soit directement, soit indirectement, à l'ordre politique, à la confection des lois, à l'exercice du pouvoir à ses divers degrés. Or il faudrait vouloir s'aveugler soi-même pour ne pas reconnaître la profonde différence qui sépare ces nouveaux droits des premiers.

Les droits qui sont attachés à la qualité d'homme, et que nous appelons naturels et civils, sont nécessaires, absolus, universels, immuables. Les droits politiques présentent des caractères différents.

Ils ne sont pas nécessaires. La raison ne répugne point à admettre que certains hommes en soient privés et que d'autres en soient revêtus.

Ils ne sont point absolus. Les circonstances les font naître, et les circonstances les détruisent ou les suspendent.

Ils ne sont pas universels. Il y a des sociétés où ils appartiennent à tous, d'autres où ils sont le partage du grand nombre, d'autres enfin où ils résident entre les mains du petit nombre, sans que la conscience publique se révolte.

Il ne suffit pas, pour jouir légitimement de ces droits, d'être homme; il faut de plus être en état de les exercer; ce sont, à vrai dire, des fonctions pour lesquelles une certaine aptitude est requise. Il s'agit en effet de participer au gouvernement des hommes, et c'est là une tâche difficile; le droit de la remplir appartient aux plus dignes et aux plus capables. Les conditions de capacité sont diverses : c'est l'intelligence, c'est la moralité, c'est l'âge, c'est une position sociale qui assure une certaine indépendance ou une certaine influence, etc. L'exercice des droits politiques est soumis à ces conditions; ils ne peuvent être là où ces conditions ne se rencontrent pas.

D'où il suit que l'inégalité est le principe même de l'ordre politique, tandis que l'égalité est celui de l'ordre civil. Prétendre à l'égalité dans l'ordre politique est aussi injuste, aussi faux, que de la sacrifier dans l'ordre civil. L'égalité politique est une violence faite à la nature des choses; l'inégalité civile est un outrage à la liberté et à la raison.

Si tout homme est absolument l'égal de tout autre homme, en tant qu'être libre, il a un droit absolument égal à être respecté dans sa liberté. Ici Platon et Aristote n'ont pas plus de droit que le plus ignorant des hommes. La moindre inégalité est un privilége plus ou moins odieux. La femme n'est point l'inférieure de l'homme. Tout esclavage est un crime; et l'émancipation la plus illimitée, l'égalité parfaite, est l'idéal de justice où doit tendre la société.

Mais il n'en est point ainsi dans l'ordre politique. Là,

tous les hommes diffèrent et différeront toujours. Une hiérarchie plus ou moins forte est donc tout à la fois utile et nécessaire, et l'inégalité entre personnes inégales est de l'équité la plus rigoureuse. L'aristocratie est la loi de la politique comme la démocratie est celle de l'ordre civil.

Intervertissez le moins du monde ces notions, vous donnez naissance aux plus déplorables désordres; vous condamnez les sociétés humaines à la triste alternative du despotisme ou de l'anarchie !

Si nous sommes parvenu à nous faire comprendre, vous devez sentir toute l'importance des droits civils. Ils composent le fond même de la vie humaine et de la société. Ils sont engagés dans les transactions les plus ordinaires comme dans les actes les plus relevés. Vous ne pouvez faire un pas sans rencontrer l'ordre civil : mal constitué ou mal assuré, il vous arrête, vous opprime, vous blesse ou vous gêne. C'est pour lui, la plupart du temps, que les peuples s'agitent quand on croit qu'ils poursuivent un but politique.

Les droits civils sont éternels aux yeux de la raison, puisqu'ils dérivent de la nature même de l'homme; mais le droit n'est pas le fait, et la raison n'est pas l'histoire. En fait, l'histoire atteste qu'ils ont été longtemps étouffés sous l'ignorance, les passions, les préjugés, les tyrannies de toute espèce. Combien de siècles n'a-t-il pas fallu pour en faire paraître quelques-uns! Il semble que presque partout les sociétés humaines aient été tournées contre leur fin. Leurs progrès ont été lents et laborieux, mais on ne peut les méconnaître, et les conquêtes du droit civil sont un gage assuré de celles qu'il doit faire encore.

En remontant dans la nuit des temps, on rencontre, au berceau des sociétés, une institution bizarre et vivace, la division des hommes en castes. La caste est une classe dont les fonctions sont déterminées primitivement d'une manière invariable, de telle sorte que tout individu vit et meurt dans la caste où il est né, sans que jamais ni ses talents ni ses services puissent l'en tirer pour l'élever à une caste supérieure. Dans notre société, il y a bien des classes inférieures et des classes supérieures, mais la distinction existe de fait et nullement de droit; car chaque jour l'inégalité de capacité et de travail fait monter et descendre les citoyens d'une classe à l'autre. Dans l'Orient, surtout dans l'Inde, certaines castes possèdent exclusivement des droits et le pouvoir. Les parias sont des êtres vils par nature; ils sont la chose des castes supérieures, dont les membres ont seuls quelque conscience de la dignité de la personne humaine [1].

La société grecque ignore la division en castes, mais elle nous présente un fait presque aussi contraire au droit, l'esclavage; cependant il y a déjà ici un progrès marqué. Le paria fait partie de la société orientale; l'esclave ne fait point partie de la société antique : le génie grec a au moins compris que la cité ne doit se composer que d'hommes libres et parfaitement égaux en droits. Platon substitue les classes aux castes : on ne naît plus,

---

[1] Lois de Manou, *comprenant les institutions religieuses et civiles des Indiens, traduites du sanscrit et accompagnées de notes explicatives*, par Loiseleur des Longchamps, 1823.

on devient, selon le vœu de la nature, artisan, guerrier, prêtre ou magistrat[1].

L'histoire des plus beaux siècles de Rome est le développement de la lutte entre les patriciens et les plébéiens; et le grand dénoûment de cette histoire, ce qui lui donne pour nous un si puissant intérêt, c'est la conquête des droits civils accomplie par le peuple au prix de son sang et des plus durs travaux. Chaque combat, chaque triomphe lui apporte un droit. Primitivement le plébéien est le client du patricien; comme tel il lui est incorporé en quelque sorte; le patricien, créancier du plébéien, n'a pas seulement droit sur ses biens, mais sur sa personne. Le peuple se lasse un jour de cette condition intolérable; il se sépare, et ne revient à Rome qu'après avoir arraché à ses maîtres le droit d'être compté aussi dans la cité[2]. Mais ce droit ne lui peut suffire. Que sert aux plébéiens d'être des citoyens, ayant leur libre suffrage et protégés par une magistrature populaire, si ses alliances manquant de la consécration religieuse sont flétries du nom de *concubitus*? Une seconde crise éclate, et le peuple conquiert un droit nouveau, un droit saint entre tous, le droit du mariage, le vrai et légitime *connubium*[3]. Voilà le peuple relevé à ses propres yeux; mais il faut qu'il puisse vivre et faire vivre sa famille. « On vous appelle le peuple-roi, s'écrient les Gracques, et vous ne possédez pas

---

[1] Voyez les *Lois*, t. VII et VIII de notre traduction, avec l'*Argument* et les *Notes* où nous avons fait voir les nombreux emprunts que fait Platon à la législation de Solon et à celle de Lycurgue.
[2] Retraite sur le mont sacré.
[3] Lois des Douze Tables.

une motte de terre. » Le peuple engage une troisième lutte, et conquiert sa part de ces *terres publiques*, depuis longtemps usurpées par les patriciens et qui leur permettaient d'étaler un luxe insolent dans la misère universelle. La loi agraire n'était pas une utopie ambitieuse, c'était tout simplement le besoin et le droit de vivre.

L'Évangile bien compris contient tous les grands principes de l'ordre social ; mais l'œuvre du christianisme est souillée par la barbarie, par la conquête et la féodalité, qui créent le servage, contrairement à l'esprit chrétien. Du reste, la distance du servage à l'esclavage est immense. L'esclave n'avait ni liberté, ni famille, ni Dieu : le serf conserve une certaine indépendance ; il possède à certaines conditions ; il lui est permis de se consoler au foyer domestique ; il a une femme et des enfants légitimes ; il prie le même Dieu que ses maîtres, le Dieu mort sur la croix ; il a la même âme et les mêmes espérances.

En France, quels progrès la vie sociale n'a-t-elle pas fait depuis la fin du moyen âge ! Pour être justes, reconnaissons que nous les devons presque tous au patriotisme éclairé de la royauté. Ce sont les grandes ordonnances de François I*er*, de Henri IV, de Louis XIV et de Louis XVI qui ont préparé parmi nous le règne de la liberté civile.

La Révolution française a fait bien mieux que d'accorder à un grand nombre de citoyens des droits politiques ; elle a assuré à tous la jouissance égale de ces droits, sans lesquels il n'y a pour l'homme en société ni sécurité ni dignité.

Elle a établi la liberté individuelle la plus entière; elle a consacré, non l'égalité politique, qui est une chimère et une absurdité, mais l'égalité civile, qui peut être réalisée puisqu'elle doit l'être. Sans doute elle a fait de grandes fautes, et je les ai plus d'une fois signalées; mais ses fautes ont été passagères, et ses services sont immortels. Laissez là la constitution de 1791, et portez vos regards vers cette admirable déclaration des droits et des devoirs de l'homme et du citoyen, la page la plus grande, la plus sainte, la plus bienfaisante qui ait paru dans le monde depuis l'Évangile. Est-il besoin que je vous rappelle cette déclaration, à vous, enfants comme moi de la Révolution française? Lisez-la et relisez-la sans cesse. Elle contient ce qu'il y a d'impérissable dans les travaux de l'Assemblée constituante. La constitution de 1791 a passé. La déclaration des droits a traversé toutes les constitutions, elle est dans la dernière comme dans la première; c'est elle qui est destinée à faire le tour du monde et à renouveler les sociétés humaines.

Il faut pourtant aborder la question redoutable des constitutions et de l'ordre politique; nous ne pourrions la traiter sans excéder les limites de cet enseignement; mais nous devons au moins la poser, et apprécier la solution qu'en a donnée le philosophe anglais.

La fin de la société étant nettement déterminée, la question d'une constitution, d'un bon gouvernement, se réduit à celle-ci: Tel gouvernement est-il un bon moyen de réaliser l'ordre civil, dont nous venons de faire connaître les principes?

Ainsi posée, il est clair que la question n'admet point

une solution unique et absolue; il est clair que tout moyen varie, comme nous l'avons déjà dit, selon les lieux, selon les temps, selon l'histoire, selon le génie des peuples.

Toutefois il n'est pas impossible de déterminer, dans la mesure qui vient d'être établie, les conditions générales et essentielles d'un bon gouvernement.

La mission première de l'État est de faire respecter les droits de tous; pour cela, il faut évidemment que l'État soit fort, sans quoi il ne pourrait ni réprimer ni prévenir les attentats à l'ordre public. D'un autre côté, si toute la puissance est aux mains du gouvernement, il est à craindre qu'il ne se contente pas de prévenir et de réprimer, mais qu'il opprime. De là la nécessité d'un double système de garanties : garanties du pouvoir vis-à-vis des citoyens, garanties des citoyens vis-à-vis du pouvoir. Là où manquent les unes ou les autres, il y a anarchie ou despotisme. Ainsi, garanties de l'ordre et garanties de la liberté, tels sont les deux principes fondamentaux d'un État constitué selon sa vraie fin.

Hobbes n'a vu qu'un côté du problème. Ne trouvant dans sa philosophie générale aucune idée de droit et de justice naturelle, mais l'intérêt seul, et l'intérêt de tous aux prises avec l'intérêt de tous, pour substituer la paix à la guerre universelle que la liberté engendre, il a recours à l'empire ; mais cet empire, il le fait tel qu'il écrase la liberté, que l'État est tout, et que les individus ne sont rien; tandis que, dans la vérité des choses, c'est pour les individus, c'est pour garantir leur liberté et leurs droits que la société est faite et l'État institué. Rien de plus simple que le gouvernement tel que Hobbes le conçoit et l'établit. Un seul pouvoir né du peuple, mais une fois pour toutes investi par lui d'une souveraineté absolue, dispensateur de tous les emplois, juge de tous les intérêts, seul faisant les lois et en poursuivant l'exécution, déclarant à son gré la paix ou la guerre, et disposant de la raison et de la conscience elle-même en se portant l'arbitre de toutes les doctrines, du vrai et du faux, du bien et du mal : voilà l'idéal du gouvernement pour Hobbes, voilà l'empire. Peu lui importe, après cela, que cette souveraineté absolue soit confiée à un homme ou à une assemblée. Cependant la forme de la souveraineté absolue la plus conforme à son principe est la monarchie, bien entendu la monarchie absolue, sans contrôle et sans contre-poids.

Hobbes part de ce principe, que la souveraineté ne peut être divisée, qu'ainsi toute souveraineté mixte et partagée est contradictoire avec elle-même et ne vaut rien. Ch. vii, § 4.

Il soutient que, dans son origine, la monarchie vient aussi du peuple; car il admet que le peuple est la source de la puissance, mais il prétend qu'il est de l'intérêt du peuple de résigner sa puissance entre les mains d'un homme sans réserve et sans limites.

§ 11 : « La monarchie tire son origine de la puissance du peuple qui résigne son droit, c'est-à-dire l'autorité souveraine, à un seul homme. En laquelle transaction il faut s'imaginer qu'on propose un certain personnage célèbre et remarquable par-dessus tous les autres, auquel le peuple donne tout son droit à la pluralité des suffrages, de sorte qu'après cela il peut légitimement faire tout ce que le peuple pouvait entreprendre auparavant. Et, cette élection étant conclue, le peuple cesse d'être une personne politique et devient une multitude confuse. »

§ 12 : « D'où je recueille cette conséquence que le monarque ne s'est obligé à personne en considération de l'empire qu'il en a reçu, car il l'a reçu du peuple, qui cesse d'être une personne dès qu'il a renoncé à la puissance souveraine ; et, la personne étant ôtée de la nature des choses, il ne peut point naître d'obligation qui la regarde. »

Ainsi la monarchie est fondée sur une donation ou transport des droits du peuple par le peuple lui-même qui ne réserve rien. Cette souveraineté est différente de celle que confèrent la conquête et la paternité, mais elle donne les mêmes droits. Chap. VIII, § 1 : « La royauté n'est autre chose qu'une domination plus étendue et une seigneurie sur un plus grand nombre de personnes, de sorte qu'un royaume est comme une famille fort ample, et une famille est comme un petit royaume. » Ch. IX, § 7 : « Les enfants ne sont pas moins sous la puissance de leurs pères que les esclaves sous celle de leurs maîtres et les sujets sous celle de l'État. »

En effet, selon Hobbes, nous l'avons déjà vu, l'esclave est très-légitimement esclave, car le droit de conquête est vrai. § IX : « N'est-ce pas à condition d'obéir qu'un esclave reçoit la vie et les aliments desquels il pouvait être privé par le droit de la guerre, ou que son infortune et son peu de valeur méritaient de lui faire perdre? Par ainsi, sa servitude ne doit pas paraître si fâcheuse à ceux qui en considéreront bien la nature et l'origine. »

Le roi de Hobbes est à la lettre le seigneur et le père de ses sujets. Il use de la souveraineté comme de son patrimoine. Il en dispose donc à son gré après sa mort, et la transmet à qui il lui plaît, et de son vivant même il peut la donner ou la vendre. Chap. ix, § 13 : « Mais ce dont on peut faire transport à un autre par testament, n'a-t-on pas droit d'en faire donation ou de le vendre de son vivant? Certes celui à qui le roi transmet sa royauté ou en pur don ou par manière de vente, reçoit fort légitimement le sceptre. »

Le chapitre x est consacré tout entier à faire voir l'excellence de la monarchie absolue. Hobbes la compare à toutes les autres formes de la souveraineté, et la met au-dessus de toutes. Il y a d'excellentes choses dans tout ce chapitre, et Hobbes triomphe aisément quand il raisonne seulement en faveur de la royauté. Indiquons les titres des paragraphes suivants : § 3, Éloge de la royauté; §§ 4 et 6, Que les exactions sont plus grandes et plus rudes en l'état populaire que sous un roi; § 7, Que les gens de bien ont moins à craindre sous la domination royale que dans un État populaire; § 8, Que chaque particulier ne jouit pas de moins de liberté sous un roi que dans une république; § 9, Qu'il n'y a rien d'incommode pour des particuliers de n'assister pas tous aux délibérations publiques; § 10, Que les délibérations sur les choses importantes à l'État passent malaisément par les avis des grandes assemblées, à cause de l'impertinence de la plupart de ceux qui y peuvent assister; § 11, Et à cause de l'éloquence; § 14, Et à cause que le secret y manque;

§ 15. Que ces inconvénients se rencontrent en l'État populaire, à cause que les hommes se plaisent naturellement à faire gloire de leur esprit.

Malheureusement tout cela aboutit à la royauté absolue. Citons quelque chose du paragraphe 18 : Que la meilleure forme de gouvernement est celle où les sujets sont le patrimoine du souverain. « Après tout, puisqu'il était nécessaire pour notre conservation d'être soumis à un prince ou à un État, il est certain que notre condition est beaucoup meilleure quand nous sommes sujets d'une personne à qui il importe de nous bien conserver. Or cela arrive quand les sujets sont du patrimoine et de l'héritage du souverain; car chacun est assez porté naturellement à bien garder ce dont il hérite… Et à peine trouvera-t-on un exemple d'un prince qui ait privé un sien sujet de ses biens et de sa vie par un simple abus de son autorité et sans qu'il lui en eût donné occasion. »

La conscience du genre humain se révolte contre un système qui aboutit à de pareilles conséquences, et l'effet presque certain de la théorie de Hobbes est de pousser à la théorie contraire, d'autant plus dangereuse qu'elle a de plus nobles apparences. Mais ôter la souveraineté absolue des mains d'un roi pour la remettre aux mains du peuple, c'est seulement changer de tyrannie. D'abord, comme à moins d'avoir à son service un autre peuple d'esclaves, le peuple ne peut à tout moment se gouverner tout entier lui-même, il arrive nécessairement que quelques-uns se mettent à la place de tous. Ensuite, quand le peuple entier pourrait lui-même se gouverner, qu'importe, je vous prie, si en réalité il est incapable de se gouverner conformément à la raison et à la justice? Le beau idéal n'est pas d'être opprimé au nom de tous, mais de ne l'être par personne. Croyez-vous qu'au tribunal du peuple Galilée n'eût pas été aussi sûrement condamné qu'au tribunal de l'inquisition? Socrate n'a été condamné par l'Aréopage qu'à la majorité de cinq voix; devant la foule, Anytus et Mélitus auraient aisément obtenu l'unanimité contre la philosophie. La tyrannie populaire est la plus redoutable, parce qu'elle est irrésistible. Contre la tyrannie d'un roi, la liberté peut en appeler au peuple. Mais, contre un peuple en délire, quel asile reste-t-il à la liberté?

Dans la leçon précédente et dans celle-ci, nous avons recueilli et confirmé de toute manière un grand principe : nul pouvoir humain n'est infaillible, donc nul pouvoir absolu n'est légitime sur la terre. L'absolue souveraineté n'appartient qu'à la raison et à la justice; tout pouvoir ne se justifie qu'en s'y appuyant, en s'efforçant de les réaliser plus ou moins : il a donc toujours besoin de contrôle, de contre-poids, de limite. Il a fallu bien des siècles pour que cette grande vérité se fît jour. L'orgueil et les passions des souverainetés diverses qui tour à tour ont pesé sur le genre humain, l'avaient retenue captive. C'est la morale qui l'a d'abord enseignée à la politique; l'expérience et le malheur l'ont peu à peu répandue parmi les hommes, et, grâce à Dieu, à l'heure qu'il est, elle est devenue un axiome du sens commun.

Corneille l'a dit, homme ou gouvernement,

> Qui peut tout ce qu'il veut veut plus que ce qu'il doit.

La modération est la loi suprême de tout pouvoir; mais la nature humaine est trop faible pour qu'on s'en remette à elle-même du soin d'être volontairement modérée; il faut venir à son aide et la soutenir du côté où elle penche; il faut que, dans une société bien ordonnée nul pouvoir, quel qu'il soit, royal, aristocratique ou populaire, ne soit tenté d'abuser, sans rencontrer sur-le-champ un autre pouvoir qui lui serve de frein. Tant que le pouvoir sur la terre sera confié à des hommes, telle est son impérieuse, son inflexible condition. Ne vous fiez pas à Marc-Aurèle lui-même, ou songez que Marc-Aurèle sera remplacé par Commode. Il n'y a pas une âme humaine qui soit à l'épreuve de la puissance souveraine. Je ne crains pas de répéter cette maxime; je voudrais la graver dans l'esprit des particuliers comme dans celui des peuples : toute raison en ce monde doit avoir son contrôle, toute volonté sa contradiction, tout pouvoir, petit ou grand, éclatant ou caché, un pouvoir égal capable de le tempérer. Il est bon, il est nécessaire que l'homme sente l'obstacle, qu'il le prévoie, qu'il le redoute, qu'il compte avec lui, sans quoi il s'emportera par où le poussent la passion, l'orgueil, l'ambition, l'ardeur naturelle de l'âme, et ce je ne sais quoi d'excessif et d'extrême qui tient à ce qu'il y a de plus grand dans l'humanité, le besoin de sortir de toutes bornes et de s'élancer dans l'infini.

Règle générale : Tout gouvernement appuyé sur un seul principe incline à la domination exclusive de ce principe, c'est-à-dire à la tyrannie.

L'ère des gouvernements simples est l'enfance du génie politique. La raison virile des temps modernes repousse également la monarchie pure et la pure démocratie. Notre époque réclame une forme de gouvernement qui concilie le mouvement et la règle, l'ordre et la liberté, et représente tous les éléments réels de la société dans leur balancement et leur harmonie, au lieu de les sacrifier tous à un seul. Ce gouvernement tempéré où la royauté et le peuple ont leur juste place, qui est à la fois la meilleure des monarchies et la meilleure des républiques, s'appelle d'un seul mot la monarchie constitutionnelle.

Je ne connais rien de plus propre à dégoûter des théories chimériques, que l'étude attentive de la monarchie constitutionnelle. Qu'il me soit donc permis d'en faire ressortir la beauté et la profondeur dans une courte analyse. Déjà cette forme de gouvernement commence à prendre de l'autorité dans le monde; elle est celle de deux grandes nations, l'Angleterre et la France, et elle tend à se répandre dans toute l'Europe; elle se modifie suivant les lieux et suivant le passé des sociétés où elle s'implante; mais elle conserve partout ses principes fondamentaux.

Une charte, un roi et deux chambres, voilà tout le mécanisme de ce gouvernement.

D'abord, qu'est-ce que la Charte? Admirons combien le bon sens et l'instinct national sont ici d'accord avec la science. Tout le monde en appelle à la Charte comme à la règle suprême et universelle. La raison en est que la Charte est la consécration des droits civils, de ces droits pour lesquels nos pères ont tant et si glorieusement combattu, et qu'ils nous ont définitivement conquis. Si elle contenait seulement quelques principes de droit politique ou administratif, elle n'aurait qu'une valeur très-secondaire; mais elle est en quelque sorte la formule vivante des droits de l'homme; elle proclame l'égalité civile, l'accessibilité de tous à tous les emplois, la liberté de la pensée, soit politique, soit philosophique, soit religieuse, la sûreté de la personne, l'inviolabilité de la propriété. Voilà ce qui en fait la grandeur.

Depuis quelque temps, des publicistes, formés surtout à l'école de l'Amérique, donnent à la monarchie constitutionnelle le nom de gouvernement représentatif. La dénomination est nouvelle, et, selon nous, s'applique assez mal à notre gouvernement. La monarchie constitutionnelle désigne nettement une forme de monarchie où le roi est beaucoup, mais n'est pas tout; où il y a des choses qu'il ne peut pas faire, et qui sont, par la constitution même, soustraites à sa puissance : c'est là le gouvernement consacré par la Charte. Nous n'aimons pas, nous repoussons même autant qu'il est en nous cette expression équivoque de gouvernement représentatif; mais, puisqu'elle s'accrédite, il en faut rappeler les explications les plus célèbres.

La première est celle-ci : Le pouvoir appartient de droit à la nation, et, par conséquent, à la majorité. Mais, comme cette majorité ne peut l'exercer directement, et que pourtant il n'est légitime qu'autant qu'il vient d'elle, il est nécessaire qu'elle se fasse représenter par un certain nombre de délégués : c'est en ce sens que le gouvernement est représentatif. Cette théorie, de près examinée, suppose qu'on peut représenter la volonté, soit de la nation tout entière, soit de la majorité, et, grâce à cette supposition, elle peut, jusqu'à un certain point, rendre compte de la Chambre des députés; mais elle ne rend compte ni de la Chambre des pairs ni de la royauté. Serait-ce, par hasard, pour cela qu'elle aurait été inventée?

Quelle volonté représente le roi? Dira-t-on que le roi représente la volonté nationale, la volonté d'avoir une royauté et non une république, telle dynastie et non telle autre? Mais cette volonté n'a pas été exprimée, et elle n'aurait pu l'être qu'à l'aide du suffrage universel.

La Chambre des pairs ne représente aucune volonté, sinon la sienne. Le roi fait des pairs; mais, comme il les fait héréditaires, indépendants et du roi et du peuple, ils tirent leurs votes de leur conscience seule, et n'en rendent compte à personne. Il est donc impossible de comprendre quelle volonté représenterait la pairie.

La Chambre des députés elle-même ne représente pas plus ce qu'il plaît d'appeler la volonté de la nation. D'abord elle sort d'un corps électoral qui ne forme dans la nation qu'une faible minorité. Ce n'est donc pas la majorité des volontés qui pourrait être ici représentée, et quand la nation tout entière aurait élu la Chambre des députés comme elle aurait dû élire le roi, cela n'y ferait rien. En effet, n'ayant pas reçu de mandat impératif, le député n'est obligé qu'envers ce qu'il croit non le vœu, mais le bien de ceux qui l'ont nommé. Enfin la théorie part de ce principe, que la volonté nationale peut être représentée par délégation. Mais cela est-il possible? Moi, électeur, j'ai aujourd'hui la volonté que le candidat que je choisis suive telle conduite politique; qui peut répondre que demain j'aurai la même volonté? Il faudrait donc un mandat perpétuellement renouvelé. La volonté est un élément de la nature humaine qui, par sa liberté et sa mobilité essentielle, échappe à toute représentation permanente [1].

Voici une autre théorie. Le gouvernement représen-

[1] Citons sur ce grand sujet l'opinion de M. Royer-Collard. Discours prononcé à la Chambre des députés, le 24 février 1816. « Qu'est-ce que représenter une nation? Comment une nation peut-elle être représentée? Le mot représentation est une métaphore. Pour que la métaphore soit juste, il est nécessaire que le représentant ait une véritable ressemblance avec le représenté; et pour cela il faut, dans le cas présent, que ce que fait le représentant soit précisément ce que ferait le représenté. Il suit de là que la représentation politique suppose le mandat impératif, déterminé à un objet lui-même déterminé, tel que la paix ou la guerre, une loi proposée, etc. En effet, c'est seulement alors qu'il est prouvé, qu'il est visible que le mandataire fait ce qu'aurait fait le mandant, ou que le mandant aurait fait ce que fait le mandataire. Voici donc à quelles conditions la Chambre des députés serait représentative : en premier lieu, si chaque député était élu par la population entière de son département, ou du moins par la plus grande partie de cette population; en second lieu, si, sur chaque question qui se décide dans la Chambre, le vote de chaque député était déterminé par un mandat impératif. Dans cette double hypothèse, nous aurions passé du gouvernement monarchique à un gouvernement à la fois républicain et fédératif; mais le vœu national serait constamment exprimé : la Chambre serait représentative. Je ne sais s'il existe sur la terre et même s'il peut exister un gouvernement parfaitement représentatif; mais il y a des gouvernements qui le sont imparfaitement, dans des degrés fort divers, selon que l'élection des mandataires appartient à une partie plus ou

tatif représente les diverses classes dont se compose une société, avec leurs instincts, leurs intérêts et leurs droits. Cela est plus ingénieux et plus vrai; mais il faut prendre garde de se laisser abuser par des traditions qui ont bien perdu de leur force. Sans doute, comme l'inégalité est une loi de la société aussi bien que de la nature, il existe par le fait et il existera toujours des supériorités de fortune, de talent, d'influence, qui portent le nom d'aristocratie; de même, par opposition, on continuera d'appeler démocratie tout ce qui est au-dessous d'un certain niveau. Mais une aristocratie et une démocratie perpétuellement mobiles ne fondent pas des intérêts de classe radicalement et constamment différents, qui exigent, comme autrefois en France, et

moins nombreuse de la population, et que le mandat est plus ou moins impératif, plus ou moins déterminé, plus ou moins explicite. Mais, quand l'élection vient à se resserrer dans la main du petit nombre, et que le mandat a entièrement cessé, à plus forte raison quand il est prohibé, il est clair que la représentation n'est plus qu'une chimère, un mensonge. La dénomination de gouvernement représentatif, importée d'un gouvernement étranger, mal connu et mal compris, dans le système de la Charte, est donc évidemment fausse et trompeuse. La Chambre des députés, telle que la Charte l'a conçue, est un pouvoir et non une représentation... La Chambre n'exprime jamais que sa propre opinion : il ne lui est pas imposé ou accordé davantage par la Charte..... Il est faux en principe, et impossible dans le fait, que l'opinion de la Chambre soit toujours et nécessairement l'opinion de la nation. Au fond, l'opinion d'une nation doit être cherchée, et elle ne se rencontre avec certitude que dans ses véritables intérêts tels qu'une raison exercée les découvre et que la morale les avoue. C'est là qu'elle est étudiée par les gouvernements sages qui s'occupent sérieusement du bien public. » — Discours du 26 décembre 1816. « Les conditions qui produisent la capacité publique sont prises dans l'intérêt de la société tout entière; elles expriment cet intérêt, et on pourrait dire qu'elles le représentent; mais c'est là tout ce qu'il y a de représentatif dans l'électeur : quand il est en action, il ne représente que lui-même. »

encore aujourd'hui en Angleterre, des représentations différentes. Et puis, dans ce système, quelle classe représenterait le roi ? Il ne lui resterait qu'à être le premier gentilhomme de son royaume, le représentant et le chef des grands vassaux qui représentaient toutes les seigneuries, comme celles-ci représentaient toutes les terres. Or cela était à peine vrai de Louis XIV; mais cela ne l'est point du roi de la Charte, de cette charte sortie du sein de la Révolution française.

Puisque notre gouvernement ne représente ni des volontés ni des classes, il reste qu'il représente certains besoins, certains principes, sans lesquels la société actuelle ne peut se conserver et se développer : là, selon nous, est sa vertu représentative, si on veut à toute force lui en trouver une, au lieu de s'en tenir à cette simple, claire et belle dénomination de gouvernement constitutionnel.

Le premier besoin d'une société comme la nôtre, où se forment sans cesse tant d'intérêts divers, où s'élèvent tant de droits opposés et s'agitent tant de passions rivales, où la vie est si énergique, si variée, si mobile; son premier besoin, dis-je, est un centre d'autorité, d'action, puissamment constitué, et placé non-seulement au-dessus de toute attaque, mais de toute ambition et de toute envie, un pouvoir assez fort pour dompter toutes les résistances illégales et pour soumettre toutes les prétentions.

A son tour, la liberté n'est pas un besoin moins impérieux de toute société que l'unité et l'ordre ; car sans la liberté le citoyen ne demeure pas un homme, et la société n'est pas vraie : la liberté doit donc être sérieusement représentée dans le gouvernement, si le gouvernement est l'expression de la société.

Enfin, il est dans la nature des choses que deux pouvoirs qui répondent à des besoins différents, quand ils sont en face l'un de l'autre, ne vivent pas toujours dans une parfaite intelligence, et que chacun d'eux, s'exagérant sa mission et ses droits, entreprenne sur le pouvoir qui est devant lui. Une ambition mal entendue peut les égarer et les mettre aux prises. De là la nécessité d'un troisième pouvoir chargé d'entretenir l'harmonie entre les deux autres, qui se porte tour à tour là où l'ordre et la liberté sont en péril, qui penche du côté de l'ordre quand l'esprit démocratique menace de rompre l'équilibre, et vienne au secours de la liberté quand l'esprit d'ordre prend trop le dessus.

Il y a donc trois grands principes universels et permanents, qui paraissent dans toute société à mesure que cette société grandit et se développe, à savoir, le besoin d'ordre, le besoin de liberté, et la nécessité de mettre en harmonie l'ordre et la liberté. A chacun de ces principes doit correspondre et correspond dans la monarchie constitutionnelle un pouvoir spécial, la royauté, la chambre des députés et la chambre des pairs. Telle est la véritable théorie de la monarchie constitutionnelle et du gouvernement représentatif, si on s'obstine à se servir de ce nom. Quiconque la comprend ne demande pas, comme par dérision, ce qu'un tel gouvernement représente; il représente mieux que des volontés qui n'admettent pas de représentation; il représente mieux que des classes, qui n'existent plus guère que de nom dans notre pays;

il représente les besoins immortels, les droits permanents, les principes diversement nécessaires de toute grande société civilisée.

La monarchie constitutionnelle n'est pas un gouvernement simple où la souveraineté est une et sans partage, ainsi que le veut Hobbes ; c'est un gouvernement qui est à la fois un et triple :

> Trois pouvoirs étonnés du nœud qui les rassemble.

Ces trois pouvoirs composent et divisent la souveraineté. Ils cherchent en commun ce qu'il y a de plus raisonnable et de plus juste à faire, et par là reconnaissent au-dessus d'eux la raison et la justice selon le mot de Plutarque rappelé par Montesquieu et inscrit par lui à la tête de l'*Esprit des lois* : « La justice, reine des mortels et des immortels. »

Les trois pouvoirs qui, dans la monarchie constitutionnelle, concourent à la formation des lois et sont tenus de se mettre d'accord sur toutes les mesures à prendre, ne peuvent être trop forts pour bien remplir leur mission diverse et commune. Aucun d'eux ne doit emprunter sa force à un autre, car toute force empruntée n'appartient qu'à celui qui la prête ; la souveraineté appartiendrait alors à un seul, et le gouvernement ne serait plus celui que nous célébrons, mais un gouvernement simple, démocratique, aristocratique ou monarchique. La lutte des trois éléments de la monarchie constitutionnelle est dans son essence même, et constitue son excellence et sa vie. Mais il est impossible que ces trois éléments soient parfaitement égaux. Le temps, les circonstances, l'histoire, s'opposent à cette égalité, que la théorie réclame, que l'art politique doit toujours s'efforcer d'atteindre, sans pouvoir jamais la réaliser. Ainsi en Angleterre le pouvoir royal est faible et le pouvoir aristocratique est très-fort, si fort que le progrès du gouvernement constitutionnel sera de le diminuer [1]. Au contraire, en France la royauté et la démocratie sont très-puissantes, et l'aristocratie est si faible qu'elle a besoin d'être un peu soutenue par la loi, à défaut de la force naturelle et historique qui lui manque beaucoup trop au préjudice de la liberté. Mais, si les trois éléments de la monarchie constitutionnelle peuvent être diversement tempérés, ils sont tous nécessaires et doivent tous avoir leur part légitime d'influence et d'action dans l'État pour exprimer en une juste mesure tous les besoins de la société.

Cette admirable forme de gouvernement comprend dans ses combinaisons savantes toutes les garanties de l'ordre et toutes les garanties de la liberté.

Voici les garanties de l'ordre :

La royauté, déjà si forte de son unité et de son hérédité, retient dans sa main toute l'action administrative au moyen d'une centralisation puissante ; elle présente les projets de loi qu'elle croit nécessaires, choisit ses ministres, nomme à tous les emplois, dispose de l'armée, fait la paix et la guerre.

[1] Il ne faut pas oublier que ces leçons sont de l'année 1819. Aujourd'hui nous ne tiendrions point ce langage, au milieu des attaques violentes dont la pairie anglaise est l'objet. Nous renvoyons au beau chapitre de l'Esprit des lois, *de la Constitution d'Angleterre*.

Voici maintenant les garanties de la liberté :

L'établissement de deux chambres sans lesquelles le roi ne peut gouverner, car il ne peut faire une seule loi ;

Le droit pour les deux chambres, et particulièrement pour la chambre des députés, de voter, et par conséquent, à la rigueur, de refuser l'impôt ;

La responsabilité des agents du pouvoir à tous les degrés, ce qui est à la fois une garantie pour la liberté et une sauvegarde pour le pouvoir royal, dont les agents, par cela même qu'ils sont responsables, couvrent l'inviolabilité ;

La division des pouvoirs exécutif, législatif et judiciaire. Si la société met dans la main du prince l'épée de justice et l'épée de guerre, cette main opprimera la liberté. Le pouvoir judiciaire rentrerait dans le pouvoir exécutif qui nomme aussi les magistrats, si la constitution n'avait sagement consacré l'inamovibilité des juges.

La liberté de la presse doit être considérée comme une des garanties les plus efficaces de la liberté. La presse surveille les actes du gouvernement et dévoile les abus ; mais si, retenue dans certaines bornes, elle est un grand bien, elle peut, quand elle tombe dans la licence, devenir un grand mal aussi, et pour le pouvoir auquel elle enlève les respects des peuples, et pour les citoyens auxquels elle ôte la sécurité morale, tout aussi nécessaire que la sûreté physique. Le droit de publier sa pensée ne peut donc être absolu, car ce n'est pas un de ces droits naturels et imprescriptibles dont se compose l'ordre civil ; c'est un droit politique fondé sur l'utilité générale, et que l'utilité générale mesure et modère. A côté du droit de publier sa pensée sont des droits bien autrement sacrés ; si vous voulez avoir le droit de tout dire et de tout écrire, moi aussi j'ai le droit d'être respecté et dans vos paroles et dans vos écrits. La liberté de la presse, comme toute liberté, a pour limite et pour règle la raison et la justice ; si elle repousse toute mesure préventive, elle exige au moins une répression très-fortement organisée.

C'est ainsi que la monarchie constitutionnelle procure, par un système de garanties réciproques, cette harmonie de l'ordre et de la liberté qui seule donne de la dignité et de la grandeur à la vie sociale. Tout gouvernement simple est incapable d'un tel résultat. L'école démocratique, emportée par l'amour intempérant d'une liberté qui méconnaît sa loi et sa fin, rejette ou énerve toutes les garanties du pouvoir, et rend tout gouvernement impossible. L'école monarchique, exagérant toutes les conditions de l'ordre et du pouvoir, fait bon marché de la liberté et foule aux pieds les droits naturels. La monarchie constitutionnelle évite ces excès contraires en se plaçant au centre même des besoins divers de la société et en leur donnant à tous une juste satisfaction. Elle réalise donc à peu près l'idée que nous nous sommes faite d'un bon gouvernement. L'ordre et la liberté y sont mêlés dans des proportions relatives aux différentes circonstances des temps et des lieux ; leur accord intime, fruit admirable de l'expérience du genre humain et de la réflexion la plus profonde, produit et maintient dans l'État une paix qui n'est pas l'immobilité du despotisme, avec un mouvement continu qui n'a rien des convulsions de la démocratie, et assure ainsi à la raison et à la justice, malgré bien des imperfections inévitables, toute la puissance qu'elles peuvent avoir sur la terre [1].

[1] Voyez l'APPENDICE sur la monarchie constitutionnelle.

PREMIER APPENDICE

Septième leçon, p. 282 : « Tous nos devoirs sociaux se réduisent à deux, la justice et la charité. De là deux principes généraux de l'ordre civil, principes différents, mais qui s'accordent et s'appuyent, et dans leur sein contiennent tous les autres ; le premier est la justice ou le respect des droits ; le second est la charité civile qui, non-seulement respecte les droits des hommes, mais s'occupe de leur bien-être physique, intellectuel et moral. »

Pour servir de développement à cette théorie, nous donnons ici l'écrit suivant, le premier des *Petits traités* que publia l'Académie des sciences morales et politiques, en 1848, afin de répondre à l'honorable invitation du gouvernement et d'opposer la voix de la science et de l'expérience aux prétentions insensées du socialisme. Notre écrit n'était guère autre chose qu'un résumé et souvent un simple extrait de leçons faites trente ans auparavant. On y reconnaît des passages de la XVe leçon *du Vrai, du Beau et du Bien*, surtout de la VIIe leçon du présent ouvrage, ainsi que de nos leçons de 1820 sur la philosophie morale de Kant.

JUSTICE ET CHARITÉ

La philosophie morale et politique est ou doit être une science d'observation.

Elle doit se proposer de recueillir tous les grands phénomènes dont se compose la vie morale des individus et des États, de les classer selon leurs caractères essentiels, et de les rappeler à leurs principes les plus simples.

Or on peut élever contre la plupart des systèmes les plus célèbres de morale, de législation, d'économie politique, cette accusation générale de s'être laissé égarer par la passion d'une fausse unité, et de n'avoir reconnu qu'un seul principe là où la nature humaine et les sociétés humaines en renferment deux, qui se tiennent intimement, mais qui diffèrent, à savoir, la justice et la charité. Selon nous, il est impossible qu'aucun système se soutienne ni qu'aucune société vive et marche un jour avec un seul de ces deux principes. Tout système légitime les doit comprendre tous les deux, parce que toute société, comme tout individu, obéit à la fois à l'un et à l'autre.

Donnez-nous la déclaration la plus étendue des devoirs et des droits de l'homme et du citoyen. Nous nous chargeons de prouver que cette déclaration se peut ramener à la justice et à la charité, et qu'elle est incomplète si elle ne fait une part convenable à ces deux sentiments naturels dont toute société est le développement plus ou moins harmonieux.

Pour bien établir ces deux ordres distincts de sentiments et leur intervention nécessaire dans les sociétés humaines, nous diviserons cet écrit en deux parties, l'une qui sera relative à l'ordre de la justice, l'autre à l'ordre de la charité.

PREMIÈRE PARTIE

DE LA JUSTICE.

L'homme, matériellement si faible et si petit en face de la nature, se sent et se sait grand par l'intelligence et la liberté. Pascal l'a dit : « L'homme n'est qu'un roseau, mais un roseau pensant. Quand l'univers l'écraserait, l'homme serait encore plus noble que ce qui le tue; car l'avantage que l'univers a sur lui, l'univers n'en sait rien. » Ajoutons que non-seulement l'univers ne connaît pas sa puissance, mais qu'il n'en dispose pas, et qu'il suit en esclave des lois irrésistibles, tandis que le peu que je fais, je le fais parce que je le veux, et que si je le veux encore je cesserai de le faire, ayant en moi le pouvoir de commencer, de suspendre, de continuer ou de mettre à néant le mouvement que j'ai résolu d'accomplir.

Relevé à ses propres yeux par le sentiment de sa liberté, l'homme se juge supérieur aux choses qui l'environnent; il estime qu'elles n'ont d'autre prix que celui qu'il leur donne, parce qu'elles ne s'appartiennent point à elles-mêmes. Il se reconnaît le droit de les occuper, de les appliquer à son usage, de changer leur forme, d'altérer leur arrangement naturel, d'en faire, en un mot, ce qu'il lui plaît, sans qu'aucun remords pénètre dans son âme.

Le premier fait moral que la conscience atteste est donc la dignité de la personne relativement aux choses, et cette dignité réside particulièrement dans la liberté.

La liberté, qui élève l'homme au-dessus des choses, l'oblige par rapport à lui-même. S'il s'attribue le droit de faire des choses ce qu'il lui plaît, il ne se sent pas celui de pervertir sa propre nature; au contraire, il se sent le devoir de la maintenir, et de perfectionner sans cesse la liberté qui est en lui. Telle est la loi première, le devoir le plus général que la raison impose à la liberté. Ainsi le caprice, la violence, l'orgueil, l'envie, la paresse, l'intempérance, sont des passions que la raison ordonne à l'homme de combattre, parce qu'elles portent atteinte à la liberté et altèrent la dignité de la nature humaine.

La force libre qui constitue l'homme lui est respectable à lui-même; de même toute force libre lui est respectable, et la liberté lui paraît grande et noble en soi partout où il la rencontre. Or, quand les hommes se considèrent, ils se trouvent les uns comme les autres des êtres libres.

Inégaux par tout autre endroit, en force physique, en santé, en beauté, en intelligence, ils ne sont égaux que par la liberté, car nul homme n'est plus libre qu'un autre. Ils font tous de leur liberté des usages différents; ils ne sont pas plus ou moins libres, ils ne s'appartiennent pas plus ou moins à eux-mêmes. A ce titre, mais à ce titre seul, ils sont égaux. Aussitôt que ce rapport naturel se manifeste, l'idée majestueuse de la liberté mutuelle développe celle de la mutuelle égalité, et par conséquent l'idée du devoir égal et mutuel de respecter cette liberté, sous peine de nous traiter les uns les autres comme des choses et non pas comme des personnes.

Envers les choses, je n'ai que des droits; je n'ai que des devoirs envers moi-même; envers vous, j'ai des droits et des devoirs qui dérivent du même principe. Le devoir que j'ai de vous respecter est mon droit à votre respect; et réciproquement, vos devoirs envers moi sont mes droits envers vous. Ni vous ni moi nous n'avons d'autre droit l'un envers l'autre que le devoir mutuel de nous respecter tous les deux.

Il ne faut pas confondre la puissance et le droit. Un être pourrait avoir une puissance immense, celle de l'ouragan, de la foudre, celle d'une des forces de la nature; s'il n'y joint la liberté, il n'est qu'une chose redoutable et terrible : il n'est point une personne, il n'a pas de droits. Il peut inspirer une terreur immense; il n'a pas droit au respect. On n'a pas de devoirs envers lui.

Le devoir et le droit sont frères. Leur mère commune est la liberté. Ils naissent le même jour, ils grandissent, ils se développent et périssent ensemble.

On pourrait dire que le droit et le devoir ne font qu'un et sont le même être envisagé de deux côtés différents. Qu'est-ce, en effet, nous venons de le dire et on ne saurait trop se le répéter à soi-même et aux autres, qu'est-ce que mon droit à votre respect, sinon le devoir que vous avez de me respecter, parce que je suis un être libre? Mais vous-même, vous êtes un être libre; et le fondement de mon droit et de votre devoir devient pour vous le fondement d'un droit égal et en moi d'un égal devoir.

Je dis égal de l'égalité la plus rigoureuse, car la liberté, et la liberté seule, est égale à elle-même. Voilà ce qu'il importe de bien comprendre. Il n'y a d'identique en moi que la personne; tout le reste est divers; par tout le reste, les hommes diffèrent, car la ressemblance est encore de la différence. Comme il n'y a pas deux feuilles qui soient les mêmes, il n'y a pas deux hommes absolument les mêmes par le corps, par la sensibilité, par l'imagination, par la mémoire, par l'entendement, par l'esprit, par le cœur. Mais il n'est pas possible de concevoir de différence entre le libre arbitre d'un homme et le libre arbitre d'un autre. Je suis libre ou je ne le suis pas. Si je le suis, je le suis autant que vous, et vous l'êtes autant que moi; il n'y a pas là de plus et de moins; on est une personne morale tout autant et au même titre qu'une autre personne morale. La volonté, qui est le siége de la liberté, est la même dans tous les hommes. Elle peut avoir à son service des instruments différents, des puissances différentes, et par conséquent inégales, soit matérielles, soit spirituelles. Mais les puissances dont la volonté dispose ne sont pas elle, et ne la mesurent pas exactement, car elle n'en dispose point d'une manière absolue. Le seul pouvoir libre est celui de la volonté, et celui-là l'est essentiellement. Si la volonté reconnaît des lois, ces lois ne sont pas des mobiles, des ressorts qui la meuvent: ce sont des lois idéales, celle de la justice, par exemple;

la volonté reconnait cette loi, et en même temps elle a la conscience de pouvoir s'y conformer ou l'enfreindre, ne faisant l'un qu'avec la conscience de pouvoir faire l'autre, et réciproquement. Là est le type de la liberté, et en même temps de la vraie égalité; toute autre est un mensonge.

Il n'est pas vrai que les hommes aient le droit d'être également riches, beaux, robustes, de jouir également, en un mot d'être également heureux; car ils diffèrent originellement et nécessairement par tous les points de leur nature qui correspondent au plaisir, à la richesse, au bonheur. Dieu nous a faits avec des puissances inégales pour toutes ces choses. Ici l'égalité est contre nature et contre l'ordre éternel; car la diversité est, tout aussi bien que l'harmonie, la loi de la création. Rêver une telle égalité est une méprise étrange, un égarement déplorable. La fausse égalité est l'idole des esprits et des cœurs mal faits, de l'égoïsme inquiet et ambitieux. La noble liberté n'a rien à démêler avec les furies de l'orgueil et de l'envie. Comme elle n'aspire point à la domination, elle ne prétend pas davantage à une égalité chimérique d'esprit, de beauté, de fortune, de jouissances.

D'ailleurs, cette égalité-là, fût-elle possible, serait de peu de prix à ses yeux; elle demande quelque chose de bien autrement grand que le plaisir, la fortune, le rang: elle demande le respect.

Il ne faut pas confondre le respect avec les hommages. Je rends hommage au génie et à la beauté, je respecte l'humanité seule; et par là j'entends toutes les natures libres, car tout ce qui n'est pas libre dans l'homme lui est étranger. L'homme est donc l'égal de l'homme précisément par ce qui le fait homme, et le règne de l'égalité véritable n'exige de la part de tous que le respect même de ce que chacun possède également en soi, et le jeune et le vieux, et le laid et le beau, et le riche et le pauvre, et l'homme de génie et l'homme médiocre, et la femme et l'homme, tout ce qui a la conscience d'être une personne et non une chose.

La liberté, avec l'égalité ainsi définie, engendre tous les droits et tous les devoirs. Le développement le plus intime du moi libre est la pensée. Toute pensée, comme telle, considérée dans les limites de la sphère individuelle, est sacrée. La pensée en soi, uniquement occupée à la recherche de la vérité, c'est la philosophie proprement dite. La philosophie exprime dans son degré le plus pur et le plus élevé la liberté et la dignité de la pensée. La liberté philosophique est donc la première de toutes les libertés.

Un autre développement intime de la pensée est la pensée religieuse. Les religions, comme les philosophies, contiennent plus ou moins de vérité; il en est une qui surpasse incomparablement toutes les autres; mais toutes ont un droit égal à leur libre exercice, en tant du moins qu'elles n'ont rien de contraire à la dignité de la personne humaine.

Une religion, par exemple, qui autoriserait la polygamie, c'est-à-dire l'oppression et l'avilissement de la femme, cette moitié de l'humanité, ne pourrait être soufferte. Un culte qui, en recommandant à ses fidèles d'observer entre eux la bonne foi et la sincérité, les en dispenserait envers les fidèles des autres cultes, devrait être interdit. Il en serait de même de toute congrégation religieuse qui imposerait à ses membres l'entière abdication de leur libre arbitre, et leur prescrirait de se considérer, à l'égard de leur chef, comme de simples choses, comme un bâton ou comme un cadavre.

La propriété est sacrée, parce qu'elle représente le droit de la personne elle-même. Le premier acte de pensée libre et personnelle est déjà un acte de propriété. Notre première propriété, c'est nous-mêmes, c'est notre moi, c'est notre liberté, c'est notre pensée; toutes les autres propriétés dérivent de celle-là et la réfléchissent.

L'acte primitif de propriété consiste dans l'imposition libre de la personne humaine sur les choses; c'est par là que je les fais miennes : dès lors, assimilées à moi-même, marquées du sceau de ma personne et de mon droit, elles cessent d'être de simples choses à l'égard des autres, et par conséquent elles ne tombent plus sous leur occupation et sous leur appropriation. Ma propriété participe de ma personne; elle a des droits par moi, si je puis m'exprimer ainsi, ou, pour mieux dire, mes droits me suivent en elle, et ce sont ces droits qui sont dignes de respect.

Il est difficile aujourd'hui de reconnaître le fondement de nos droits. Une longue habitude nous porte à croire que les lois qui depuis un temps immémorial protégent nos droits, les constituent; que, par conséquent, si nous avons le droit de posséder, et s'il est interdit de nous ravir notre propriété, nous en sommes redevables aux lois qui ont déclaré la propriété inviolable. Mais en est-il réellement ainsi?

Si la loi établie reposait sur elle-même, si elle n'avait point sa raison dans quelque principe supérieur, elle serait le seul fondement du droit de propriété, et l'esprit satisfait ne chercherait pas à remonter plus haut. Mais toute loi suppose évidemment des principes qui en ont suggéré l'idée, qui la maintiennent et qui l'autorisent.

Quelques publicistes ont prétendu asseoir le droit de propriété sur un contrat primitif. Mais ce contrat primitif, à son tour, quelle en est la raison? Il en est du contrat primitif comme de la loi écrite. Ce n'est, après tout, qu'une loi aussi, que l'on suppose primitive. Ainsi, quand un prétendu contrat serait la raison de la loi écrite, il resterait à chercher la raison du contrat. La théorie qui fonde le droit de propriété sur un contrat primitif ne résout donc pas la difficulté, elle la recule.

Il y a plus : qu'est-ce qu'un contrat? une stipulation entre deux ou plusieurs volontés. D'où il suivrait que le droit de propriété est aussi mobile que l'accord des volontés. Un contrat fondé sur cet accord ne peut assurer au droit de propriété une inviolabilité qui n'est pas en lui. S'il a plu à la volonté des contractants de décréter l'inviolabilité de la propriété, un changement de leur volonté peut amener et justifier une autre convention par laquelle la propriété cesse d'être inviolable et subit telle ou telle modification.

Comprendre ainsi le droit de propriété, le faire reposer sur un contrat ou sur une législation arbitraire, c'est le détruire. Le droit de propriété n'est pas, ou il est absolu. La loi écrite n'est pas le fondement du droit : sinon, il n'y a de stabilité ni dans le droit ni dans la loi elle-même; au contraire, la loi écrite a son fondement dans le droit qui lui préexiste, qu'elle traduit et qu'elle consacre; elle met la force à son service, en échange du pouvoir moral qu'elle en reçoit.

Après les jurisconsultes et les publicistes, qui fondent le droit de propriété sur les lois et les lois sur un contrat primitif, nous rencontrons les économistes, qui, frappés à bon droit de l'importance du travail, y placent le principe du droit de propriété. Chacun, disent-ils, a un droit naturel exclusif sur ce qui est le fruit de son propre travail; le travail est naturellement productif, et il est impossible au producteur de ne pas distinguer ses produits de ceux de tout autre, et d'attribuer à son voisin le moindre droit sur ce qu'il sait avoir produit lui-même. Cette théorie est déjà plus profonde que la précédente; mais elle est encore incomplète. Pour produire, il me faut une matière quelconque, il me faut des instruments; je ne produis qu'à l'aide de quelque chose que je possède déjà. Si cette matière sur laquelle je travaille ne m'appartient point, à quel titre les produits obtenus m'appartiendraient-ils? Il suit de là que la propriété préexiste à la production, et que celle-ci suppose un droit antérieur qui, d'analyse en analyse, se résout dans le droit de premier occupant.

La théorie qui fonde le droit de propriété sur une occupation primitive touche à la vérité; elle est même vraie, mais elle a besoin d'être expliquée. Qu'est-ce qu'occuper? C'est faire sien, c'est s'approprier. Il y avait donc, avant l'occupation, une propriété première que nous étendons par l'occupation ; cette propriété première, au delà de laquelle on ne peut remonter, c'est notre personne. Cette personne, ce n'est pas notre corps ; notre corps est à nous, il n'est pas nous. Ce qui constitue la personne, c'est essentiellement, nous l'avons établi depuis longtemps, notre activité volontaire et libre, car c'est dans la conscience de cette libre énergie que le moi s'aperçoit et s'affirme. Le moi, voilà la propriété primitive et originelle, la racine et le modèle de toutes les autres.

Quiconque ne part pas de cette propriété première, évidente par elle-même, est incapable d'en établir aucune légitimement, et, qu'il le sache ou l'ignore, il est condamné à un perpétuel paralogisme : il suppose toujours ce qui est précisément en question.

Le moi est donc une propriété évidemment sainte et sacrée. Pour effacer le titre des autres propriétés, il faut nier celle-là, ce qui est impossible ; et, si on la reconnaît, par une conséquence nécessaire il faut reconnaître toutes les autres, qui ne sont que celle-là manifestée et développée. Notre corps n'est à nous que comme le siége et l'instrument de notre personne, et il est après elle notre propriété la plus intime. Tout ce qui n'est pas une personne, c'est-à-dire tout ce qui n'est pas doué d'une activité intelligente et libre, c'est-à-dire encore tout ce qui n'est pas doué de conscience, est une chose. Les choses sont sans droit, le droit n'est que dans la personne. Et les personnes n'ont point de droit sur les personnes ; elles ne peuvent les posséder ni en user à leur gré : fortes ou faibles, elles sont sacrées les unes aux autres.

La personne a le droit d'occuper les choses, et en les occupant elle se les approprie; une chose devient par là propriété de la personne, elle lui appartient à elle seule, et nulle autre personne n'y a plus de droit. Ainsi le droit de première occupation est le fondement de la propriété hors de nous; mais il suppose lui-même le droit de la personne sur les choses, et, en dernière analyse, celui de la personne, comme étant la source et le principe de tout droit.

La personne humaine, intelligente et libre, et qui à ce titre s'appartient à elle-même, se répand successivement sur tout ce qui l'entoure, se l'approprie et se l'assimile, d'abord son instrument immédiat, le corps, puis les diverses choses inoccupées dont elle prend possession la première, et qui servent de moyen, de matière ou de théâtre à son activité.

Après le droit de premier occupant, vient le droit qui naît du travail et de la production.

Le travail et la production ne constituent pas, mais confirment et développent le droit de propriété. L'occupation précède le travail, mais elle se réalise par le travail. Tant que l'occupation est toute seule, elle a quelque chose d'abstrait en quelque manière, d'indéterminé aux yeux des autres, et le droit qu'elle fonde est obscur; mais, quand le travail s'ajoute à l'occupation, il la déclare, la détermine, lui donne une autorité visible et certaine. Par le travail, en effet, au lieu de mettre simplement la main sur une chose inoccupée, nous y imprimons notre caractère, nous nous l'incorporons, nous l'unissons à notre personne. C'est là ce qui rend respectable et sacrée aux yeux de tous la propriété sur laquelle a passé le travail libre et intelligent de l'homme. Usurper la propriété qu'il possède en qualité de premier occupant est une action injuste; mais arracher à un travailleur la terre qu'il a arrosée de ses sueurs est aux yeux de tous une iniquité révoltante.

Dès qu'une chose est véritablement mienne, j'en puis disposer librement comme je l'ai librement acquise; je puis la prêter, je puis l'échanger, je puis la donner à telle ou telle condition ou sans aucune condition. Le droit de louage et de vente, le droit de donation, et tous les droits qui dérivent de ceux-là, reposent sur la base inébranlable du droit primitif et permanent de la personne.

Si je puis donner ce qui m'appartient, je puis aussi le transmettre après moi à qui me plaît, et à plus forte raison à mes enfants. Il serait étrange qu'on me contestât à l'égard de mes enfants le droit que j'ai manifestement à l'égard du premier venu. Cette transmission qu'il me plaît de faire de mon bien est parfaitement légitime, par cela seul qu'elle est libre. De plus, elle s'appuie sur un sentiment sublime, le désir inné de revivre tout entier avec tout ce qu'on a dans un autre soi-même qu'on appelle son enfant. Enfin, quand nous examinons cette transmission, elle nous paraît souverainement raisonnable, favorable ou plutôt nécessaire à la durée et à la perpétuité de la famille, de la société et du genre humain. Le droit d'héritage, si salutaire par ses conséquences, est donc sacré dans son principe : car il ne fait autre chose qu'exprimer dans les enfants le droit du père, et dans celui-ci le droit de quiconque possède de disposer de sa chose à son gré, à plus forte raison selon le penchant le plus doux de son cœur, et selon son intérêt propre, qui se confond ici avec l'intérêt général.

Ce droit de disposer de ce qu'on possède, les lois l'acceptent et le consacrent; elles ne le créent point; elles le tirent en quelque sorte de la conscience du genre humain; elles ne le fondent pas, elles le garantissent.

Il résulte de ce qui vient d'être dit, que le droit naturel repose sur un seul principe, qui est la sainteté de la liberté de l'homme. Le droit naturel, dans ses applications aux diverses relations des hommes entre eux et à tous les actes de la vie sociale, contient et engendre le droit civil. Comme en réalité le seul sujet du droit civil est l'être libre, le principe qui domine le droit civil tout entier est le respect de la liberté; le respect de la liberté s'appelle la justice.

La justice confère à chacun le droit de faire tout ce qu'il veut, sous cette réserve que l'exercice de ce droit ne porte aucune atteinte à l'exercice du droit d'autrui. L'homme qui, pour exercer sa liberté, violerait celle d'un autre, manquant ainsi à la loi même de la liberté, se rendrait coupable. C'est toujours envers la liberté qu'il est obligé, que cette liberté soit la sienne ou celle d'un autre. Tant que l'homme use de sa liberté sans nuire à la liberté de son semblable, il est en paix avec lui-même et avec les autres. Mais aussitôt qu'il entreprend sur des libertés égales à la sienne, il les trouble et les déshonore, il se trouble et se déshonore lui-même, car il porte atteinte au principe même qui fait son honneur et qui est son titre au respect des autres. Une loi de l'ordre éternel attache la misère au crime, et le bonheur ou du moins la paix à la vertu[1].

La paix est le fruit naturel de la justice, du respect que les hommes se portent ou doivent se porter les uns aux autres, à ce titre qu'ils sont tous égaux, c'est-à-dire qu'ils sont tous libres.

Mais vous concevez que la paix et la justice ont des adversaires permanents et infatigables dans les passions, filles du corps, et naturellement ennemies de la liberté, fille de l'âme. Quiconque enfreint la liberté est coupable, et par conséquent répréhensible; car l'homme n'a pas seulement le droit de défendre sa liberté, il en a le devoir. De là l'idée de la répression, et la légitimité du droit de punir. Si l'homme, coupable seulement envers sa propre liberté, ne relève que du tribunal de la raison et de la conscience; dès qu'il trouble des libertés égales à la sienne, il est responsable devant ses semblables, il mérite d'être traduit devant un tribunal qui punisse les violateurs de la justice et de la paix, les ennemis de la liberté publique.

Mais qui composera ce tribunal? Qui pourra saisir et punir le coupable? Qui sera dépositaire de la puissance

---

[1] C'est cette loi qu'on appelle dans l'école le principe du mérite et du démérite; voyez première série de nos cours, t. I*er*, PREMIERS ESSAIS, p. 301, t. II, DU VRAI, DU BEAU ET DU BIEN, leç. xi*e* et xiv*e*; deuxième série, t. III, leç. xv*e*, p. 188; troisième série, t. IV, p. 136. Voyez aussi la traduction de Platon, Argument du *Gorgias*.

nécessaire pour faire respecter la liberté, la justice et la paix ? Ici vient l'idée de gouvernement.

La société est le développement régulier, le commerce paisible de toutes les libertés, sous la protection de leurs droits réciproques. La société n'est pas l'œuvre des hommes : c'est l'œuvre même de la nature des choses. Il y a une société naturelle et légitime, dont toutes nos sociétés ne sont que des copies plus ou moins imparfaites. A cette société correspond un gouvernement tout aussi naturel, tout aussi légitime, envers lequel nous sommes obligés, qui nous défend et que nous devons défendre, et en qui nous avons le devoir de placer et de soutenir la force nécessaire à l'exercice de ses fonctions.

Mais la force qui doit servir peut nuire aussi. L'art social n'est autre chose que l'art d'organiser le gouvernement de manière qu'il puisse toujours veiller efficacement à la défense des institutions protectrices de la liberté, sans jamais pouvoir tourner contre ces institutions la force qui lui a été confiée pour les maintenir.

Le principe et l'objet de tout gouvernement humain digne de ce nom est la protection des droits naturels, comme l'ont reconnu les deux nations modernes qui ont porté le plus haut le génie de l'organisation sociale, l'Angleterre dans le fameux bill des droits, et surtout la France dans l'immortelle déclaration des droits de l'homme et du citoyen. Voilà ce que proclame la philosophie; mais elle s'arrête là, ou du moins elle n'agite qu'avec une extrême circonspection la question de la meilleure forme de gouvernement, car cette question tient à la fois à des principes fixes et à des circonstances qui varient selon les lieux et selon les temps.

Notre tâche est-elle terminée avec cette théorie? Tous nos devoirs privés et publics se bornent-ils à nos devoirs envers la liberté? Nous ne le pensons pas, et nous nous hâtons d'appeler l'attention sur une distinction importante, qui est l'âme, en quelque sorte, de la philosophie morale et politique.

DEUXIÈME PARTIE

DE LA CHARITÉ.

Respecter la liberté de nos semblables, telle est la loi fondamentale, loi précise dans son énoncé, redoutable dans ses conséquences : car toute infraction à la loi, en nuisant aux autres, est nuisible à l'agent et le précipite dans l'avilissement et la misère. Quand l'homme a rempli cette loi, nul n'a rien à lui demander. Mais a-t-il rempli toute sa destinée? A-t-il atteint les dernières limites de la liberté morale?

Plus d'une fois on a vu des grands hommes, non contents de ne pas attenter à la liberté d'autrui et de défendre la leur, entrer sur la scène du monde pour revendiquer la liberté de leurs semblables. Décius aurait accompli la loi s'il fût mort tranquillement au milieu de ses concitoyens sans avoir nui à aucun d'eux : il fit plus, il se dévoua pour eux. Je pourrais prendre des exemples de dévouement plus récents; je pourrais les trouver sur des théâtres moins éclatants, où l'instinct moral engendre souvent un héroïsme d'autant plus grand qu'il est plus obscur. Le caractère de tous ces exemples est que, sans être contraires à la loi du respect de la liberté, ils la surpassent; en même temps, ils sont proclamés par le genre humain tout entier comme des actes de la vertu la plus sublime.

Il est donc vrai que, si l'obligation de ne jamais porter atteinte à la liberté d'autrui subsiste inviolable et imprescriptible, dans certains cas un instinct supérieur à la loi, qui est en morale ce que le génie est dans les arts, franchit les limites de la loi, et s'élance du désintéressement au dévouement, de la justice à la charité.

Le désintéressement et le dévouement sont des vertus d'un ordre différent : l'un se définit avec rigueur, l'autre échappe à toute définition. Voulez-vous une marque éclatante de cette différence? Quand un homme a désobéi à la loi qui l'oblige au respect de la liberté d'autrui, la société menacée se sent le droit de prendre contre lui des mesures efficaces; car la loi du respect de la liberté, la justice, emporte le droit de contrainte. Loin de là, la loi de dévouement n'admet aucune contrainte. Nulle loi humaine n'obligeait Décius à se dévouer; nulle loi humaine ne condamne à l'héroïsme; mais le genre humain a des couronnes et des autels pour les martyrs et pour les héros.

Vous qui avez faim, je me sens le devoir de vous secourir, et vous n'avez pas le droit d'exiger de moi la moindre partie de ma fortune, et, si vous m'arrachez une obole, vous commettez une injustice. Il y a ici des devoirs qui n'ont pas de droits corrélatifs[1].

On pourrait dire que le dévouement est en quelque sorte le superflu, le luxe de la morale, tandis que le désintéressement, la probité, la justice, sont la morale obligatoire par excellence : c'est celle-là qui est l'objet du droit proprement dit.

Quel est donc cet instinct ? quelle est cette loi supérieure à toutes les lois écrites, à toutes les définitions, à toutes les formules rigoureuses du droit et du devoir? Cette loi se manifeste par un cri de la conscience : voilà sa promulgation. Elle est si pure qu'on l'aperçoit à peine; ce n'est souvent qu'après l'action, et en y réfléchissant, qu'on sent avoir été inspiré par quelque chose de plus grand encore que la liberté. C'est le souffle divin qui pénètre dans l'âme et l'élève au-dessus des lois ordinaires :

Est Deus in nobis, agitante calescimus illo.

Ce principe admirable, s'il est dans chacun de nous, doit être aussi dans ce grand individu qu'on appelle la

---

[1] En méconnaissant cette importante vérité, on ouvre la porte aux plus funestes erreurs. Par exemple, l'État a le devoir de venir en aide, en une certaine mesure, aux ouvriers dans les temps de chômage involontaire, en les employant à de grands travaux d'utilité publique; mais il est faux que l'ouvrier ait droit au travail, comme on le dit aujourd'hui, car tout droit vrai emporte l'idée qu'on peut l'assurer par la force. L'ouvrier n'a pas plus droit au travail que le pauvre n'a droit à l'assistance; ou si le pauvre a ce droit, il peut l'imposer : au lieu de s'adresser à la charité, il peut invoquer la justice, me faire un procès, ou même m'arracher de force ce que je ne lui donnerai pas. Proclamer des droits mensongers, c'est mettre en péril les droits certains. On peut très-bien rappeler aux particuliers et à l'État le saint devoir de la charité, sans conférer à la misère de prétendus droits qu'elle accueille avec ivresse et revendique le glaive à la main.

société, et dans le gouvernement qui la représente. Oui, le gouvernement d'une société humaine est aussi une personne morale. Il a un cœur comme l'individu ; il a de la générosité, de la bonté, de la charité. Il y a des faits légitimes et même universellement admirés, qui ne s'expliquent pas, si on réduit la fonction du gouvernement à la seule protection des droits. Le gouvernement doit aux citoyens, mais en une certaine mesure, de veiller à leur bien-être, de développer leur intelligence, de fortifier leur moralité.

Mais la charité n'échappe pas à la loi qui place le mal à côté du bien, et condamne les choses les meilleures aux périls qu'entraîne leur abus. C'est alors que s'applique la triste maxime : Ce qu'il y a de pire est la corruption de ce qu'il y a de meilleur. La justice elle-même, si on s'y renferme exclusivement, sans y joindre la charité, dégénère en une sécheresse insupportable. Un malheureux est là souffrant devant nous. Notre conscience est-elle satisfaite, si nous pouvons nous rendre le témoignage de n'avoir pas contribué à sa souffrance ? Non, quelque chose nous dit qu'il est bien encore de lui donner du pain, des secours, des consolations. De son côté, la charité peut avoir aussi ses dangers. Elle tend à substituer son action propre à l'action de celui qu'elle veut servir ; elle efface un peu sa personnalité, et se fait en quelque sorte sa providence. Pour être utile aux autres, on s'impose à eux, et on risque d'attenter à leurs droits. L'amour, en se donnant, asservit. Sans doute il ne nous est pas interdit d'agir sur autrui ; nous le pouvons toujours par la prière et l'exhortation ; nous le pouvons aussi par la menace, quand nous voyons un de nos semblables s'engager dans une action criminelle ou insensée. Nous avons même le droit d'employer la force, quand la passion emporte la liberté et fait disparaître la personne. C'est ainsi que nous pouvons, que nous devons même empêcher par la force le suicide d'un de nos semblables. La puissance légitime de la charité se mesure sur le plus ou moins de liberté et de raison de celui auquel elle s'applique. Quelle délicatesse ne faut-il pas dans l'exercice de cette vertu périlleuse ! Comment apprécier assez certainement le degré de liberté que possède encore un de nos semblables, pour savoir jusqu'où on peut se substituer à lui dans le gouvernement de sa destinée? Et quand, pour servir une âme faible, on s'est emparé d'elle, qui est assez sûr de soi pour n'aller pas plus loin, pour ne passer pas de l'amour de la personne dominée à l'amour de la domination elle-même? La charité est souvent le commencement et l'excuse, et toujours le prétexte des grandes usurpations. Pour avoir le droit de s'abandonner aux mouvements de la charité, il faut s'être affermi soi-même dans un long exercice de la justice.

La justice, le respect et le maintien de la liberté sont la grande loi de la société et de l'État; mais la justice n'est pas la seule loi morale. Nous avons montré qu'à côté de cette loi il en est une autre qui n'oblige pas seulement au respect des droits des autres, mais nous fait un devoir de soulager leurs misères de tout genre, de venir en aide à nos semblables, même au détriment de notre fortune et de notre bien-être. Examinez le principe de la plus petite aumône ; vous ne pouvez le ramener à la seule justice, car cette petite somme d'argent que vous vous croyez le devoir de donner à un malheureux, lui, il n'a pas le droit de l'exiger de vous. Nous faisons de la justice le principe fondamental et la mission spéciale de l'État ; mais nous pensons qu'il est absolument impossible de ne pas mettre aussi dans la société quelque chose au moins de ce devoir de la charité qui parle si énergiquement à toute âme humaine. Selon nous, l'État doit, avant tout, faire régner la justice, et il doit, de plus, avoir du cœur et des entrailles ; il n'a pas rempli toute sa tâche quand il a fait respecter tous les droits ; il lui reste quelque autre chose à faire, quelque chose de redoutable et de grand : il lui reste à exercer une mission d'amour et de charité, sublime à la fois et périlleuse ; car, encore une fois, tout a ses dangers : la justice, en respectant la liberté d'un homme, peut, en toute conscience, le laisser mourir de faim ; la charité, pour le sauver physiquement et surtout moralement, peut s'arroger le droit de lui faire violence. La charité a couvert le monde d'institutions admirables ; mais c'est elle aussi, égarée et corrompue, qui a élevé, autorisé, consacré bien des tyrannies. Il faut contenir la charité par la justice, mais non pas l'abolir et en interdire l'exercice à la société.

Je puis ici indiquer quelques devoirs de la charité civile, qui sont à la fois manifestes et purs de tout danger.

1° L'État doit aux citoyens que le malheur accable aide et protection pour la conservation et pour le développement de leur vie physique. De là l'utilité, la nécessité même des institutions de bienfaisance, le plus possible volontaires et privées, quelquefois publiques, ou formées avec l'intervention de l'État en une certaine mesure qu'il est impossible de déterminer d'une manière unique et absolue pour des cas variables et différents. Sans multiplier abusivement les hospices pour l'enfance délaissée, pour les malades et les vieillards sans ressources, il faut bien se garder de les proscrire, comme le veut une étroite et impitoyable économie politique;

2° L'État doit à qui en a besoin aide et protection aussi dans le développement de sa vie intellectuelle. Dieu a voulu que toute nature intelligente portât ses fruits. L'État est responsable de toutes les facultés qui avortent par une brutale oppression. La charité éclairée doit à tous cette première instruction qui empêche l'homme de déchoir de sa nature et de tomber du rang d'homme à celui d'animal;

3° Il doit encore, il doit surtout, et à tout citoyen, aide et protection dans le développement de sa vie morale. L'homme n'est pas seulement un être intelligent, il est un être moral, c'est-à-dire, capable de vertu; la vertu est encore bien plus que la pensée le but de son existence; elle est sainte entre toutes les choses saintes. L'État doit donc souvent procurer et toujours surveiller l'éducation des enfants, soit dans les écoles publiques, soit dans les écoles privées; il a le devoir de venir en aide à ceux que la pauvreté priverait de ce grand bienfait. Que l'État leur ouvre des écoles appropriées à leurs besoins, et qu'il les y retienne jusqu'à ce qu'ils sachent ce que c'est que Dieu, l'âme et le devoir; car la vie humaine, sans ces trois mots bien compris, n'est qu'une douloureuse et accablante énigme;

4° La charité intervient jusque dans la punition des crimes : à côté du droit de punir, elle met le devoir de corriger. L'homme coupable est un homme encore ; ce n'est pas une chose dont on doive se débarrasser dès qu'elle nuit, une pierre qui tombe sur notre tête et que nous rejetons dans l'abîme, afin qu'elle ne blesse plus personne. L'homme est un être raisonnable, capable de comprendre le bien et le mal, de se repentir, et de se réconcilier un jour avec l'ordre. Ces vérités ont donné naissance à des ouvrages qui honorent la fin du dix-huitième siècle et le commencement du dix-neuvième. Beccaria, Filangieri, Bentham, ont réclamé contre la rigueur excessive des lois pénales. Le dernier surtout, par la conception des maisons de pénitence, rappelle les premiers temps du christianisme, où le châtiment consistait, dit-on, en une expiation qui permettait au coupable de remonter par le repentir au rang qu'il avait perdu. Punir est juste, améliorer est charitable. Dans quelle mesure ces deux principes doivent-ils s'unir ? Rien de plus délicat, de plus difficile à déterminer. Ce qu'il y a de certain, c'est que la justice doit dominer. En entreprenant l'amendement du coupable, le gouvernement usurpe, d'une usurpation bien généreuse, sur les droits de la religion, mais il ne doit pas aller jusqu'à oublier sa fonction propre et son devoir rigoureux.

En résumé, respecter les droits d'autrui et faire du bien aux hommes, être à la fois juste et charitable, voilà la morale sociale dans les deux éléments qui la constituent. Voilà pourquoi la Révolution française, qui a recueilli et accru tous les progrès de la philosophie morale et politique, après avoir écrit sur son drapeau la liberté et l'égalité, y a joint le grand nom de la fraternité, qui tour à tour a donné l'élan aux vertus les plus sublimes et servi de prétexte aux plus dures tyrannies.

C'est pour avoir confondu ces deux parties de la morale, que les plus grands moralistes se sont jetés dans des théories exclusives, également fausses, également dangereuses. Smith, après avoir découvert et exposé les lois naturelles de la production et de la richesse, comme épuisé par ce grand effort, s'arrête, et ne reconnaît presque au gouvernement d'autres fonctions que celles d'un commissaire de police; n'admettant d'autre principe que la liberté du travail, c'est-à-dire la justice, il condamne les institutions les plus nécessaires et les plus bienfaisantes, et ouvre la porte, sans le vouloir, à une économie politique sans grandeur et sans entrailles [1]. Le premier des moralistes modernes, Kant, revient au stoïcisme, à la fin du dix-huitième siècle; de peur du mysticisme, il rejette l'amour, et sacrifie la charité à la justice [2], comme si l'âme humaine, comme si la société qui la représente tout entière, n'étaient pas assez vastes pour donner place à toutes les deux!

D'ailleurs, hâtons-nous de le reconnaître ou plutôt

[1] Sur les mérites et sur les vices de l'économie politique de Smith, voyez la première série de nos Cours, t. IV, *Philosophie écossaise*. Parmi nous M. Say, en propageant les principes de Smith, en a porté les défauts à un tel excès, qu'il a suscité cette réaction exagérée et extravagante qu'on appelle le socialisme. Entre ces erreurs extrêmes et contraires, nous indiquons aux esprits justes et indépendants le commun respect, l'harmonie plus ou moins parfaite des droits des individus et des droits de l'État, de la justice et de la charité.

[2] Voyez Premiers Essais, *du Souverain Bien*, p. 310, etc.

de le répéter : la justice, encore plus que la charité, est le fond de toute la société, et ce fond est immortel.

Les droits et les devoirs de l'homme, dont la déclaration est moderne, sont aussi anciens que l'homme. Il est juste de faire cette profession de foi en l'honneur de l'humanité. Aussitôt que l'homme s'est connu, il s'est connu comme un être libre, et il s'est respecté; il s'est mis au-dessus des choses, et il a su qu'il s'avilirait, soit en violant la liberté des autres, soit en laissant violer la sienne. De tout temps la liberté a été connue et honorée, mais plus ou moins, et toujours partiellement. Tel droit éclairait déjà l'espèce humaine, quand tel autre était encore dans l'ombre. La sainte liberté ne découvre pas d'abord toute sa face; elle ne lève que successivement ses voiles; mais le peu qu'elle montre d'elle, sans la révéler tout entière, suffit à l'homme pour ennoblir son existence, et lui donner la conviction qu'il vaut mieux que ce monde au milieu duquel il se trouve jeté.

Le vrai monde de l'homme est celui de la liberté, et sa vraie histoire n'est autre chose que le progrès constant de la liberté de plus en plus comprise d'âge en âge, et s'étendant toujours dans la pensée de l'homme, jusqu'à ce que d'époque en époque arrive celle où tous les droits soient connus et respectés, et où, pour ainsi parler, l'essence même de la liberté se manifeste.

La philosophie de l'histoire nous montre, à travers les vicissitudes qui élèvent et précipitent les sociétés, les démarches continuelles de l'humanité vers la société idéale dont nous vous avons tracé une bien imparfaite image, et qui serait la complète émancipation de la personne humaine, le règne de la liberté sur la terre. Cette société idéale ne se réalise jamais d'une manière absolue; car tout idéal en se réalisant s'altère, mais tout altéré qu'il est, c'est encore lui qui fait la beauté des choses auxquelles il se mêle; c'est un rayon de la vraie société qui, en se faisant jour dans les diverses sociétés particulières qui se succèdent, leur communique de plus en plus quelque chose de sa grandeur et de sa force.

Longtemps l'humanité se repose dans une forme de la liberté qui lui suffit. Cette forme ne s'établit et ne se soutient qu'autant qu'elle convient à l'humanité. Il n'y a jamais d'oppression entière et absolue, même dans les époques qui nous paraissent aujourd'hui les plus opprimées; car un état de la société ne dure, après tout, que par le consentement de ceux auxquels il s'applique. Les hommes ne désirent pas plus de liberté qu'ils n'en conçoivent, et c'est sur l'ignorance bien plus que sur la servilité que sont fondés tous les despotismes. Ainsi, sans parler de l'Orient, où l'homme enfant avait à peine le sentiment de son être, c'est-à-dire de la liberté, en Grèce, dans cette jeunesse du monde où l'humanité commence à se mouvoir et à se connaître, la liberté naissante était bien faible encore, et pourtant les démocraties de la Grèce n'en demandaient pas davantage. Mais, comme il est de l'essence de toute chose imparfaite de tendre à se perfectionner, toute forme n'a qu'un temps et fait place à une autre qui, tout en détruisant la première, en développe l'esprit; car le mal périt, le bien reste et fait sa route. Le moyen âge, où peu à peu l'esclavage succombe sous l'Évangile, le moyen âge a possédé bien plus de liberté que le monde ancien. Aujourd'hui il nous paraît une époque d'oppression, parce que, l'esprit humain n'étant plus satisfait des libertés dont il jouissait alors, vouloir le renfermer dans l'enceinte de ces libertés qui ne lui suffisent plus est une oppression véritable. Mais la preuve que le genre humain ne se trouvait pas opprimé au moyen âge, c'est qu'il le supporta. Il n'y a pas plus de deux ou trois siècles que le moyen âge commence à peser à l'humanité; aussi, depuis deux ou trois siècles, il est attaqué. Les formes de la société, quand elles lui conviennent, sont inébranlables; le téméraire qui ose y toucher se brise contre elles; mais quand une forme de la société a fait son temps; quand on conçoit, quand on veut plus de droits qu'on n'en possède; quand ce qui était un appui est devenu un obstacle; quand enfin l'esprit de liberté, et l'amour des peuples qui marche à sa suite, se sont retirés ensemble de la forme autrefois la plus puissante et la plus adorée, le premier qui met la main sur cette idole, vide du dieu qui l'animait, l'abat aisément et la réduit en poussière.

Ainsi va le genre humain de forme en forme, de révolution en révolution, ne marchant que sur des ruines, mais marchant toujours. Le genre humain, comme l'univers, ne continue de vivre que par la mort; mais cette mort n'est qu'apparente, puisqu'elle contient le germe d'une vie nouvelle. Les révolutions, considérées de cette manière, ne consternent plus l'ami de l'humanité, parce qu'au delà de destructions momentanées il aperçoit un renouvellement perpétuel, parce qu'en assistant aux plus déplorables tragédies il en connaît l'heureux dénoûment, parce qu'en voyant décliner et tomber une forme de la société il croit fermement que la forme future, quelles que soient les apparences, sera meilleure que toutes les autres : telle est la consolation, l'espérance, la foi sereine et profonde du philosophe.

Les crises de l'humanité s'annoncent par de tristes symptômes et de sinistres phénomènes. Les peuples qui perdent leur forme ancienne aspirent à une forme nouvelle qui est moins distincte à leurs yeux, et les agite bien plus qu'elle ne les console par les vagues espérances qu'elle leur donne et les perspectives lointaines qu'elle leur découvre. C'est surtout le côté négatif des choses qui est clair; le côté positif est obscur. Le passé qu'on rejette est bien connu; l'avenir qu'on invoque est couvert de ténèbres. De là ces troubles de l'âme qui souvent, dans quelques individus, aboutissent au scepticisme. Contre le trouble et le scepticisme, notre asile inviolable est la philosophie, qui nous révèle le fond moral et l'objet certain de tous les mouvements de l'histoire, et nous donne la vue distincte et assurée de la vraie société dans son éternel idéal.

Oui, il y a une société éternelle, sous des formes qui se renouvellent sans cesse. De toutes parts on se demande où va l'humanité. Tâchons plutôt de reconnaître le but sacré qu'elle doit poursuivre. Ce qui sera peut nous être obscur : grâce à Dieu, ce que nous devons faire ne l'est point. Il est des principes qui subsistent et suffisent à nous guider parmi toutes les épreuves de la vie et dans la perpétuelle mobilité des affaires humaines. Ces principes sont à la fois très-simples et d'une immense portée. Le plus pauvre d'esprit, s'il a en lui un cœur d'homme, peut les comprendre et les pratiquer; et ils contiennent toutes les obligations que peuvent rencontrer, dans leur développement le plus élevé, les individus et les États. C'est d'abord la justice, le respect inviolable que la liberté d'un homme doit avoir pour celle d'un autre homme; c'est ensuite la charité, dont les inspirations vivifient les rigides enseignements de la justice, sans les altérer. La justice est le frein de l'humanité, la charité en est l'aiguillon. Otez l'une ou l'autre, l'homme s'arrête ou se précipite. Conduit par la charité, appuyé sur la justice, il marche à sa destinée d'un pas réglé et soutenu. Voilà l'idéal qu'il s'agit de réaliser, dans les lois, dans les mœurs, et avant tout dans la pensée et dans la philosophie. L'antiquité, sans méconnaître la charité, recommandait surtout la justice, si nécessaire aux démocraties. La gloire du christianisme est d'avoir proclamé et répandu la charité, cette lumière du moyen âge, cette consolation de la servitude, et qui apprend à en sortir. Il appartient aux temps nouveaux de recueillir le double legs de l'antiquité et du moyen âge, et d'accroître ainsi le trésor de l'humanité. Fille de la Révolution française, la philosophie du dix-neuvième siècle se doit à elle-même d'exprimer enfin dans leurs caractères distinctifs, et de rappeler à leur harmonie nécessaire, ces deux grands côtés de l'âme, ces deux principes différents, également vrais, également sacrés, de la morale éternelle.

DEUXIÈME APPENDICE

SUR LA MONARCHIE CONSTITUTIONNELLE.

Déjà, dans les deux précédents volumes, nous avions laissé paraître notre vive sympathie pour la monarchie constitutionelle, tome Ier, Premiers Essais, cours de 1817. *Du vrai principe de la morale*, p. 285, et tome II, Du Vrai, du Beau et du Bien, leçon xve, *Morale privée et publique*, p. 403. Ici, dans la leçon huitième, nous en avons donné une théorie plus étendue, et nous n'avons jamais cessé d'établir ou de soutenir, en toute occasion, la vérité et la beauté de ce grand gouvernement. En 1828, nous avons expliqué la Charte de 1814, dans ses parties essentielles. Sous le gouvernement de Juillet, le rôle de défenseur de la liberté à la fois et de la royauté était facile. Nous l'avons continué en 1848; et quand, à la vue de ce débordement inattendu de démocratie qui naturellement devait être bientôt suivi d'une réaction passionnée en faveur du pouvoir absolu, bien des esprits, et des meilleurs, se demandaient si la jeune république américaine n'était pas appelée à servir de modèle à la vieille Europe, nous n'avons pas hésité, en face de la république triomphante, à défendre la monarchie dans l'intérêt de la liberté, du plus grand développement possible des principes de 1789, et des progrès si nécessaires des classes inférieures. Nous demandons la permission de replacer sous les yeux du lecteur deux passages écrits sous deux régimes opposés, la Restauration et la République.

1° IIe série de nos cours, tome Ier, cours de 1828, *Introduction à l'Histoire de la philosophie*, leçon xiiie :

« La vieille société était partout en ruines. Qu'était devenue la monarchie au dix-huitième siècle? Une simple tradition d'éclat et de magnificence, sans prestige sur l'esprit des peuples et sur celui des monarques eux-mêmes. La monarchie qui avait été la providence de la France, qui l'avait créée, élevée, illustrée, ne se faisait plus sentir à elle. A l'extérieur, que faisait-elle pour le pays? Quelle guerre utile, quels combats glorieux a-t-elle à montrer? La guerre de sept ans et la bataille de Rosbach. Et que faisait-elle à l'intérieur? Quelle était la vie de la royauté? La vie de Versailles. La noblesse française, qui jadis avait tant et si bien servi la patrie, et qui avait confondu son histoire avec celle de tous les glorieux faits d'armes de la France, la noblesse française avait perdu les mâles habitudes de ses ancêtres et s'était, comme la royauté, endormie dans les plaisirs. Le clergé, après avoir produit l'Église de France au dix-septième siècle, était dégénéré en un clergé mondain où l'impiété était presque en honneur et qui a produit les adversaires les plus acharnés du christianisme. Enfin le peuple lui-même, délaissé par la royauté qui ne l'employait plus, par la noblesse qui ne lui donnait plus l'exemple, par le clergé qui lui enseignait languissamment des croyances qu'il ne soutenait plus de l'autorité de ses mœurs, le peuple était arrivé à un état déplorable de corruption, que trahit assez le succès de ces ouvrages qui circulaient alors dans toutes les classes et y portaient le poison d'une immoralité systématique. Dans cet état de choses, par mille raisons, une révolution était inévitable et elle eut lieu. Je ne viens ni la défendre ni l'attaquer, je l'explique. Elle eut lieu, et le trône, la noblesse, le clergé, tout l'ordre ancien y succomba. L'ordre ancien était la domination exclusive du principe monarchique, d'une noblesse privilégiée et d'une religion d'État. Or comment sort-on d'un système exclusif? Nous l'avons vu : par un système exclusif en sens contraire. Ainsi, à l'exclusive domination du principe monarchique, d'une religion d'État et d'une noblesse privilégiée, succéda l'abolition de tout culte public, la souveraineté du peuple, une démocratie absolue. Mais cette démocratie, semant l'effroi autour d'elle, eut bientôt des luttes formidables à soutenir contre le reste de l'Europe. De là la nécessité d'un pur gouvernement révolutionnaire, d'une sorte de conseil de guerre pour tout gouvernement. Enfin, la souveraineté du peuple, après s'être résolue pour se défendre en un grand conseil de guerre, devait, pour mieux se défendre encore et pour agir avec plus d'énergie, se résoudre en un grand individu qui se chargeât de la représenter. Comme on l'a dit, la Révolution se fit homme, la souveraineté passa du conseil de guerre à la dictature, et à une dictature militaire ; de là nos guerres, nos victoires, nos conquêtes, nos désastres...... La Charte est sortie de deux systèmes, qui aujourd'hui ont également fait leur temps, la monarchie absolue et la démocratie. Aussi, d'un bout de l'Europe à l'autre, cette Charte fixe tous les regards, fait battre tous les cœurs, rallie tous les vœux et toutes les espérances. Des imitations malheureuses ont assez manifesté l'ardente sympathie du midi de l'Europe pour ce dernier et glorieux résultat du long travail de notre nation. Nos anciens adversaires eux-mêmes se sont empressés de réclamer l'œuvre de la monarchie nouvelle. Les bords du Rhin appartiennent à des imitations excellentes, quoique imparfaites, de notre belle constitution : la Bavière, le Wurtemberg, le pays de Bade, ont aujourd'hui des gouvernements constitutionnels, et déjà circulent dans le Nord et arrivent jusqu'à la Baltique des essais de monarchie tempérée et limitée dans des états provinciaux. Certes, depuis 1815, la civilisation européenne est loin d'avoir reculé : loin de là, elle s'est de toutes parts développée, et cette Charte, sortie des ruines de Waterloo, couvre aujourd'hui la plus grande et la meilleure partie de l'Europe, et elle est attendue et invoquée par le reste. Or, s'il est incontestable que l'avenir de l'Europe lui appartient; s'il est plus incontestable encore que le présent et l'avenir de la France lui appartiennent, examinons rapidement ce que c'est que cette Charte, appelée à de telles destinées :

« Il semble, au premier abord, que la Charte consacre le régime antérieur à la Révolution et que cette Révolution a renversé. En effet, j'y vois un roi, une monarchie puissante, un trône fort et respecté; j'y vois une Chambre des pairs, investie de priviléges; j'y vois une religion qui, prenant nos enfants dès le berceau, enseigne à chacun de bonne heure ses devoirs en ce monde et la fin de cette vie. Voilà dans la Charte un élément qui ne sort pas de la Révolution française. Il y est pourtant, et il faut qu'il y soit, il faut qu'il s'établisse de jour en jour davantage, et qu'il regagne sans cesse et du respect et de la puissance. Mais n'y a-t-il que cet élément dans la Charte? Non; je vois à côté du trône une Chambre des députés, nommée directement par le peuple, et intervenant dans la confection de toutes les lois qui fondent et autorisent toutes les mesures particulières, de telle sorte que rien ne se fait dans le dernier village de France où la Chambre des députés n'ait la main. Voilà un élément tout nouveau. J'en entrevois auparavant quelque image dans les États généraux et dans les Parlements, mais cette imparfaite image n'est devenue une réalité que depuis la Révolution française. Nous avons donc ici, d'une part, un élément de l'ancien régime, et de l'autre, un élément de la démocratie révolutionnaire. Comment ces éléments sont-ils dans la Charte? De fait, ils y sont, et leur union est si intime, que le plus habile publiciste est très-embarrassé de définir et de délimiter en théorie l'action propre de chacune de ces deux branches du pouvoir souverain, et qu'il y a une heureuse obscurité sur le droit de l'une et de l'autre à la suprématie. Notre glorieuse constitution n'est pas la fiction mathématique de l'équilibre artificiel du pouvoir législatif et du pouvoir exécutif, vaines abstractions qu'il faut laisser à l'enfance des gouvernements libres; notre constitution, c'est la fusion réelle du roi et du peuple, cherchant ensemble la meilleure manière de gouverner et d'être utile à la commune patrie. Ce n'est pas tout : dans la Charte encore, à côté des priviléges de la Chambre des pairs, je trouve l'accessibilité de tous les Français à toutes les places, droit nouveau d'une portée immense, en vertu du quel le dernier des soldats, comme l'a dit l'auteur même de la Charte, porte son bâton de maréchal de France dans sa giberne, et le dernier des Français peut, dans toutes les carrières, arriver jusqu'au pied du trône. A côté d'une religion d'État [1], je vois des caractères tout aussi manifestes, la liberté des cultes et la liberté de la presse ; c'est-à-dire que l'instruction religieuse ne manque à personne, qu'ensuite la liberté des cultes permet de choisir dans les différentes communions de la même Église, et qu'enfin, grâce à la liberté de la presse, nulle vérité n'étant étouffée, on peut se déterminer, dans la sincérité de son cœur, en faveur des opinions qui paraissent les plus vraies. Ainsi je vois dans la Charte bien des contraires ; c'est là ce que déplorent certaines gens. Il en est qui n'admirent dans notre constitution que sa partie démocratique, et qui voudraient se servir de celle-là pour affaiblir les autres; il en est aussi qui gémissent de l'introduction des éléments démocratiques, et s'efforcent de tourner contre eux la partie monarchique de la Constitution. Des deux côtés, égale erreur, égale préoccupation du passé, égale ignorance du temps présent. »

2° VIe série de nos ouvrages, DISCOURS POLITIQUES,

[1] La Charte de 1830, par un progrès sans retour, a aboli toute religion d'État, et sur la proposition de M. le duc de Broglie le culte israélite a été porté au budget.

Introduction, *Des principes de la Révolution française*, page 24 :

« Il semble, au premier coup d'œil, que les principes de la Révolution française résolvent aisément le problème du meilleur gouvernement, et qu'en partant de la souveraineté nationale on arrive de toute nécessité à la république. C'est une erreur qu'il importe de détruire. La république, librement acceptée, suppose bien le principe de la souveraineté nationale ; mais la réciproque n'est pas vraie, et le principe de la souveraineté nationale n'a pas pour conséquence nécessaire la république.

« Entendons nous bien. Si par république on désigne un gouvernement qui repose sur la volonté, l'opinion et l'utilité publiques, où la chose publique est tout, et où nul pouvoir, quel qu'il soit, n'est institué que pour cet objet et dans cette fin, je suis certes hautement déclaré pour un tel gouvernement, et, dans ce sens, la France et l'Europe entière sont républicaines. Mais si la république n'est que l'absence d'un roi, de quelque manière que la royauté soit constituée; si elle signifie seulement un gouvernement où le pouvoir exécutif n'a pas de chef, ou bien un chef qu'on renouvelle le plus souvent possible, je dis que c'est là une forme de gouvernement qui peut être bonne, selon les pays et selon les temps, mais que la logique est loin d'imposer à tout gouvernement libre, et je prétends qu'en ce cas la souveraineté nationale n'est pas le moins du monde engagée dans la république.

« En effet, de ce que nous sommes parfaitement libres de nous choisir le gouvernement que nous voulons, nous ne restons pas moins obligés, si nous sommes des êtres raisonnables en même temps que nous sommes des êtres libres, de choisir le gouvernement qui convient le mieux à la raison. Quel que soit ce gouvernement, par cela seul que nous l'aurons librement choisi, il aura toujours ce caractère d'émaner de nous, et son autorité ne fera qu'exprimer la nôtre; mais, suivant les circonstances, la société la plus libre peut se donner très-raisonnablement les gouvernements les plus divers. Le gouvernement d'une commune de cinq cents âmes ne peut pas être celui d'un département de cinq cent mille âmes, ni d'un État de deux ou trois millions d'hommes, encore bien moins d'un empire où se pressent, réunis en d'étroites limites, trente ou quarante millions d'habitants. L'histoire d'une nation, avec ses traditions séculaires, ne peut pas non plus être négligée. Tout se tient dans la vie d'un peuple, et les vieilles nations de l'Europe, chargées d'un long passé qui pèse sur elles du poids des siècles, ne se peuvent conduire comme les jeunes populations de l'Amérique, qui ont laissé tous leurs souvenirs de l'autre côté de l'Océan, et disposent de l'avenir aussi librement que de l'espace. Règle générale : plus la vie sociale d'un pays est simple, plus son gouvernement peut l'être aussi; plus la vie sociale est compliquée, plus le gouvernement doit l'être, et alors la simplicité n'est pas l'effet d'un art profond mais d'un art novice et en quelque sorte dans l'enfance. Tout le monde s'est moqué de Rousseau donnant comme l'idéal de tout gouvernement humain l'imitation du gouvernement d'un petit canton de la Suisse. Il n'y a au fond que deux sortes de gouvernements essentiellement opposés et radicalement incompatibles : les gouvernements fondés sur la souveraineté originelle d'une famille, et les gouvernements fondés sur la souveraineté du peuple. La Révolution française n'a brisé que la monarchie absolue et arbitraire, où le monarque tire son droit de lui-même, et n'a de responsabilité qu'envers Dieu et sa conscience. Cette forme de gouvernement a eu jadis sa nécessité, sa grandeur, son utilité, sa popularité même ; mais elle a reçu le coup mortel en 1789. Elle s'est soutenue plus ou moins longtemps hors de France, mais elle tend partout à se métamorphoser en Europe, toute constitution impliquant une limite et détruisant le principe de la monarchie absolue. Il n'y a pas aujourd'hui de roi en Europe qui osât revendiquer une telle monarchie; s'il le faisait, il sortirait de son siècle, et mettrait en péril le fondement même de son autorité. C'en est fait de la monarchie du droit divin, de la politique de Bossuet, de M. de Bonald, de M. de Maistre : elle n'est plus aujourd'hui qu'une chimère impuissante. Mais si la monarchie du droit divin a fait son temps, il ne reste pas moins vrai que le gouvernement d'une grande nation civilisée ne peut pas être celui d'une société naissante, et si c'était ici le lieu, je me chargerais de démontrer avec une rigueur mathématique, en allant pas à pas, et de déductions en déductions, que la France et toutes les grandes nations européennes ont aujourd'hui besoin d'un gouvernement limité mais concentré, d'un gouvernement qui ne soit pas tous les jours remis en question, qui dure et se perpétue, qui a bien plus de raison pour être inamovible que la magistrature, et qui doit être héréditaire, et, s'il se peut, immortel, afin que nulle compétition du pouvoir suprême ne soit possible et ne se puisse même présenter à l'imagination des plus ambitieux, afin qu'il n'y ait point d'interruption dans la conduite générale des affaires de la nation, afin que tous les membres de cette nation vivent, travaillent, contractent sur la foi d'un avenir certain, afin aussi que les nations étrangères puissent traiter avec le pouvoir national comme avec un pouvoir solide et permanent.

« Les principes de la Révolution française exigent impérieusement une autorité forte et durable, pour déployer leur bienfaisante influence; autrement ils tournent contre eux-mêmes. La souveraineté du peuple mal organisée est, dans ce grand individu qu'on appelle une nation, ce qu'est en chacun de nous une volonté libre unie à un faible entendement, et qui, n'étant jamais fixée et arrêtée, s'agite et s'épuise en caprices impuissants. Conçoit-on une autorité éphémère et presque désarmée assurant la justice et la paix, et protégeant efficacement la liberté de tous contre les passions de tous que la liberté elle-même a déchaînées? La grande œuvre de la charité civile suppose avant tout des pensées suivies et persévérantes. Quelle prévoyance demander à un pouvoir passager? A-t-il le temps d'étudier et de résoudre des questions aussi compliquées, aussi difficiles que celles-là? Il ne s'agit point d'un grand parti à prendre une fois pour toutes et à accomplir sur-le-champ, mais d'une entreprise de longue haleine à poursuivre toujours sans la terminer jamais : c'est là surtout qu'il faut, sur un plan profondément conçu, une action mesurée, lente et incessante. La pure démocratie, avec sa fougue et sa mobilité, est incapable de tout cela.

« Voilà pourquoi le bon sens public aime à invoquer une autorité libérale, mais solidement constituée ; voilà pourquoi toutes les nations européennes aspirent et arrivent peu à peu à cette grande forme de gouvernement qui rattache l'avenir au passé, continue, en la perfectionnant, la vie séculaire des peuples, assure l'ordre et la liberté, et ouvre à tous les progrès une carrière paisible et illimitée. La monarchie constitutionnelle est le gouvernement vrai de la France et de l'Europe au dix-neuvième siècle. Il est le seul qui réalise la souveraineté du peuple avec vérité et sans secousse, à l'aide d'un roi qui ne meurt point et n'a jamais tort, et de ministres responsables qui changent au gré de la majorité d'un parlement représentant la majorité des électeurs, laquelle, à son tour, représente la majorité de la nation; en sorte qu'en dernière analyse c'est la nation qui gouverne; j'entends la vraie nation, intelligente et éclairée, et non pas la masse ignorante, tantôt insouciante et tantôt agitée. Ce beau gouvernement admet sans doute une foule de différences, selon les pays et les circonstances, mais il a un type à peu près uniforme qui exprime l'unité de la civilisation européenne.

« Telle est l'opinion que j'ai exprimée il y a longtemps. Quand j'ai accepté, professé, défendu la monarchie constitutionnelle, je n'étais pas un enfant, et je l'ai fait par de sérieux motifs qui subsistent tout entiers. Vingt-quatre heures n'ont pas changé des convictions fondées sur la nature des choses et sur les intérêts permanents de la France et de l'Europe.

« Je ne connais pas, de nos jours, un grand esprit qui n'ait été pour la monarchie constitutionnelle, et je voudrais bien savoir quelle autorité se peut opposer à celle de Mirabeau et de Sieyès dans la Révolution, de Napoléon, de Royer-Collard et de Chateaubriand au dix-neuvième siècle.

« J'entends dire que la monarchie constitutionnelle peut être une fort belle institution, mais qu'après tout elle n'a pu se soutenir, qu'elle a succombé plusieurs fois sous les monarques les plus différents, qu'ainsi l'expérience a prononcé. Je réponds qu'en effet l'expérience a prononcé, mais en faveur de la monarchie constitutionnelle; car je soutiens que, depuis la Révolution française, le seul gouvernement qui ait pu s'établir et durer parmi nous est la monarchie constitutionnelle, et que la République n'a jamais pu vivre, ou plutôt qu'elle n'a jamais été. Non, elle n'a jamais été; car, je le demande à tout homme impartial, je le demande surtout au petit nombre de vrais républicains que j'estime et que j'aime, je leur demande s'ils appellent République le régime de la France depuis Février. Certes, ils ne l'oseraient : ils estiment trop la République. Ce régime est une situation indéfinissable, où la monarchie constitutionnelle n'est plus, où la République n'est pas encore : incessamment flottante entre les émeutes de la rue et des clubs, les répressions terribles de la force, les prétentions d'une assemblée unique qui a le droit de se croire souveraine, et celle d'un pouvoir exécutif élu par les citoyens, et qui a le droit aussi de se croire souverain ; situation unique dans l'histoire, qui ne se soutient à grand' peine que par les efforts des gens de bien, et qui ne peut pas être le dernier mot des gouvernements libres en France. Je me flatte encore que personne ne me donnera pour un État républicain celui de la France sous la Convention. Robespierre lui-même le disait : La liberté est ajournée jusqu'à la paix, c'est-à-dire jusqu'à la fin de la Révolution. La première République française n'a été qu'une dictature révolutionnaire dont la mission était de détruire la vieille monarchie, puisque cette monarchie n'avait pas su se transformer. En vérité, je rougis pour les hommes d'État de la Révolution qu'on leur impute d'avoir voulu établir telle ou telle forme de gouvernement. C'est bien les diminuer, c'est méconnaître étrangement et rabaisser leur rôle dans l'histoire : ils n'ont pas fait un gouvernement, ils ont fait une révolution. La première République française est une crise, ce n'est pas un gouvernement. Dès que l'œuvre de destruction est accomplie, la crise diminue peu à peu, et finit par se résoudre en un gouvernement régulier, qui n'a cessé d'être, de durer, de grandir, de se développer, et de couvrir la France de toute espèce de biens et de prospérités pendant cinquante années. En effet l'Empire est une monarchie constitutionnelle comme la Restauration, comme le gouvernement de Juillet. Entre les constitutions de l'an VIII, la Charte de 1814 et celle de 1830, il n'y a guère que des nuances; ce sont les monarques surtout qui ont différé. La monarchie constitutionnelle est si bien le gouvernement nécessaire de la France, qu'à travers tous les changements qui ont mis sur le trône des personnages si opposés, dans des temps si dissemblables, dans des situations si contraires, dans ce flux et ce reflux des événements les plus extraordinaires, parmi ces chutes et ces élévations également prodigieuses, sur les ruines de tant de grandeurs écroulées, la monarchie constitutionnelle est demeurée presque inviolable, suivant le progrès des temps et de la civilisation, se perfectionnant sans cesse et survivant à toutes les dynasties. A parler exactement, il faut dire qu'elle a été le seul gouvernement de la France depuis la fin de la Révolution ; elle seule a vécu et duré ; la République n'a été qu'une négation, et elle ne peut être autre chose.

« La Révolution française a deux faces différentes, qu'elle montre tour à tour à l'univers étonné. Elle est tour à tour bienfaisante ou terrible, selon les obstacles ou les facilités qu'elle rencontre. La Révolution organisée, c'est la monarchie constitutionnelle ; la Révolution à l'état de crise, c'est la République. La République est la face sinistre de la Révolution. A-t-elle à détruire un monde vieilli et à fonder un monde nouveau, la Révolution s'appelle la République ; elle porte une torche et un glaive ; elle met sur sa tête un bonnet rouge, et lave dans le sang les souillures accumulées des siècles ; puis, quand tout cela est achevé, elle rentre sous terre, et fait place à des parlements librement élus et à des rois librement choisis. Grâce à Dieu, cette terrible apparition n'a eu lieu qu'une seule fois parmi nous, parce qu'une fois seulement il y avait une société à détruire et une société à fonder; mais, la société nouvelle une fois établie et maitresse du sol, des mœurs et des lois, il n'était plus besoin que d'évocations rares et passagères du spectre redoutable. La dernière que nous subissons encore est un avertissement solennel donné aux rois et aux peuples : aux rois, de bien savoir qu'ils sont les instruments d'un progrès continu; qu'on n'empêche les révolutions que par les réformes, et que c'en est fait des idées particulières et des systèmes personnels des princes devant l'intérêt et la volonté des nations; aux peuples, que les gouvernements libres exigent des mœurs politiques; qu'on doit être digne de la monarchie constitutionnelle pour la conserver; qu'il faut savoir, à la fois et le même jour, réclamer des réformes légitimes et réprimer des émeutes criminelles; qu'enfin, comme l'a dit M. Royer-Collard, le gouvernement représentatif n'est pas une tente une fois dressée, pour s'y endormir dans les délices de la vie privée et l'insouciance des intérêts généraux, mais qu'il faut veiller, qu'il faut combattre, qu'il faut maintenir sans cesse, à la sueur de son front, les monuments du travail de nos pères, et les transmettre à nos enfants, agrandis et perfectionnés. »

FIN.

TABLE DES MATIÈRES

CONTENUES DANS CE VOLUME.

Avertissement de cette troisième édition   I

ANNÉE 1819. — PREMIER SEMESTRE.

Première leçon, 6 décembre 1818. — Locke.   1

Locke est le père de la philosophie française du dix-huitième siècle. — Méthode de Locke. — Mérite de cette méthode. Locke la fausse dans l'application en recherchant l'origine des connaissances avant d'avoir étudié leurs caractères actuels. — Système de Locke sur l'origine des idées. — De la table rase. — Sensation et réflexion. — Que ces deux facultés ne rendent pas compte des principes universels et nécessaires, ni d'un grand nombre d'idées, telles que l'idée d'espace, de durée, d'infini. — Théorie des signes. — Théorie des idées images. — Opinion de Locke sur l'existence de Dieu. — Sur l'âme. — Sur la liberté. — Sur le bien et le mal.

Deuxième leçon. — CONDILLAC, première époque.   39

École de Locke en Angleterre : Collins, Dodwell. — En France : Voltaire. — Condillac : deux époques dans la carrière de Condillac. Première époque : il reproduit Locke en l'exagérant déjà. — *Traité de l'origine des connaissances humaines.* Vice de méthode : commencer par l'origine. — De cette idée de Condillac, qu'il faut ramener l'entendement humain à un seul principe. — Il tend à confondre la sensation et la réflexion. — De la génération des facultés. — Du langage. — *Traité des systèmes.*

Troisième leçon. — CONDILLAC, seconde époque 68

Seconde époque de la carrière de Condillac : *Traité des Sensations*. — Méthode du livre : abus de l'hypothèse. — Théorie des facultés. — La sensation transformée n'explique ni les facultés de l'entendement ni celles de la volonté. Confusion de la sensation et de l'attention, du désir et de la volonté. — Que la sensation n'explique pas plus les idées que les facultés. Fausse théorie des idées. Abolition de la distinction des idées relatives et des idées nécessaires. — De l'idée de substance, de durée, d'espace, d'infini. — Si les sciences ne sont que des suites de propositions identiques. — Toute science n'est-elle qu'une langue bien faite? — Spiritualisme de Condillac. — Son opinion sur l'existence de Dieu. — Sur la liberté. — Morale et politique de Condillac. — Conclusion.

Quatrième leçon. — HELVÉTIUS 130

Helvétius. Analyse du livre de l'*Esprit*. Métaphysique de l'ouvrage. Premier discours : De l'esprit en lui-même. — Avant toute question Helvétius met celle de l'origine des idées et des facultés qui constituent l'esprit. — La sensation, principe unique. L'organisation physique, seule cause de la supériorité de l'homme sur l'animal. — Négation de la liberté. — Toute certitude réduite à la probabilité. — La question de la spiritualité de l'âme renvoyée à la théologie. — L'espace n'est que le corps, et l'infini l'absence de bornes. — De Dieu pas un mot. — Morale du livre de l'*Esprit*. Analyse des deuxième, troisième et quatrième discours. L'intérêt, règle unique de nos jugements et de nos actes, pour les individus et pour la société, pour les siècles, les nations, l'humanité entière. — Que l'esprit est un effet de l'éducation et non de la nature. Égalité primitive des intelligences. Seule cause d'inégalité, la différence dans les passions. Tout le secret de l'éducation est d'agir sur les passions. — Réfutation du système d'Helvétius. — Opinions de Voltaire, de Rousseau, de Turgot sur le livre de l'*Esprit*.

Cinquième leçon. — SAINT-LAMBERT 182

Transition de la morale générale à la morale particulière. — Importance du *Catéchisme universel*. — Saint-Lambert disciple et continuateur d'Helvétius. — Définition de l'homme. — Suppression de la question de la spiritualité de l'âme. — L'instinct réduit à l'habitude. — De la conscience et des deux mobiles que Saint-Lambert lui donne, l'opinion et l'intérêt. — *Dialogues*. Omission de la liberté. — Fausse notion du devoir. — La vertu réduite à une seule de ses applications : la disposition à contribuer au bonheur des autres. Que la bienfaisance n'est ni la seule ni la plus difficile des vertus. — Si l'orgueil n'est un vice que parce qu'il peut nuire aux autres et à nous-mêmes. — *Préceptes*. Que Saint-Lambert a méconnu le vrai fondement des devoirs envers nous-mêmes et des devoirs envers les autres. — Fausse notion de la justice. — Préceptes en contradiction avec le principe de l'intérêt. — *De l'examen de soi-même*. — Nouvelles contradictions. — Conclusion.

Sixième leçon. — Hobbes. Droit naturel 212

Politique de la philosophie de la sensation. — Hobbes. — Revue générale de sa philosophie. Sa métaphysique et sa morale. — Principes de droit naturel d'après le traité *Du citoyen*. — Du premier livre intitulé : *la liberté*. Hypothèse de l'état de nature. Droit égal de tous sur tout. Nécessité de la guerre universelle. Droit de la force. Légitimité de la conquête et du despotisme. — Réfutation. Que Hobbes a eu tort de débuter par la question de l'origine du droit au lieu d'en constater les caractères actuels. — Qu'il s'est trompé sur cette origine. — Que l'homme est naturellement fait pour la société. — Comment l'homme passe de l'état de la nature à la société à l'aide d'un certain nombre de lois que Hobbes appelle lois de la droite raison. — Première loi : que pour obtenir la paix il ne faut pas retenir le droit qu'on a sur toutes choses. — Du droit de propriété. Quel en est le vrai principe. — Des donations, des contrats et des serments. — Deuxième loi : qu'il faut garder la foi à tous sans exception. — Fausse théorie qui fait consister l'injustice dans la violation d'un contrat. — Un mot des autres lois sur lesquelles Hobbes s'appuie.

Septième leçon. — Hobbes. Droit civil 255

De l'Empire. Nécessité, selon Hobbes, d'une autorité souveraine. — Des divers droits inhérents à la souveraineté. Droit de contrainte, droit de justice et droit de guerre. Droit de faire et de publier les lois. Droit de nomination à tous les emplois. Droit d'examen des doctrines enseignées. Droit d'inviolabilité. Que le souverain n'est pas tenu aux lois de l'État. Qu'il est maître de toute propriété. Qu'il peut sur les particuliers ce que chaque particulier peut sur lui-même. Enfin qu'il ne peut être révoqué. — Réfutation. Distinction du droit civil et du droit politique. Danger de leur confusion. Que cette confusion vient d'une méthode vicieuse qui s'occupe de l'ordre politique avant d'avoir déterminé l'ordre civil. — Rousseau et le *Contrat social*. — Qu'il ne peut y avoir de pouvoir absolu sur la terre. — Vrai sens de la souveraineté du peuple. — Que cette souveraineté n'est pas plus absolue que celle d'un roi. — Que l'idée d'absolu ne convient qu'à la raison et à la justice. — C'est la raison et la justice que nous respectons dans tous les pouvoirs et dans leurs décisions. — Que la loi est mal définie par Rousseau l'expression de la volonté générale, et que la définition de Montesquieu est meilleure. — Que la volonté par elle-même ne peut être un principe d'obligation. — Que l'ordre civil doit comprendre et consacrer le droit naturel tout entier. — Principe général de l'ordre civil : mélange de justice et de charité.

Huitième leçon. — Hobbes. Droit politique 285

Retour sur la distinction de l'ordre civil et de l'ordre politique. Conquêtes de l'ordre civil jusqu'à la Révolution française et la déclaration des droits de l'homme et du citoyen. — Question politique. Que selon Hobbes le meilleur gouvernement est la monarchie absolue. Principe de Hobbes : Que la souveraineté ne peut être divisée. Exposition des chap. ix et x du livre *De l'Empire* — Extrémité opposée à celle de la monarchie absolue. — Que tout gouvernement simple incline à la tyrannie. — Vérité et beauté de la monarchie constitutionnelle.

Premier Appendice. Justice et Charité. 311
Deuxième Appendice. De la Monarchie constitutionnelle. 342

FIN DE LA TABLE DES MATIÈRES.

www.ingramcontent.com/pod-product-compliance
Lightning Source LLC
Chambersburg PA
CBHW050312170426
43202CB00011B/1862